电力客户服务
风险防范与纠纷处理

DIANLI KEHU FUWU

FENGXIAN FANGFAN YU JIUFEN CHULI

姜力维　编著

王伟红　主审

中国电力出版社
CHINA ELECTRIC POWER PRESS

⬦⬦⬦⬦⬦⬦⬦⬦ 内 容 提 要 ⬦⬦⬦⬦⬦⬦⬦⬦

本书分三篇：第一篇阐述了我国客户服务的演进历程和现状，提出了客户服务人员的素质要求并概述了电力客户服务的内容和特点。第二篇梳理了电力客户服务规范，给出了诸多新颖的客户服务理念和高超的服务技巧；提出了处理客户投诉的具体战术和策略，讲述了详细的方法步骤。第三篇论述了电力营销服务中电力法律法规、经济法律和民商法律的风险防范对策。

本书理念新颖，实践案例丰富多彩，逻辑严谨，架构合理，次序井然，蕴文蓄采，具有很强的实用性和可读性，可作为电力企业营销服务人员培训教材学习并实践，对企业相关经营管理人员、律师和法律工作者解决电力营销法律纠纷也不失为一本有益的参考书。

图书在版编目（CIP）数据

电力客户服务风险防范与纠纷处理/姜力维编著. —北京：中国电力出版社，2014.9（2018.1重印）

（供电企业常见法律风险防范与处理丛书）

ISBN 978 - 7 - 5123 - 5639 - 9

Ⅰ.①电…　Ⅱ.①姜…　Ⅲ.①电力工业－工业企业管理－供销管理－商业服务－法规－中国　Ⅳ.①D922.292

中国版本图书馆 CIP 数据核字（2014）第 043889 号

中国电力出版社出版、发行
（北京市东城区北京站西街 19 号　100005　http://www.cepp.sgcc.com.cn）
航远印刷有限公司印刷
各地新华书店经售

*

2014 年 9 月第一版　2018 年 1 月北京第三次印刷
710 毫米×980 毫米　16 开本　15.75 印张　260 千字
印数 7001—8000 册　定价 **39.00** 元

◎ 丛 书 序

自《电力法》实施以来，特别是电力体制改革以来，从供电局到供电公司，由行政执法官到行政相对人，从政企合一的单位到自主经营、自负盈亏的市场主体。角色变了，身份变了，权利和义务变了。打破垄断，引入竞争，依法治企，这是电力改革的大趋势。供电企业面对着——

（1）发改、工商、物价、林木、土地、环保和国资、电监等政府部门和行政事业机构的监管和行政措施，如何加强应对？

（2）客户投诉、天价的触电人身伤亡索赔，怎样应对处理？

（3）电能被窃、设施被毁、巨额电费拖欠，如何主动出击、全力保护？

（4）《合同法》、《物权法》、《反垄断法》、《侵权责任法》、《电力监管条例》、《供电监管办法》等法律法规规章的出台，应如何贯彻执行？

在市场经济的大潮中，供电企业的任何决策和经营行为都蕴藏着风险，每个员工都肩负着防范法律风险、保护企业合法权益的责任。为了强化供电企业员工的法律风险防范意识，提高处理各种供电营销纠纷的能力，本套《供电企业常见法律风险防范与处理丛书》将供电企业常见法律风险划分为六大模块，即《电费风险防范与清欠》、《供用电合同实务及纠纷处理》、《人身触电事故防范与处理》、《电力设施保护与纠纷处理》、《违约用电和窃电防治与查处》、《电力客户服务风险防范与纠纷处理》，以法律风险防范和纠纷处理为主干，辅之以管理和技术措施，在各个模块上展开了供电企业常见法律风险防范与处理的分析研讨，并解读了大量实际案例，力求给供电企业营销人员以依法合规、实事求是、思维创新、措施领先的世界观和方法论。

供电营销纷争繁，依法治企方向明。期望本套丛书既是您主动出击解决纠纷的锐利之剑，又是您保护企业合法权益的坚强盾牌！哈哈！看官万勿问我"以子之矛，陷子之楯，如何?"我非新世纪鬻楯与矛者，乃是将法律、管理和技术分拆为攻守两面罢了。

本套丛书的编著过程中，认同并参考了专家和同仁的一些观点或理论。同时，得到了中国电力出版社编辑的指导和帮助。借本套丛书出版之际，对给我启迪、指导和帮助的各位专家、同仁以及编辑表示由衷的钦佩和诚挚的感谢，并殷切期待各位专家和同仁不吝赐教，多多批评与指正。

作者邮箱：jzishan@163.com；电话：0532 - 80810956。

姜 力 维

真正服务无功利

社会进步需分工，服务他人便产生。
人人生活靠别人，相互服务共生存。
专制制度无服务，官为老爷民为奴。
天下为公中山呼，首倡官员做公仆。
为民服务官本分，"服务"种子方入土。

计划经济物匮乏，皇帝女儿不愁嫁。
求亲托情走后门，哪来服务给买家？
改革开放物资丰，买家市场占上风。
消费观念时时新，服务要求日日升。
商品完美远不够，心情愉悦要追求。
商家企业大开窍，深谙生财致富道：
财源滚滚客户送，衣食父母要敬重。
生意兴隆凭口碑，赢得客户常忠诚。

客服工作虽平凡，迎来送往不简单。
积极主动靠自觉，爱心博大重情感。
忍辱负重遭挫折，操之在我不惊变。
团结协作同进步，隐忍担当大局观。
供电企业服务难，售后服务是重点。
业扩报装抄核收，用电变更抢修难。
＊　＊　＊
客户服务功夫深，察言观色客户心。
倾听抱怨和愤懑，笑口常开迎客宾。

言行举止合规范，专业素养尽显现。
心系客户情交融，赞美客户成习惯。
积极主动勤服务，流程便捷和规范。
客户第一须牢记，一视同仁不偏倚。
高超技巧常施展，赢心服务多惊喜。
乐善好施幸福事，真正服务无功利。

客户投诉很常见，辩证分析两面看。
或讨公道或索赔，或给企业提意见。
虚心采纳多感激，改进建议价无限。
倾听发泄城府深，安抚客户有耐心。
同情理解如阳光，融化冰雪心荡漾。
甘当气包甘受气，真诚道歉气平息。
胸怀坦荡真挚情，三十六计任你用。
绝不指责不争辩，同盟通道同战线。
纵横捭阖找原因，维护客户利益先。
迅速处理快纠错，立马行动不蹉跎。
客户投诉处理好，实现双赢两家乐。
＊　＊　＊
电力客服蕴风险，行业法律多规范。
确保供电可靠率，谐波污染要治愈。
电压质量要求严，高了低了皆危险。
监测调整勤服务，质量参数合规范。
电表投资有争辩，计量检定分开办；

普遍服务未普遍，小区故障亦须管；
电力事故损电器，索赔依法定时限；
收费服务该透明，政府定标执行严。
合同签订要周齐，重要条款无缺失。
约定电费违约金，起诉讨费理占先。

供电性质自垄断，内部管理依法办。
莫限交易遭诉讼，败诉赔偿形象暗；
工程建设须招标，杜绝贿赂防风险。
护线伐木避罚款，高压磁场减污染。
劳动用工需依法，临时派遣有风险。
主辅分开各经营，避免交易有关联。
正确行使相邻权，空间权利新概念；
平等保护共和谐，有利生活和生产。
房屋租赁户停电，深入调查多斡旋；

合同法中有规定，买卖不破租赁权。

行政行为需停电，政府文件为要件；
口头指示和电话，非法非据莫照办。
违法停电属违约，败诉赔礼又赔钱。
电网建设投资大，定标采购重关卡。
国企员工是主体，切勿私分牟私利。
行贿受贿绝不干，光明磊落坦荡荡。

崇尚高洁名利淡，认真改造世界观。
感天敬地为人民，华屋美食莫贪婪。
"五慎"功夫防身器，分权监督常治理。
人治龌龊地黑暗，法治清明天蔚蓝。
为民服务快乐事，人生回眸亦无憾。

目录

第一篇　电力客户服务

最高的道德就是不断地为人民服务，为人类的爱而工作。　　——甘地

全心全意为人民服务。

——毛泽东

> 如果连小事都做不好，连小事都做不到位，成就大事谈何容易？
>
> ——台湾著名企业家　王永庆

> 我不但要言传，而且要身教——我要感化众人。
>
> 我不但要施予，而且要效力——我要服务终生。
>
> ——诺贝尔得主德蕾莎修女

第二篇 电力客户服务规范与技巧

人的生命是有限的，可是，为人民服务是无限的。 ——雷锋

为社会服务是很受人赞赏的道德理想。
——美国哲学家约翰·杜威

故大巧在所不为，大智在所不虑。

——荀子

当你服务他人的时候，人生不再是毫无意义的。

——哈佛大学心理学家葛登纳

第三篇　电力客户服务风险防范

迨天之未阴雨，彻彼桑土，绸缪牖户。——《诗经·豳风·鸱鸮》

质量是维护顾客忠诚的最好保证。
——通用电气 CEO 杰克·韦尔奇

在为人民的忘我服务中，你可以找到自己的幸福。

——前苏联捷连斯基

只要法律不再有力量，一切合法的东西也都不会再有力量。

——法国卢梭

第一篇

电力客户服务

"天下为公"为中山先生借来对抗私有、专制的王权。既然天下是大家共有的，国家命运、民族兴衰与每个人都息息相关，即所谓天下兴亡，匹夫有责。作为国家机器的操纵者，要捍卫国民的切身利益，自己必须首先身体力行，所以中山先生首倡以国民公仆为己任，为众服务。"公仆"就是人民公共的仆人，是为人民服务的，这就是中山先生引进中国政治界、思想界的"公仆"与"服务"的新观念，也是近代中国"服务"的萌芽。毛主席的"全心全意为人民服务"所指的是国家公务人员为老百姓的服务，与孙先生的"公仆"、"服务"概念有异曲同工之妙，但还不是当代市场经济的服务。中国的现代意义上的"服务"概念引入很晚，可以说与市场经济同步。电力行业原是行政管理模式，客户服务起步更晚，只是在二十世纪八十年代才提出的。

本篇将论及客户服务、电力客户服务和客户服务人员的素质要求。

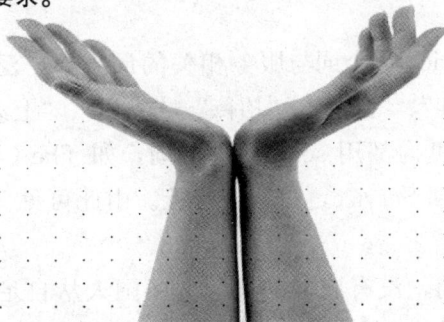

第一章

全心全意为人民服务。

——毛泽东

客 户 服 务

    客户服务，原是市场经济的企业和商户以盈利为目的，使客户满意的一切活动。客户服务发展到今天，则不仅仅是盈利，也是企业和商家的社会责任和义务。尤其是垄断国家资源的公用企业更当以身作则，率先履行社会责任和义务。至今，西方服务业所创造的产值已占到整个国民经济的 60％以上，服务业从业人数已占到全体劳动力的 70％以上。一般而言，收入越高，服务业占国内生产总值的比例就越高。今天，已加入 WTO 参与全球经济大循环的中国，服务经济日益重要。

    本章将阐述客户服务在中国的发展和变迁。

第一节　服务与服务现状

    客户服务的现状由国家的政治和经济制度决定。封建专制的国家不会产生平等意义上的服务活动。计划经济，计划生产，统购统销，加之货物短缺，现代意义上的客户服务也就没有存在的基础。

    一、服务

    在英文中，service 这个词与服务相关的词义很广泛，如，"服务"、"贡献"、"帮助"、"帮佣"、"服侍"、"招待"、"供用"、"上菜"、"斟酒" 等。甚至很多行政（服务）机构都用 service 这个词，如 The Consular Service，领事馆；American Travel Service，美国旅行社。由此可见，在西方的 "服务" 是何等的平常而广泛。

    在中国近代以前，没有服务的概念。中国人从自足自给的小农经济走过来，万事不求人，与他人合作、协作的意识很差。国人没有服务的概念，有的只是民对官内心里的愚忠、膜拜，或者仇恨，表面上的巴结和伺候；而西方人，社会化大生产分工劳作比较早。社会分工越细腻，依靠他人生存的方面就多，就越发需要与他人合作、协作，因此，西方人的合作、协作意识就很强。说到实质，合作就是互相服务。无非是你在政府应该为企业和公民服务，我在商业为顾客服务，他在工业为工业客户服务。说到底，服务无处不在。当下，谁离开了别人的服务都无法生存下去。有道是：自从社会大分工，服务他人便产生；互相依存共和谐，岂有高低贵贱名？

分工是人类社会进步的必然，分工是伟大的分化，是人类生存的必须。大自然里蜜蜂、蚂蚁群体的分工当属动物物种的典范，他们各司其职，互相配合，团结协作，秩序井然。现代行政、工业、农业、服务业的专门化的分工也是越来越细密。这对于任何一个社会人而言体会是深切的。

如图 1-1 所示，一个个人除了你自己从事的那份工作之外，其他各个方面大都需要有别人提供服务。如果再继续往下细分的话，某个个人就会接受具体的其他个人的直接或者间接服务。以一个链条为例：个人—生活—居住—建筑（房屋设计、建筑工人）—物业管理（维护、维修）。在这一条服务关系链中，建筑工人为你间接服务，物业管理人员为你直接服务。又如，个人—教育—学校—教师（教材）。在这

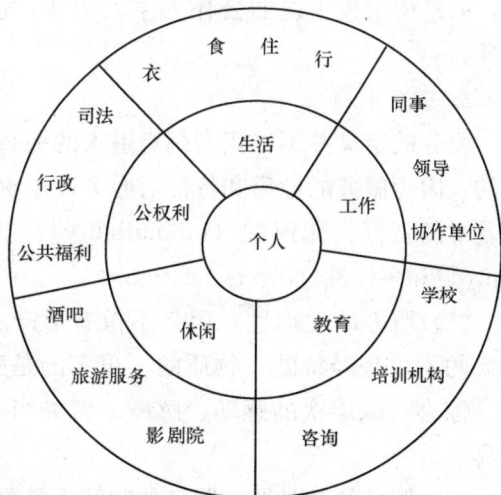

图 1-1

一条服务关系链中，教师为你直接服务，教材的编辑出版人员为你间接服务。又如，当你走在干干净净的大街上感到心情愉悦时，你想到了吗？那是某些你不知名字的环卫工人在为你服务。因此说，一个社会人离开了来自他人的服务，就无法生存下去。社会事实上就是因为人群聚集并互相服务而产生，任何人去为他人服务都是在促使社会细胞之间的联系更紧密，从而使社会更坚强、健全和和谐。由此可以给服务下一个最简单的定义。

1. 服务

广义的服务，就是为别人（包括组织或团体）做事。服务既是服务者（个

人、组织或团体）自身的需要，也是别人的需要，又是社会的需要。服务有一个古典且通用的定义：它是"一种行为，一种表现，一项努力"。

2. 服务的分类

（1）无偿服务和有偿服务。有偿服务主要是服务者基于自身物质需求为别人（包括组织或团体）做事；无偿服务主要是服务者基于自身的精神需要为别人（包括组织或团体）做事。

（2）个人服务与集体服务。个人服务是单个的自然人为别人（包括组织或团体）服务；集体服务是团体组织为别人（包括组织或团体）服务。

（3）平等民事主体之间的服务和公权力服务。平等民事主体之间的服务，包括有偿和无偿服务，前者基于合同产生权利义务，后者基于甘心情愿；公权力服务是基于法律规定，如警察保护公民的人身安全，政府官员为百姓行政服务，就是中山先生说的公仆为主人服务，也就是毛主席说的全心全意为人民服务。

3. 服务的特征

服务的定义并不像我们刻意追求的那么重要，而服务的性质和特征才是重要的，因为服务的性质和特征对服务产生重要的影响和作用使然。服务具有四个基本的特征：无形性（intangibility）、及时性（timely）、持久性（permanence）和多样性（diversification）。

（1）服务的无形性。服务不像有形产品，服务是无形的、抽象的，它给别人的不仅是经济的、物质的，更多的是感受。浅层次的感觉，如舒适、惬意、惊喜，深层次的感动、感激。譬如当被服务者遇到了超值服务就会感到惊喜。

（2）服务的及时性。服务的时间不是服务者规定的，而是被服务者需要的时间。服务者应当做到呼之即来，为被服务者服务。如海尔的服务，就做到了呼之即来。当然服务者不是天使，所谓即来，是指在尽可能短的时限内。

（3）服务的持久性。服务不是毕其功于一役的事情，是连续不断的、持久的。如果是追随产品服务的，至多与产品的寿命相同。如终身免费维修，终身指的是产品的寿命。

（4）服务的多样性。不管组织或集体服务，抑或是个人服务，尽管有服务规范做指导，但完全的模式化服务必定是不周到的。或者说服务并没有经典模式，而是在不断创新的。因为服务因人因事因地因时的要求是不同的、多样性的、不确定的、非标准化的。如上门维修，客户对服务人员的行为要求各不相同。

二、服务现状

现在中国的客户服务质量相比过去，有了很大的进步和提高，但依然是差距很大，且参差不齐。在态度、目的、技巧等方面，大范围存在如下不良现象。

1. 态度

服务人员态度漠然甚至冷漠，误认为只要自己待在岗位是就没有脱离岗位，就是在工作，岂不知这与服务人员的职责差之十万八千里。譬如，不送不应，冷落顾客，态度生硬；遇到熟人则放下工作，谈笑风生，无休无止，对等待服务的客户则晾着不管，任你尴尬、上火、生气，他（她）却谈兴高涨，神采飞扬。即使遇到需要起身指引的情况，屁股依然千斤重，无动于衷座椅中；对于多次咨询反感有加，声色俱厉；对于乱收费的解释就是公司如此规定，而不敢出示收费的合法文件给客户阅读和复印。对于那些间接服务人员，更是不关自己的事儿了，对于你的到来和等待视而不见，似乎你并不在他的服务区。

2. 目的

很多企业将盈利放在首位，一切向钱看。当企业在初级发展积累阶段，合法的盈利无可厚非，但当企业发展到一定的规模和层次，盈利就不是第一位的，社会责任就放在了首位。台塑大王王永庆说，他实际上在为社会管理财富。这句话道出了王永庆在为社会服务的实质，而不只是为自己的企业赚钱。日常生活中他也没有把企业的钱看成是自己钱，而是看成整个社会的财富。他在捐助时慷慨大方，对自己却"小气"得很，一条普通毛巾能用上十年。而现今我们的服务人员呢？诸多服务行为是在刚性和柔性约束之下不得已而为之。如为了免罚、受奖，为了保住工作，一句话为了生计。

像类似的被动、被迫的表层服务，不会产生主动性和自觉性服务，不会主动想办法为客户解决问题，赢得客户的满意，更谈不上惊喜和赢心的服务。

3. 技巧

语言上鹦鹉学舌，行为上邯郸学步。进门欢迎光临，出门欢迎再来，鞠躬致意，点头哈腰，颇有服务的形态。俗话书，情由心生，言为心声。言不由衷，虚假微笑，任务观点，敷衍了事，高兴就和颜悦色，不高兴就冷漠无情，爱说就说，不爱说就不说，怎能让客户体会到真诚热情？表情神态随自己感觉支配，不考虑客户的感受。或嘻哈糊弄或机械呆板，让人没有亲切感，反倒多了虚假感觉。

基本功夫的缺乏，语言、语调、语音、形体、表情、神态、心理、洞察、判断等方面均有待于自内部修行、从外部修炼。从观念意识方面的润物细无声的熏陶渗透同时，也要有强制的制度化训练，使客户服务人员不断地在行为上形成习惯。

三、客户服务

在这里，客户就是指购买了你的产品需要你帮助的人，并且要求的帮助能够使他满意、愉悦。

客户服务是指商家（企业）与客户之间的一切亲密、愉快、难忘的互动工作。这些工作是商家（企业）根据客户本人的喜好使他满意满足，感受到自己被重视、被尊重，并把这种感受铭记于心，成为商家（企业）的忠诚客户的常态的、持久的活动。

对于一个企业，产品固然重要，做好客户服务工作的意义更是非同寻常，因为客户的消费观念不再仅仅是商品本身的使用价值。

1. 服务的意义超过销售

现代意义上的商品可以说是服务活动的一个载体。在商品上承载了商家对客户的关切、指导以及客户在使用商品的过程中的方便、舒适和愉悦。即使拥有质量上乘的产品，因缺乏令客户满意或超值满意的服务，客户也不会买你的账。因此说，对商家（企业）而言，服务的意义超过销售。

2. 客户服务塑造企业品牌

品牌是一个消费者对产品的综合评价，不仅仅是产品本身。如今的同类产品在功能质量上差异化越来越小，要想在同行业鹤立鸡群，在产品本身做文章的空间不大。这一点特别体现在零售企业，同类产品琳琅满目，没有一种产品堪称是同类产品的代表作。在浩如烟海的商品中，如何让客户注意你、信赖你并忠诚于你？那就是在服务过程中塑造自己的品牌。你富有感情的服务质量优劣会使你的品牌让消费者耳熟能详、趋之若鹜，也能使其无人问津、门可罗雀。如 2011 年 BrandZ 最具价值全球品牌 100 强中排名前 20 的北美的亚马逊（Amazon）、沃尔玛（Walmart）和联合包裹（UPS）等企业实质上就是以服务闻名世界的。

商界研究表明，提供优质服务的企业，其客户会平均转告 5 个人。通过有效解决客户的问题，提供优质服务的企业会使 95％的客户成为忠诚客户，开发新客户要比维护老客户多花 5 倍的成本，而 1 个忠诚客户相当于 10 次重复购买产品的价值，所以维护老客户的价值是拜访新客户价值的 60 倍。如果企业提供了劣质的服务，那么平均每个客户会把抱怨告诉 10 个人，其中 20% 的客户会把抱怨传播给 20 个人，一次不好的服务需要 12 次好的服务来修正，一般来说我们只听到 4% 的抱怨声，81% 的抱怨客户会永远的消失了。因为大多数意欲放弃你的客户不屑于给你提出意见和建议，而是选择飘然而去，让你自己去反省吧。

3. 出色的个性化客户服务就是竞争力

平淡无奇、模仿跟进、邯郸学步、人云亦云的服务没有竞争力。服务既要有自己与众不同的个性，还要做到出色，就是人无我有、人有我优、人优我奇，永远给客户耳目一新的感觉，并使客户满意、满足，体会到收益无穷。

>> 案例1-1　　台塑大王华人首富王永庆，他一生之所以能够取得如此辉煌的成就，其中一个重要的原因就是他能够比别人提供更多出色的个性化的服务。王永庆 15 岁的时候在台南一个小镇上的米店里做伙计，深受掌柜的喜欢，因为只要王永庆送过米的客户都会成为米店的回头客。他是怎样送米的呢？到顾客的家里，王永庆不是像一般伙计那样把米放下就走，而是先把米缸里面的陈米倒出来，然后把米缸擦干净，把新米倒进去，再把陈米放在上面，盖上盖子。王永庆还随身携带两大法宝：第一个法宝是一把软尺，当他给顾客送米的时候，他就量出米缸的直径和高度，估算出它的体积，从而知道这个米缸能装多少米。第二个法宝是一个小本子，上面记录了客户的档案，包括人口、地址、生活习惯、对米的需求和喜好等。用今天的术语来说就是客户资料档案。资料档案作为客户服务行动计划，所以经常有顾客打开门看到王永庆笑眯眯地背着一袋米站在门口说："你们家的米快吃完了，给你送来。"然后顾客才发现原来自己家真的快没米了。

评析 --------->

通常客户能在店里买到货真价实的大米就心满意足。在王永庆这里不仅米好，还有三个个性：送米上门、擦净米缸将缸底的陈米置于最上面、计算你家吃米用量并准时送到府上。这就是出色的个性化服务。

4. 客户服务是降低企业成本的最佳途径

优质的服务是联系客户的纽带，如果一个企业为客户提供优质的服务，它的门口就会新客户天天有、老客户天天来。因为，优质服务带来良好口碑，良好口碑带来财源滚滚。杰佛里·吉托莫有句名言："满意的客户口中的一句表扬词远远胜过描述产品性能的一千个词。"

第二节　当代客服要求的变迁

随着经济的繁荣和发展，消费者对客户服务的要求不断升级。在商品匮乏的年代，能买到想要的商品就心满意足了。如今不仅要求满意的商品还要满意的服务。这些变迁和发展在主、客观方面都有体现。

一、由使用价值到高附加值

在购买能力不足、商品匮乏的年代，消费者希望商品能满足基本功能且坚固耐用，恨不能一次投资，世代使用。那个时代的企业以产定销，持有"皇帝女儿不愁嫁"的生产观念，追求产品的基本功能，进而发展到追求其产品质量，认为只要商品质量过硬，"酒香不怕巷子深"，消费者自会愿者找上门来。如今消费者对产品的精细加工、附加功能、造型新颖、华美包装、文化韵味等各个方面的高附加值不断认可并接受，愿意出高价，购买令自己心满意足、赏心悦目的商品，并接受服务。

二、由物化到人性化

商品是物，用马克思的理论说，就是能够给客户提供使用价值。在重视生产、以产定销的年代里，能够得到满足使用价值的物，客户就心满意足了。在以上过程中，不需要有卖方的人介入，不管通过什么途径渠道，产品能达到客户手中就行，有时，甚至还要凭借关系才能得到所需之物。现在，商品只是载体，其上除了物的使用价值，还承载人性化服务。以商品为媒传递着商家对客户的热心、热情、关心、关爱和友谊，实现了由物化向人性化的转变。

人性化服务是构建和谐社会的重要内容之一，做好人性化服务可以帮助企业和服务机构赢得市场，树立良好社会形象。人性化服务不再是一句时髦的口号和表面的形式，而是一种具体的、本质的内容，要融入到我们每一个服务人员的理念之中。人性化服务必须由传统的被动服务模式转变为主动服务模式，充分发挥人的主观能动性，挖掘内在潜力，时刻为客户着想，时刻以客户为中心。在具体工作中，要"主动抓，抓主动"。

所以，作为一名服务人员，不仅是要有一副温柔可亲的笑貌，还要有一双洞察人心的眼睛，要充分理解和体贴客户的痛苦，努力解决客户的困难和不便，做到善于发现客户的问题并及时解决。要站在服务对象的立场上去思考，研究服务对象的内在需求，把服务主动带给他们，而不是消极顺应。

三、由理性到感性

只是理性地考虑物有所值，单单从商品的经济性、使用价值方面衡量商品的性价比，不考虑该商品投入使用后使用者的感觉和感受。当代很多娱乐服务项目，实际上没有任何经济价值和使用价值可言，完全是消费者的感觉和感受。这些感受有的仅仅是愉悦的、惬意的美好感受，如在星巴克品味浓香的咖啡，聆听着美妙的音乐，享受着体验式服务，令人感到舒适、轻松，难道那一小杯咖啡本身的价值真的"值"上百元吗？贵在你的无价的感受。甚至还有"坏的"或者是危险的、恐怖的感受或者是刺激。譬如蹦极、过山车、太空飞行、跳楼、太空球等。这些项目蕴含着危险，为什么消费者还乐此不疲？他们追求的就是对这些危险刺激的感觉或者是在挑战自身的承受极限。消费者此时并不是理性的去考虑该活动的安全性和对健康的意义，更谈不上是否物有所值了。通俗的说，就是甘心情愿花钱购买前所未有的惊恐和刺激的感受。

四、由推销、营销到服务营销

从"酒香不怕巷子深"产品质量观念，发展到"好货还要勤吆喝"的推销观念，再发展"以客户为中心、以需求为导向"的服务营销观念。当企业的市场能力过剩，造成产品积压，或者对应于一些消费者不经常购买的产品，如保险、基金等，以突出产品的好处为诱饵，以做成买卖为目的，而不是旨在建立长期的忠诚关系，就实行推销手段。即使客户感到受骗了，也在所不惜，只要能够征服客户、取得短期的销售利润即可，对于消费者购买后的满意度不予关注。

营销观念则以比对手更具竞争力的有效手段去满足消费者的要求，使顾客感到物有所值、满意满足。与推销观念相反，营销是以顾客需求为中心，组织、协调多种提高顾客满意度的营销活动，旨在基于顾客价值和满意度，与顾客建立长期的忠诚关系。

服务营销观念认为，服务与产品之间没有实质的区别，如果说服务是无形的产品，产品就是有形的服务。就是说实体产品实际上就是客户传递服务的载体或者工具。消费者需要的不仅仅是产品的本身，更重要是有效满意的服务。服务营销观念更注重社会效益，旨在以维持或改善消费者社会福利的方式向客户提供更高的、更长期的、更深远的价值。服务营销强调人性化服务，在服务过程中，有客户直接参与并形成与服务方的互动，是客户在服务过程中感知感受评价服务行为、服务质量和服务业绩。

>> **案例1-2**　随着社会节奏的加快，人们越来越需要第三空间来调整自己的身心。而星巴克则正是应这种要求而全力打造的一种星巴克格调的第三空间。在视觉上，星巴克咖啡店内，总有柔和的灯光和整洁的环境，软软的大沙发、光滑的木质桌椅、工艺精巧的大理石吧台，考究的咖啡制作器具和精致如礼品的杯子、杯垫，这些都是独具匠心的精巧构思。另外墙壁、灯饰、桌子以及美人鱼商标的色彩都与咖啡品味的氛围、色调相融合，给人一种自然、和谐的感受。在听觉和嗅觉上，慵懒的爵士乐混着醇厚咖啡香的气氛愉悦身心，沁人心脾，让你静静放松疲惫的自己。在味觉上更不消说，你可以根据自己的喜好选择不同的口味，比如说拿铁咖啡、卡布奇诺和焦糖玛奇朵等。特色服务上，星巴克公司致力于营造独特的"星巴克体验"，强调客户感受。每个员工都是咖啡方面的专家，和顾客进行深度互动，探讨有关咖啡的各类知识。星巴克还和苹果公司达成了一项合作协议，在星巴克的连锁分店中安装相关终端设备，iPod音乐播放器用户和iPhone手机用户都能够在星巴克的连锁店中使用全新的iTunes在线音乐下载服务，将咖啡与音乐融为一体，新服务形式开创了营销先河。于是，星巴克成为了既忙乱又寂寞的都市中的绿洲，让奔波于家庭和办公室之间的现代人，在这种时尚雅致而亲切宽松的环境里摆脱繁忙，放松心情，忘却烦恼，消除疲惫，抚慰情感，振奋精神。

评　析　┈┈┈┈┈┈➤

透过巨大的玻璃窗，看着人潮汹涌的街头，轻轻啜饮一口香浓的咖啡，享受着富有人情味的服务，体验着"雅皮"生活的感觉，何等令人向往！星巴克已经不单是咖啡，而是一种载体。这种载体把一种独特的格调和感受传送给顾客。同时传递着一种客户服务理念，一种和咖啡结合在一起的饮文化。

五、服务的四个层次

从客户感受体验角度上，服务可以分为四个层次：基本服务、满意服务、超值服务和赢心服务。

1. 基本服务

客户付款，得到质量保证，物有所值的商品。如顾客在超市里购买了一百元的商品，付款后买卖双方，互不相欠。在使用过程中，兑现了商家承诺的产品质量、功能和试用期等。客户满足于获得基本物质价值利益的服务，就是基本服务。

>> **案例1-3**　　周某投诉：他替女婿代管的一套住房，去年1月出租给别人。当年2月，某供电营业所出具的电费清单为4903千瓦时，而电能表实际读数是1903千瓦时，原来是核算人员将"1"错写成"4"，结果多算了3000千瓦时电费。抄表人员告诉周某，多收的电费不能退，只能以后按月抵扣。为收回提前支付的电费，周某每月必须搭车赶到武昌，与承租户按电能表实际读数，结算收钱。直到今年4月，3000千瓦时电费才最终抵扣完。周某不解：供电部门工作失误，却给自己带来了一年多的麻烦，这笔"辛苦账"怎么算？

评 析

供电所犯了两个错误。一是电费结算错误，没有达到基本服务标准，更恶劣的是错了不改正，却说多收的电费不能退，只能以后按月抵扣，带有欺诈性。该所的服务人员的行为连基本服务也不合格。供电企业应当对周某道歉并赔偿多收电费的利息损失以及周某自行解决多收费带来的麻烦所花的交通费和工时费。

2. 满意服务

商家不仅给客户提供物有所值的商品质量保证，而且态度应友善热情，使得客户得到浅层次的精神方面的满足。如商家的客户服务人员对客户诚挚殷勤、热情招待、态度和蔼、语气友善、行为礼貌，甚至嘘寒问暖，这就是满意的服务。

3. 超值服务

让客户感受到意外的附加值服务，是指在客户的期望值之外，给客户提供了那些可提供可不提供，但是提供了之后能够使客户更加满意甚至惊喜的服务。如，在沃尔玛购买某商品一周甚至更长时间之后，如果遇到该类商品降价，商场仍然主动给客户退款。这个服务就让客户感觉自己得到了意外的收获——自己使用了合格产品一段时间之后，意外又得到了一笔退款——超值！

4. 赢心服务

赢心服务是客户根本就没有想得到的，远远超出他预期的令其终生难忘的服务。赢心服务是在主观努力下，取得了赢得客户之心的客观实际效果。就是客户接受到服务之后，他的心被你俘获了，这就是赢心服务。服务的最终效果是，你赢得了客户的心。客户对商家服务人员提供服务心存深层次的感激，只要有机会和能力就想报答商家。

国家电网公司推出用心服务和南方电网公司推出的南网情深的服务，强调主观努力，赢心服务，强调服务的客观效果。当然只有用心服务才能获得赢心的效果，这是客户服务的终极目的。如果用心了但未赢得客户的心，则是不成功的服务。而赢心服务是指你的服务赢得了客户的心，他（她）成为了你的永久忠诚客户。如同谈恋爱，用心去谈，但是心态、态度、方式方法不对头也未必会赢得对方的心，只有赢得了对方的心，他（她）才会海枯石烂不变心，成为你忠诚的一半，如歌词所唱，即使你一无所有，也会浪迹天涯跟你走。

第三节　客户服务的意义

　　服务对于一个企业的意义远远超过销售，有些企业看重销售部门，轻视服务部门，它们没有认识到客户服务对于企业的重大意义远远地超出了销售。实际上，销售和客服是密不可分的，海尔就是典型。海尔发迹于服务，是一个服务品牌。海尔的产品比国内同类产品价格明显高，质量没有什么特别优势，功能差不多，那么还剩下什么呢？那就是打个电话就上门维修，严冬酷夏，风雨无阻，而且态度特别的好。因此说，实际上是一个服务品牌。

一、服务品牌的树立

　　"没有品牌，企业就没有灵魂；没有品牌，企业就失去生命力。"市场领导者通常是强势品牌，强势品牌通常享有较高的利润空间。美国最近一项研究显示，市场领导品牌的平均获利率为第二品牌的 4 倍，而在英国更高达 6 倍。同时，遇到市场不景气或价格战时，领导品牌也通常能表现出较大活力。而且强势品牌没有生命周期或者很长寿。

　　品牌及其评价。品牌知觉优势是由消费者认知并熟悉品牌所产生的亲近感以及由好感而来的尊重所决定的；而品牌活力则是由品牌对消费者生活的意义所带来的适宜度及该品牌所拥有的特征，即差别化所构成。品牌形象的四个层面：①品牌的名称和标志的知名度；②品牌品质的认知度：好、差、高、低；③品牌联想：受众一想到品牌便会联想到相应的东西，反之亦然；④品牌忠实度。

　　美国有位叫霍利斯迪尔的，他在旧金山宾馆做了几十年门童，在门口给人提行李，他写了一本书《顶尖服务》，书中有一句话"服务真的很简单，但持之以恒做好服务非常非常难。"这说明做好一个品牌的艰辛——需要几十年甚至更长的岁月——这就是经年累月的服务、服务、再服务。

二、良好的口碑使企业财源滚滚

消费者之间对某企业及其产品的赞同、认可或抱怨的传播就是口碑。好的口碑是一种口头广告，也是一种最有力的广告，而且还不用花钱！要让客户主动地去宣传一个企业品牌很好，容易吗？当然不容易！因为人们对负面反应最为强烈，对一般服务不予留意，只有对优质、超值的服务才能留下深刻的印象，才有可能把自己良好的口碑通过消费者的嘴巴进行传播，这就是平时所说的"好事不出门，坏事传千里。"

如果一个企业为客户提供优质的服务，它的门口就会老客户天天来、并给企业带来新客户。因为，优质服务带来良好口碑，良好口碑带来财源滚滚。

老客户等于更少的费用。开发新客户比服务老客户需要花 5 倍的时间、金钱和精力。如你可以花 10 元钱作广告、寄样品、打折扣来吸引新客户，使他第一次花 50 元来买你的东西；也可以花 1 元钱给你的老客户寄封信，表达企业对他的感激之情和希望长久合作的愿望，他则会第二次、第三次⋯⋯来花 50 元来买你的商品。如，酒店旅馆坚持数年如一日，给客户寄信、挂着名客户的照片。

老客户等于丰厚的利润。如"一元钱客户"，假设一个人每周来便利店 3 次，每次消费 1 元，一年就消费 $56 \times 3 = 168$ 元。如果该消费者与该便利店关系保持 10 年呢？如果该店有这样一百、一千、一万个消费者，那又会怎样呢？你能"喜新厌旧"吗？喜新厌旧成本不菲啊。你吸引一位新顾客用的力量，平均是保有一位老顾客的 6 倍；顾客对企业的忠诚度值 10 次购买价值。

三、优质服务是防止客户流失的最佳屏障

客户叛离是一种严重的传染病。中国人有一窝蜂现象，一旦出现客户叛离就会蜂拥而去，连大街上的小摊也有这种一窝蜂现象。但是对于一个长期享受企业优质服务的客户，他就不会因其他企业便宜几元钱就易主，因为他还不知道其他企业的服务。一旦传染叛离病，唯一的疗法就是"以顾客为中心"，给予优质服务，切忌撒手不管。

如果连小事都做不好，连小事都
做不到位，成就大事谈何容易？
　　——台湾著名企业家　王永庆

对客服人员的要求

不管是一个价值区区百万元的快餐小店，还是一个身价上亿的跨国企业，其前台、前线都是由那些基层人员来打理。从这个意义上讲，一个企业的命运维系在基层的工作人员和服务人员身上。他们的个人素质决定着对客户服务的质量，服务质量决定着企业的存亡。虽然客户服务人员位置不高，但对他们的要求却是不低。

第一节　自身工作岗位的认识

客户服务工作，位置低，最前线，接触形形色色的人，处理杂七杂八的事，默默无闻，任劳任怨。正因为如此，要取得一番成就，就要付出更多的努力，点点滴滴，厚积薄发。

一、平凡的岗位，非凡的成就

何谓成就？何谓成功？答案因人而异。孟子说，达则兼济天下，穷则独善其身。一介草民，断无范仲淹"先天下之忧而忧"之宽阔襟怀，亦无辛弃疾歌刘裕"金戈铁马，气吞万里如虎"的英雄气概，更无毛主席为如画江山竞折腰之雄才大略。但脚踏实地，辛勤劳作，默默无闻地做好一个服务人员的本职工作，不求成为轰鸣作响，澎湃咆哮，跌宕起伏，气势磅礴的洪流，愿它在不知不觉中生存，在无声无息中奉献，做一条不扰人、不哗然的于人、于己、于社会都有价值的涓涓细流，难道就不是成就吗？恰如20世纪中国著名美学家宗白华对人生的精炼总结"绚烂之极归于平淡。"

专业的服务人员，仿佛在芸芸众生中飞来飞去，播撒着温馨和真情，施与关爱和帮助的天使。用爱神维纳斯的爱去关心客户的生活；用太阳神阿波罗的阳光温暖客户的心灵；用文化神雅典娜的智慧去照亮客户的精神世界。这就是平凡中的典雅和高尚。

>> 案例2-1　孙静霞，19岁就在护士岗位上，1948年赴美国学习回国后，继续留在护士岗位上，一干就是62年。她爱病人、爱医院、爱白色的病房，平凡的工作看成是自己生命的一部分，像慈母一样对待病人，与病人心相系，给病人以身心护理，赢得了病人、医生的尊重，赢得了全社会乃至全世界的尊重。1995年，她和她的学生一同被国际红十字协会授予第35届南丁格尔奖，本届全世界共22名获奖者，是从160多个国家数百名候选者中筛选出来的。她与自己的学生同获此奖，不仅在中国史无前例，在全世界上也绝无仅有。是年，她81岁，学生邹瑞芳61岁，在护理岗位上度过47个春秋。

评　析

护士的工作，可以说是又脏又累又受气的工作，能有什么大的成就？但是孙静霞（和她的学生），在这个岗位上，默默奉献数十年，终于修成一对没有翅膀的天使，为中国100多万护士，为中国的医护事业，赢得了国际护士最高奖项——南丁格尔奖。

平凡的岗位，同样可以做出非凡的成就。

俗话说，三百六十行，行行出状元。中央电视台的状元360节目中，那些令人称奇、拍案叫绝的状元们，用几十吨吊车斟酒，用几十吨的机械手夹鸡蛋，开着铲车过独木桥……他们就是用这种平凡的工作方式来成就自己的事业，我们对他们同样惊叹并羡慕。

当然，任何工作岗位上，成功如同冰冻三尺非一日之寒，需要从点点滴滴、时时事事做起，日积月累，不断进取。正如王国维在做学问的三大境界之第三中境界引用了辛弃疾《青玉案·元夕》"众里寻他千百度，蓦然回首，那人却在，灯火阑珊处。"说的是功到自然成的道理。其实不管是做学问还是做平凡的工作，做到炉火纯青，也须经过前边"昨夜西风凋碧树，独上高楼，望尽天涯路"和"衣带渐宽终不悔，为伊消得人憔悴"立志高远和艰苦卓绝两个境界，才能达到第三个境界。

平凡的岗位，平凡的工作，这就是客户服务。

客户服务同样是实现自我价值的过程。

二、工作特点

1. 持之以恒

合抱之木，生于毫末；九层之台，起于累土；千里之行，始于足下（《道德经》64 章）。客户服务人员要日复一日，年复一年，坚持不懈，持之以恒为客户服务，不是一朝一夕、一蹴而就的活动。企业基业长青，客户源源不断，客户服务工作就不能间断。客户是需要帮助的人，客服人员就要不停地帮助他们。应该想到自己是像雷锋那样做好事，尽管是平凡的行为，但是如果一如既往、坚持不懈地做好事，那就是非凡的举动了。毛主席说："一个人做件好事并不难，难的是一辈子做好事。"道出了坚持平凡工作的难度和伟大。张瑞敏说，把每一件简单的事情做好就是不简单，把每一件平凡的事情做好就是不平凡。

2. 无微不至

"临行密密缝，意恐迟迟归。"这是唐代诗人孟郊的《游子吟》中的这两句诗，描述了慈母对游子的无微不至的关爱。从"临行密密缝"这个细节中就可以看出，慈母对于即将远游的孩子的细密的牵挂就像她缝的针脚那样细密。在客户服务中，客服人员也要善于找出客户些微的优点加以赞美，发现客户的困难给予力所能及的帮助。如，对于及时交费的客户要给予表扬和感谢；对于善意延迟交费的也要帮助客户找出"情有可原"的理由并给予及时交费的鼓励。

3. 经得起被人误解

客户服务人员在一线迎来送往，第一时间直面客户，是发泄不满情绪的前沿对象。实际上，一线客户服务人员大多不是客户服务纠纷的始作俑者。纠纷是在产品质量、维护维修、售后服务、跟踪服务等多个环节时产生的，这诸多环节上的不满意和纠纷往往都要客户服务人员来承受。对于客服人员就要能抗压、有韧劲，能承受冤枉和误解，把客户的千头万绪的不满、气愤、愠怒装进自己的宽广而豁达的胸怀。实际上，客户服务是在为同事、为各个部门、为企业担当责任。

三、工作对象

客户是多种多样的，客户认识水平、个性不同，同一问题不同的客户其服务要求也不同，针对不同的客户个性，实施不同的服务方式是客户服务的关键。

客服人员面对的是活生生的、形形色色的人群，每一个人的身份、地位、教育水平、性格、品行不同，对客户服务的观念不同，要求层次不同，对客服人员的态度各异，有善解人意的，也有蛮不讲理的，这就要求客户服务人员对服务过程中出现的真实情景有预期的思想准备，以宽广的胸怀和深厚的城府来容纳世间形形色色的客户。这不仅是对客户服务人员处理客户情绪的挑战，更是对把控自己情绪的挑战。客户有时候会情绪失控，不仅对客服人员以精神伤害，甚至是身体伤害，遇到这种情形更需要客户服务人员大度能容，慈颜常笑，以免给客户火上浇油，扩大事态。在沃尔玛就设立了委屈奖，以奖励那些以企业为大局为重，委曲求全，打不还手、骂不还口的优秀员工，博得了广大客户的同情、理解、赞誉和对企业的忠诚。

第二节 爱 心 与 奉 献

对任何需要帮助的人都施以帮助就要有博大的爱心，在帮助别人的同时没有任何沽名钓誉和各种功利目的，就是奉献。这是客户服务人员应具备的美德。

一、爱心包容天地

大爱无疆，包容天地。这是中国儒家文化的核心，即"仁"、"仁爱"，强调人应有恻隐之心和慈悲之心。做好客户服务必须有博大的爱心，而不是狭隘的自爱和对血缘亲情的爱。这种爱心是内心的自然表露，不是在演绎，也不是在表现。缺乏博爱之心的人不适合做客户服人员，他们对服务的认识不正确，认为是侍候人，低三下四，没有必要对别人下架。还有的人认为天底下很多工作可以选择，何必非要干这种工作。如果不能充分从广义上理解服务的社会性和规范性——每一个人离开别人的服务都无法生存，持有这种想法的人真的不合适做专业的服务人员。

爱无所求，爱只将自己付出并修养自己，收获自己，成就自己。爱在自己的内心，施爱的结果或许一无所有，也不为了外在的拥有，因为爱是为了自身精神的满足和愉悦。爱就像清冽的溪水不停地吟唱着优美甜蜜的歌儿流过需要爱的每个人的心田；爱就像冬日的暖阳无私地播撒着温馨的光儿照在需要爱的每个人的心坎。这种大爱，如春风化雨，润物无声，不仅使客户感动，甚至会感天动地，融化铁一样的心。

▷▷ 案例2-2 德蕾莎修女1910年出生，她的父母是阿尔巴尼亚的富有人家。1928年，她加入总部设在爱尔兰的 Loreto 姐妹会，担任过教师和校长。后来离开修道院走入印度的贫民窟。在那里用几卢比租下一间房子，接待贫民窟里饥寒交迫的孩童。为了他们，自己亲身到街上乞讨食物和药，并给这些孩子清洗身体。在没有桌子、椅子，也没有黑板的破屋里。她以地板为黑板，教孩子们一些孟加拉字母。有一次，她看见街上躺着一个奄奄一息的病人，她焦急地四处求告，敲遍医院、诊所的大门，竟无一人理会。最后好不容易求到一点药品，回来时却发现那人已死去了。另有一回她遇见一个人身上都是脓包、伤口，脓包上竟是蠕动的蛆和虱子。她沉痛地感叹："狗与猫都过得比这人更好，人为何如此卑贱地走向死亡呢？"之后，她到警察局请求他们拨一处地方，使她可以接待那些无家可归者。能够帮他们清洗身体、洗净流脓的伤口再加以包扎，好让孤苦无依者有个安静的死亡之所。这样的善事，她在日复一日，年复一年的做着。

1979 年，德蕾莎获得诺贝尔和平奖。全世界许多大学争相颁授荣誉学位给德蕾莎，各地也纷纷邀请她去演讲。

科索沃与南斯拉夫发生内战，在战区还有一些妇女儿童没有逃离出来。德蕾莎修女请求指挥官停火："你们这些男人要打到什么时候？战区的妇女与小孩逃不出来。"指挥官说："我想停火可对方不停呀，我也没有办法！"。德蕾莎说："那只好我走进去了。"当德蕾莎走进战区以后，双方发现伟大的德蕾莎走进战区，立刻停火！当德蕾莎带着妇女与儿童离开战区后，双方又开始激烈交火。这事传到联合国秘书长安南的耳朵，安南深深地叹了口气，说道："这件事，是我无论如何也办不到的呀！"

评析

德蕾莎修女的个人魅力，何以让世界震撼？就是她感天动地的博大的爱心。她为穷人中最穷的人服务，为病人、为垂死之人带来人的尊严和生的希望。1997 年，德蕾莎在印度去世了，阿尔巴尼亚总统希望德蕾莎修女归葬，印度总理致电给阿尔巴尼亚总统：德蕾莎为印度奉献了一生，就让德蕾莎修女留在我们印度这个国土吧！出殡那天，德蕾莎身上盖上印度国旗，由 12 个印度人将她高高抬起，印度总理古积拉尔当街跪下了，印度人统统跪下了。路过之处，印度民众纷纷跑到街上，为德蕾莎跪下送葬。因为此时此刻，人们知道，在道德爱心的高地上，没有人能够比伟大的德蕾莎修女站得更高！

▶▶ 案例 2-3　韩国男子枪杀了他的教授（76 岁），制造了震惊世界的弗吉尼亚理工大学枪击案，共有 33 人受害。得知教授死亡后，一位 77 岁的美国老妇人的话语比案件本身更令人震撼："如果每个城市的上空都有一个天使在守候，那么 2007 年 4 月 16 日的凌晨，属于弗吉尼亚的天空的那个天使一定是打瞌睡了。""如果天使醒着，他一定不会让那个 23 岁的韩国男孩，去干那么一件可怜的傻事。"这位老妇人就是受害者弗吉尼亚理工大学教授列维·布雷斯库的老伴。

这种令人震撼的超常的善良和平静，源自老妇人宽容博大、包容天地的胸怀。1944 年，她与列维·布雷斯库教授在纳粹集中营里认识时，分别是 14 岁、13 岁，之后有幸生还。须知，后来每年的 4 月 16 日这一天，正是全世界犹太人缅怀被纳粹杀戮的亲人的日子。

评 析

撇开韩国男孩应当得到法律的惩罚，教授的遗孀为男孩开脱说：看护男孩的天使一时瞌睡，由此可见，其包容天地的背后有一颗博大的爱心。没有仇恨只有仁爱。

作为客户服务人员，如果能够认识到客户永远是值得原谅的，就永远不会有任何抱怨。

孙静霞说，"爱是最重要的，如果没有爱，我不会一直干到现在。"南怀瑾说同情弱者就是最高学问。强弱是相对的，有时空条件的限制，此一时也彼一时也，离开了"他那一亩三分地"你为他服务也是同情弱者。某单位领导来到供电公司处理纠纷，也是弱者。其实每一个客户都是需要你帮助的人，你是在帮助他们，而不是侍候他们。

二、淡泊名利

《清代皇帝秘史》记载，乾隆皇帝下江南时，来到江苏镇江的金山寺，看到山脚下大江东去，百舸争流，不禁兴致大发，随口问一个老和尚："你在这里住了几十年，可知道每天来来往往多少船？"老和尚回答说："我只看到两只船。一只为名，一只为利。"一语道破天机。在客户服务前沿岗位上，做的都是为公司形象增辉的小事情，很难很难像歌手走红那样在一夜之间暴得大名大利。因此要做好这个工作就要像诸葛亮在《诫子书》中所言，非淡泊无以明志，非宁静无以致远。就是说，不看轻世俗的名利，就不能明确自己的志向，不是身心宁静就不能实现远大的理想。如果心中没有远大的志向，必然就会看重眼前的利益。要淡泊名利，需要的是甘于奉献和勇于牺牲的精神，才可能经受住各种诱惑的考验，始终不渝地坚守自己的道德标准和信念，不重名利，不计得失，以淡泊的情怀书写出高贵的人生。如果一个人在工作中总是念念不忘虚名，时时计较利害，汲汲于富贵，戚戚于清贫，不管干什么工作，一生也不会取得成功。因为名利会使你目光短浅，紧盯着眼前的利益，更会削弱的你的意志，使你浅尝辄止，半途而废。常言道，桃李不言下自成蹊。只要你用心而为，孜孜以求，坚持不懈，功在不舍，就会水到渠成。

三、细节尽显关爱

客服人员在整个接待客户的过程中，每一个环节都要注意每一个细节，及时处理好每一个细节，这对于成功赢得客户的认可甚至赞誉至关重要。如，看到客户风尘仆仆口干舌燥，及时递上一杯热茶；根据天气情况嘘寒问暖；根据客户情绪，关切的询问并提出给予帮助；对客户失约能够帮助他找出客观的理由，如，路上堵车是吗？这些细节可以让客户感觉到你的诚挚、热情、宽容和大度。有的时候，一个细节可以赢得一个客户，一个细节也可以失去一个客户；一个细节可以使生意兴隆，一个细节也可以使生意萧条。

>> **案例2-4** 有两个相邻的早点铺，都卖油茶和鸡蛋。工艺和质量都没啥区别。一个铺子生意旺盛，而另一个则萧条黯然。后者则聘请一企业家帮助他找出问题的症结。该企业家在其早点铺连续吃了三次早餐，终于找出答案。问题就在于两家服务员对顾客的一句问话。生意兴旺的那家服务员总会问顾客："在油茶里打一个鸡蛋还是两个鸡蛋？"而生意萧条的那家服务员则总会问顾客："在油茶里要不要打鸡蛋？"

评 析 --------→

两个服务员的问话限定了顾客的选择。前者的选择是一个还是两个，而后者的选择是要与不要。同时，还表明了前者对自己的产品质量和顾客的喜爱程度是底气十足，后者则底气不足。生意黯然的原因昭然若揭。嗟乎！一句问话的细节差异，就可以断送一个商铺。

如果是投诉客户，对其情绪和精神状态、问题的原因和诉求的核心、目的和期望值等服务人员都要有全面深度的把握。一个资深的服务人员对于客户的国度地区、身份地位、风俗习惯、民族文化的都应了如指掌。如，上海APEC会议上各国领导人穿的都是中国民族服装，请注意，亚洲领导人大多穿红色的，而西方领导人大都穿蓝色的。须知，颜色都是领导人自己选定的。假设一概按照中国文化选择大红色，就会引起西方国家领导人的不满。为什么？红色在中国在亚洲文化中都代表着幸运、财富和喜事；红色在西方人的观念里是血的颜色，表示冲动、革命和动乱，而蓝色则代表冷静和沉着。这就是亚洲和欧洲颜色文化背景差异的细节。

第三节　自觉主动与诚挚热情

缺乏内在动力的人不会自觉地去追求美好的人生。同样，缺乏服务意识的客服人员很难做到主动为客户服务。服务意识是一种潜藏在内心深处的，不是外显的，仿佛是冰山在水下的那一部分。

一、自觉源于意识

一个人有服务他人的意识，在任何时间和空间，遇到需要帮助的人就会自觉自愿迎上前去，施以援手。由于意识是潜藏的、深层次的，不是肤浅的，在时时刻刻指引着你的行为，当别人遇到困难时，就像自己走路遇到一块石头需要抬起脚迈过那样，会不假思索，下意识的完成这个动作。一个人的服务意识是在长期的文化陶冶和不断的实践中形成习惯，习惯不断的固化而后深入，才会形成服务意识。

二、主动催生积极

心态是一个无形的法宝，积极的心态不仅让你身心愉快、健康长寿，还给你带给你成功的愿景。积极的心态可以给人提供无限的正能量，它可以使一个人朝气蓬勃，信心百倍，具有挑战机遇，迎难而上，勇往直前的勇气。消极的心态是我们自己最大的敌人，它随时散布疑云，使人悲观，不能享受人生，而且还有严重的传染性。

希尔说："心态决定一切。"主动是一种心态，是随时准备把握机会，展现超乎他人期望的工作表现。积极是一种表现，是那种率先垂范，身先士卒，开动脑筋，解决问题的表现。

服务工作纷杂多变，很多场合不是依靠请示领导来解决的。靠的是以主动的态度去工作，想出积极可行的办法，把工作做得更好。有些服务往往是服务人员自动自发，主动提供的附加服务。这也就是超值服务，会令客户惊喜感动。

>> 案例2-5　贵州电力拯救黄磷、铁合金用电大客户。贵州省资源丰富，基础工业主要是重工业，高能耗产品，尤其是铁合金、黄磷、电解铝等行业在全

国的地位举足轻重，就黄磷为例，20世纪末，占全国总产量28%。但是，高能耗、低附加值，使得这些用电大户对电价的承受能力差，一个个企业眼见得效益下滑，气力不支。贵州电力勇于承担起艰巨的社会责任，做出了拯救黄磷、铁合金等用电大客户决策，帮助这些用电大户提高产品市场占有率，进而稳定和开拓电力负荷，促进电量增长和电费回收。一是对有潜力、有市场、只是贷款回笼和流动资金较为困难的企业，除了进行让利外，在电费交纳时间和资金方面给予积极地帮助。二是深化优质服务，组建"电力抢修中心"，24小时值班，解决大客户受电设备检修难的问题。如贵州省内某铁合金厂，由于拖欠电费，不堪重负，濒临破产，大部分资产已抵押给银行，欠贵阳市南供电公司电费10 000万元。如果对其停电催费，只能加速该厂的破产。面对严峻的形势，供电公司没有被动等待，在对该厂认真分析后，决定主动出击，通过对其进行让利扶持，同时深化优质服务，义务为客户的设备进行检修、维护，掌握用户设备的运行情况，保证客户设备安全连续运行。为客户设备服务时，尽量为客户节约成本。还与客户签订了有时限的供用电补充合同，每月根据铁合金市场的变化进行动态调整。在当年对该厂优惠、节约280万元的情况下，该厂电费交纳实现了多年来的首次结零，用电量也达到了历史最高水平3.5亿千瓦时。

评 析

面临大客户濒临破产，没有采取财产保全、申请破产的措施，而是积极主动做出拯救计划，颇具承担责任的大家风范。终于，该厂电费交纳实现了多年来的首次结零。积极主动、真诚服务终有回报。

三、信用保证承诺

对于诚信，虽然孔老夫子曾经高扬的仁义礼智信旗帜飘扬了两千多年，如今有的国人，有的企业似乎什么都不相信了，不信天，不信地，不信神，不信鬼，就相信自己。只相信自己就意味着——承诺可以是谎言。孔子说过：人而无信，不知其可也。墨子曾说：言不诚者，行不果。孟子也说：诚者，天之道也；思诚者，人之道也。在中国，诚信这两个字历经了太多历史的风雨，凝聚了太多历史的痕迹，承受了太多历史的砥砺，以它的厚重和坚韧，穿越漫长的时空，来到文明的今天。如果企业与个人把诚信被当作一种遥远的、可以膜拜的东西束之高阁，每个人都愿意相信诚信的美好，但很少有人愿意去相信它在现实生活中的存在，那么就不会有人再相信承诺。

诚信、信用、承诺是相辅相成，不可拆分的。言而无信不是诚挚的人；不具诚挚品格的人也不会有信用。诚信，是个人和组织以及团体立足社会的根本。没有诚信的人行得一时一事，不会一生一世，眼前的好光景会转瞬即逝。供电企业及其全体员工必须具备诚信的品格，广大客户才会相信你的服务承诺。新企业只有确立独特的品牌承诺，才能在市场中打拼出自己的一席之地。而已经在市场中站住了脚的企业，则必须定期检验它们的品牌承诺，并根据市场环境、竞争对手以及客户的变化适时地对其进行调整。在清晰确立品牌承诺之后，管理者就必须把整个企业调动起来，完整而流畅地兑现那些"重大"的承诺。最重要的是，<u>企业必须始终如一地在每一天、每一笔销售业务和每一次与客户的互动交流中兑现这些</u>承诺。

>> 案例2-6　台湾有个诚品书店，其所售书籍作为商品无疑是诚信的商品。但是更重要的是，诚品书店的经营人是真正具备诚挚的品格。这是一个24小时营业的书店，24点之后仍有人在那儿读书、买书，在台湾有多个连锁店。

2005年白岩松采访台湾时，受同事之托买一本医学书，经台北店查询只有高雄店还有一本。结果赶到高雄正值台风"海棠"肆虐，所有店铺歇业，打个电话试试吧，结果一试则灵。台风中，专为一本书开门，难道是就是为了赚那一本书利润？显然不是，那是在弘扬诚品！

评析

电力企业的客户服务也是24小时开通，可是，即使没有台风肆虐，当客户夜间打来电话要求服务，客服人员能做到诚品的份上吗？

四、诚挚相伴热情

相由心生，心里有诚挚的感情，会写在脸上，表情与语言会让人感觉到热情洋溢。心由情动，真挚的情感会让人感动，会忘记不快、隔膜、利益甚至仇恨。服务人员要一视同仁，对每一个客户应怀有诚挚的情感，认为他们都需要你热情的帮助。诚挚热情为客户服务，往往会产生化干戈为玉帛的奇效。尤其在纠纷处理中，您的诚挚与热情是通畅客户关系的润滑剂，是久逢旱灾的及时雨，也是浇灭引燃一车柴薪的火花的那杯水。

>> 案例2-7　美国总统胡佛执政期间的1932年5月，参加一次世界大战的25 000名退伍老兵请愿诉求"退伍军人补助金"。政府与之多次对话未能达成

一致意见。最后胡佛拒绝了退伍老兵的要求，并于 7 月出动军队将老兵们赶出了华盛顿。但是，事情并没有结束。富兰克林·D·罗斯福总统上台后，退伍老兵组织了声势浩大的请愿。同样是几次谈判未果。最后罗斯福与夫人商议由夫人埃莉诺出马平息请愿。

埃莉诺与总统助手路易斯冒着小雨一同前往，到了退伍兵的聚居地时，埃莉诺让助手留在车上，独自一人下了车，踏着泥泞的道路，微笑着向老兵们走去。老兵们看着满身泥水的总统夫人，备受感动，急忙过去把她扶过来。埃莉诺询问了老兵们的疾苦，倾听了他们的诉讼，又回忆起一战将士们艰苦卓绝的岁月，并唱起了往日战场上的歌，最后陈述了国家眼下的经济状况……老兵们流着热泪妥协了，请愿就这样在诚挚的情感交融中解决了。

评析

肆虐的狂风不能吹走身上的单衣，温暖的太阳却可以让你自觉地脱下棉衣。埃莉诺夫人诚挚热情的交流力量敌得过胡佛军队的力量。客户服务也是这样，客户有时候并不是一味的要求经济上的补偿，很多时候要求情感的满足和心理平衡。

第四节 灵 活 机 敏

程序对于程式化的工作是不可或缺的，对于客户服务工作就很难以完全程式化，再说即使程序也不是完美无缺的，这就需要工作中的灵活性和敏捷性。

一、审时度势

审时度势，就是分析、审察、把握时机和估量情势。同样一句话、一个动作、一个提议、一个纠纷处理的刍议，客户平心静气、清醒理智时会理解、接受，在激动万分、怒气冲天时候就无法接受。客户与你共鸣的时候就容易接受，客户与你对立的时候就难以接受。对于客户服务人员，能够审时度势，见机行事将会使工作一路顺畅。

>> 案例2-8　公元前 266 年，赵惠文王去世，其子孝成王继位，因他年幼，故由赵太后执政。新老交替，又加太后新政，国内动荡不安。当时的赵国虽有廉颇、蔺相如、平原君等人支撑门面，但国势大不如前。秦国认为有机可乘，便发兵东下，一举攻下赵国的三座城池，赵国危在旦夕，不得不向齐国求救兵，齐王虽然答应出兵，但按当时的惯例，提出了一个条件：以幼子长安君为

人质。一向颇为开明的太后，却由于溺爱幼子，一时糊涂，甚至蛮不讲理，对于大臣的强谏，她恼怒已极，公开下令警告群臣："有复言令长安君为质者，老妇必唾其面！"

面对此景此情，触龙与太后结盟，为太后着想。首先叙寒暖，话家常，让赵太后感到到底还是年老旧臣体贴自己；其次要求给幼子安排看大门的工作，引出太后的爱子之情，从而引起太后的情感共鸣；再次谈燕后远嫁，提及太后对自己的女儿前途考虑长远，与溺爱长安君形成鲜明对比；最后顺理成章地指出太后过分溺爱长安君只能断送其锦绣前程。反之，正当国家危难之际，如果让长安君"有功于国"，那么将来他就能在赵国取得威望，以服臣下，站稳脚跟，建功立业。

■ 评 析 --------→

内政上，赵太后死了丈夫，国家一摊子事情等着自己去操心处理。外交上，又逢强国入侵，危及政权，偏偏又要最心爱的小儿子作人质……千头万绪，心烦意乱。大臣们不谙此情，一味"强谏"，自然招致老妇"必唾其面！"而触龙则灵活机动，与太后结盟，为太后着想，终于搞定人质大事，挽救赵国于危亡之中。

二、应变自如

一句话、一件事情做错了，自己知道错了，不是为了掩饰错误，而是灵机一动，将错就错，顺势而为反而会起到意想不到的奇效。一时疏漏说错话或做错事要及时补救，当然是天衣无缝的补救，受者会认为是你的机智幽默而不是你过错，既不会让受者抓住错话的把柄，免除很多麻烦，又会收到比赔礼道歉要好上多少倍的结果。

1. 应变能力

应变能力表现在这样几个方面：①能在变化中产生应对的创意和策略；②在变动中辨明并坚持正确方向；③能审时度势，随机应变。要提高应变能力就要提高记忆能力、观察能力、意志能力、鉴别能力、沟通能力、分析能力、组织能力、语言能力、创造能力、自控能力、动手能力、想象能力、判断能力、模仿能力、号召能力、感染能力，还有一些说不清的灵感之类的能力等。

2. 差异与培养

每个人的应变能力可能不尽相同，造成这种差异的主要原因，一方面可能有先天的因素，如多血质的人比粘液质的人应变能力高些。也可能有后天的因素，如长期从事紧张工作的人比工作安逸的人应变能力高些。因此说可以通过修养提高应变能力：①冷静，面对情景窘迫和险恶，沉着从容。②忍耐，面对尖刻恶毒阴险的语言或行为也要隐忍制怒，不要急于应对。③明察，要摸清对方的底细和意图。④出击：发现对方的弱点、漏洞或疏忽，灵活对策，出奇制胜，使自己始终把握应变的主动权。

3. 参与实践提高应变能力

①多参加富有挑战性的活动，在实践中提高。②扩大个人的交往范围，学会应变各种各样的人，应付各种复杂环境。③加强自身的修养，在工作、学习和日常生活中，遇事沉着冷静，有助于培养良好的应变能力。④注意改变不良的习惯和惰性，主动地锻炼自己分析和解决问题的能力，遇事迅速作出决策。

>> 案例2-9　刘邦称帝之后，一日问韩信："依你看像我这样的人能带多少兵马？"韩信说："陛下能带十万。"刘邦又问："那你呢？""对我来说当然是越多越好了！"刘邦心里不快，问："你带兵多多益善，怎么还为我所用？"韩信意识到自己说错了话，应变说："陛下带兵不多，但'善将将'，驾驭将领的能力无人能比啊！"至此，刘邦才心里舒坦。

评　析　┄┄┄┄┄➤

如果韩信没有应变，或许会引来想不到的祸患，而断送了这位将兵多多益善的将军日后的辉煌生涯。

客户服务人员在工作中也难免会遇到说话措辞不当或说错了话，或者在办事程序以及单据文书上出了纰漏，要根据情势的发展和变更，灵活机敏，讲求应变，修补错误以达到让客户超值满意。如果没有把握做到的话，千万不可弄巧成拙，一定要谦虚认错，诚挚道歉。

第五节　客服人员的素质要求

客服人员尽管是营销一线的小角色，却要求具有良好的心理素质、自我调节的能力、良好的品格素质、技能和综合素质。

一、心理素质

1. 处惊不变的应变力

莎士比亚说，不要因敌人燃起一把火把自己烧死。能够不被他人燃起的火烧着自己的能力就是情商（EQ）——就是控制自己情绪能力的商数。人皆有七情（喜、怒、忧、思、悲、恐、惊）六欲（生、食、性、物、知、舒），在关键的时候如何控制好这些情和欲，这就是高情商的人，知道别人的情绪，调整自己的情绪，适应别人的情绪，尊重别人的情绪，控制自己的情绪的能力。具体说，情商能力分五种：认识自身情绪的能力；善于管控情绪的能力；自我激励的能力；认识他人情绪的能力；处理人际关系的能力。

情绪的自我掌控及调节能力就是——操之在我，自己操控自己，而不是被别人情绪所左右。

>> 案例2-10 2012年8月的一天，一位青年男性客户衣冠不整，酒气熏天来到某供电公司的服务大厅，冲着前台工作人员小李，吹胡子瞪眼地质问，他家停电4天了为什么没人管？情绪异常激动，拳头擂得柜台砰砰作响。服务人员小李冷静片刻，给客户倒了一杯茶，走出柜台引导客户在服务大厅的沙发上坐下来，客户情绪稍稍平静后，问明原委。客户家4天前停电，打电话给供电所的工作人员要求维修，工作人员答应找管片电工上门处理。4天过去了仍然没人理会，该客户越想越气愤，借着酒劲来到供电服务大厅。小李立即与供电所取得联系，原来管片电工近几天感冒打点滴，承诺今天安排其他电工上门维修。该客户满意而归。

评析

小李没有被客户的一把火点燃自己，相反为客户灭了火。小李情绪控制能力达到了操之在我的境界。这种功力需要在工作中苦苦磨炼自己。

2. 挫折打击的承受能力

如上述的案例2-10中的主角小李，如果他不是从服务工作的角度出发理解自己的位置和角色，而是认为在自己相对客户而言没有任何过错的情况下被大吼了一顿，自身的尊严受到屈辱的话，一定会委屈、挫折、不平、愤懑一齐向心头袭来。那就很可能采取对客户以牙还牙的措施，令客户火上浇油，问题越发不可收拾。实际上，客户和你前世无仇、今世无冤，心理上不是真正冲着你而来的，你只是他发泄的一个对象，他的真正需求或者是经济利益或者是自己心理平衡的需要。

3. 扮演小角色的能力

戏剧中我们常常看到那些被上司或主人颐指气使、呼来喝去的小角色。在客户服务中，服务人员往往需要扮演这样的角色，当着客户的面，被领导狂批一通，给客户看看领导的公正、工作态度严肃认真和对待客户的善意、同情和理解，或者配合领导扮演黑脸人物，尤其在处理牵涉客户经济利益不能达成一致的时候，让你承受客户的不满，落得个"到底不如领导水平高"的评价。说到实质都是为了工作，为了让客户满意而不得不"周瑜打黄盖"。

二、缓解压力与调整情绪

工作是连续不断的，为了做好一天天、一月月、一年年的客户服务工作，对于自己的压力和情绪的调整应从如下几个方面着手。

1. 改变你自己

你不能决定生命的长度，但你可以控制它的宽度；你不能左右天气，但你可以改变心情；你不能改变容貌，但你可以展现笑容；你不能控制他人，但你可以掌握自己；你不能预知明天，但你可以利用今天；你不能样样顺利，但你可以事事尽力，言而有信。在调整自己的基础上养成好的习惯：承诺要留有余地；做些分外的服务；学会为客户思考；把客户看做工作中最重要的部分；工作多一点主动性；打电话时要微笑，音调要有变化。

2. 这是我的工作

当你在工作中受到无辜的抱怨、吼叫、呵斥甚至是辱骂，如果你从过错责任的角度考虑问题会成为窦娥冤，因为你没有过错承受了如此不公平的屈辱。但是你从另一个角度考虑问题就会认为这是值得的——这是我的工作。因为你的工作就在一线直面客户，就是客户的首问责任人，客户一切倾诉、不满、怨愤、怒火就要对着你发泄。你不能离开，不能回避反而要面带笑容，迎上前去，好言相劝，倾听原委。如果你临阵脱逃唱空城计，既败坏了公司的客服形象，又使客户火上浇油，让问题更加复杂难解。

客服工作最重要的就是对客户的态度。在工作过程中，应保持热情诚恳的工作态度，在做好解释工作的同时，要语气缓和，不骄不躁，如遇到客户不懂或很难解释的问题时，要保持耐心，一遍不行再来一遍，直到客户满意为止，始终信守"把微笑溶入声音"，把真诚带给客户的服务信条。这样，才能更好地让自己不断进取。

3. 一天当做一堂课

在战略上，要始终保持积极进取、永不言败的良好心态。就是客户服务人员在自己的工作岗位上，需要不断地去调整自己的心态，遇到各种困难和挫折都不能轻易放弃。在精神上的投入，把一天的工作当做是讲一堂课，就像老师站到讲台上那样，自始至终热情洋溢，精神饱满，全身心投入做好一天的课程。这种昂扬饱满的精神状态会给周围同事和给客户以精神焕发、蓬勃向上的感染力。

4. 当作一天马拉松赛跑

但是从战术上，你又要量力而行，科学的分配你的精力和体力，把一天的客服工作当做一天的马拉松。这样才能具有一天工作满负荷情感付出的支撑能力。意思是，你对每一个客户都提供最好的服务，不能保留。也就是接待第 1 个客户和第 100 个客户，保持同样精神饱满、热情洋溢的状态。怎么办？这就要将一天的客户服务工作当作一次马拉松长跑来分配，不断自我激励，添加能量，保持均衡，坚持到底。譬如你每天大约要接触 10 个客户，很可能第一个客户就把你劈头盖脸地羞辱了一通，使你士气挫折，情绪低落。怎么办？你又不能回家大哭一场，后边还有 9 个客户在等着你。这时候你就要把控好自己的精力和体力的流量和流速，调整好自己的心态和情绪来做好一天的工作。

三、品格素质

1. 自信心

不管做大事还是做小事，自信心都是成功的基石。因为自信心是自己对自己的信任。相信自己的预料、愿望前景或理想一定能够实现的心理状态。服务人员怎样训练提高自信心？

（1）公众场合挑前面的位置坐，常常让自己处于众目睽睽的显眼的位置，经受众人目光的扫描；

（2）与别人面对面时大胆地正视别人，正视这个举动在告诉对方：我在和你平等的对话，我正在认真阅读你的表情，聆听你的说话，洞察你的内心；

（3）走路时候昂首挺胸，加快速度 25%，不断地超越别人（开车时不要这样哦）；

（4）练习当众发言、辩论，向众人展示你的风采、自信和智慧；

（5）经常哈哈大笑和微笑显示你的轻松愉快、信心满满、吞吐收放、游刃有余；

（6）常常对自己反复地下达积极而肯定的命令和暗示："我接受！""我能！""我行！""我会做得更好！"

2. 隐忍

马卡连柯说，没有制动，就不可能有机器。就是说，不会制怒，不成其为人。愤怒或者情绪不佳，会形成连锁反应，这就是"踢猫效应"的故事——主人在职场情绪不佳，回家后对妻子发泄，妻子的情绪受到影响就对孩子发泄，孩子不敢对大人发泄，就对无辜而可怜的猫咪飞起一脚，发泄不快。总之，不良情绪感染之后，都要发泄，这就导致坏情绪影响自己，牵累他人，败坏整个团队的工作氛围和工作效果。

你可能是冤枉的，你可能是无辜的，可是纠纷就偏偏找上你。怎么办？首先是隐忍！这是真正的中国功夫。相信事情的原委是会真相大白的，时间会为你洗刷清白。如果你火冒三丈，怒气冲天，事情往往会办糟了。

>> 案例2-11 2006年7月17日，抄表员张某抄完表后，开始查询上月欠费记录，晚上准备催收。下班后开始打电话催收，一般客户接到电话表示歉意，承诺尽快交费。但一家客户接到电话时，怒气冲冲，满嘴脏话，责骂抄收员张某打骚扰电话，扬言要投诉他。张某满腔怒火，但是考虑到这是自己的工作，考虑到以后工作的继续，很快熄火，并连声道歉说："对不起，打扰了，如果您不方便，我明天再联系您。"次日，张某做好更自信的心理准备登上骂人客户的大门说明来意，并对昨晚电话再表歉意。出乎意料，该骂人客户竟然被张某的宽容大度所感动，红着脸面，连连赔礼，说昨晚喝酒过多，请原谅，以后保证不再欠费。

评 析

本案张某不知道客户酗酒，追要电费碰了钉子，受到了侮辱，但他的隐忍功夫深厚，没有与客户发生冲突，退一步让出了空间，创造了客户清醒时继续讨要电费的机会。结果客户赔礼道歉又下保证不再欠费。张某的隐忍品格为电费回收的顺利完成打下了良好的基础。

3. 担当

客户服务人员不仅为自己的行为承担责任，大多是为别人承担责任，这种品质就是担当。在整个营销服务过程的每一个环节上都可能出现客户不满的事件，最终都会汇集到客服环节上来。这时候你不能说这不是我的错，你只能担当起一切的"过错"，说白了在代人受过。因为你居于迎接纷争的岗位，解决问题的环节，既不能上推也不应下卸，而应当立马承担责任。其实客户最终也会理解甚至同情你的工作。

>> 案例2-12 白隐禅师得道极深，不为所动，坚若磐石。一天，寺院周围的

一个美丽的女孩怀孕了，女孩父母软硬兼施，反复追问，女孩就说出了白隐的名字。"和尚竟然还敢干这种事情?!"女孩父母大怒找白隐算账，白隐说了一句："是这样吗?"孩子生下后，女孩父母送到白隐那儿抚养，这使白隐禅师声名狼藉，名誉扫地，弟子纷纷远离他。一年后，女孩终于说出了真相，孩子的父亲是菜市场上年轻的小鱼贩子。女孩的父亲去跟白隐要回孩子时，白隐说了一句："是这样的吗?"

评 析 ------------▶

且不说白隐的隐忍的功底之深，就客户服务而言这种最先承受错误的隐忍和担当的结果是避免了当时激烈冲突。最终是云开日出，真相大白，但是女孩父母却沐浴了一场心灵上的春风化雨。

4. 践诺与立马行动

古人云："言必信，行必果。"说到做到不变卦，立即执行不推脱。执行顺利不出错，准时完成不延误。任何客户要求立马解决问题，不愿意等待。譬如业扩报装咨询，承诺几天接电，必须践诺，必须立马行动。客户痛恨食言失信。做不到不要说，说了必须做到。客户服务人员须养成，闻风而动，立马行动的工作作风，用行动来答复客户。

四、技能素质

不断努力学习，只有熟练掌握了各方面的业务知识，准确无误地为用户提供话费查询、业务查询、业务办理及投诉建议与指导等各项服务，让客户在满意中得到更好的服务。

对于现场服务，技术精湛必不可少，如果在现场鼓捣了半天不能排除故障，必为客户笑话并失去客户的信任，也有损于供电企业的专业形象。准确判断故障，迅速解除故障需要一个技术服务人员扎实的基础知识和丰富的实践经验，需要现场服务人员在日常实践中不断学习和积累。只有高技能技术服务人员才能让客户满意，树立起供电企业的专业形象。

五、综合素质

1. 记忆力

记忆就是过去的经验（经历）在人的头脑中的再认和回忆。记忆活动有"记"和"忆"两个步骤，"记"指的是识记和保持，识记和保持是整个记忆活动的前提和关键，识记就是有意反复感知某一对象，使其在头脑中留下痕迹的过程；"忆"指的则是再认和回忆，这是记忆活动的最终目的。

记忆力好的人绝对不是天生的，而是经过他自己努力、经过自己的实践锻炼出来的。如司机记路，话务员记忆电话号，教师记忆讲稿大纲等。为了达到记忆的敏捷、持久、准确的要求，提高个人的记忆力，首先，应当有明确的记忆目的和任务，自觉地、积极地、主动地围绕目的和任务记忆；第二，应有一套正确的记忆方法，而尽可能少地死记硬背，少用机械记忆方法，而尽量增强、提高意义记忆即理解记忆的能力；第三，要经常复习，重温已经记过的东西，巩固所记的东西，防止遗忘。

记忆力的强弱、好坏对人们的生活、学习、工作都有很大的影响，记忆力强的人在生活、学习和工作中对所遇到的新情况、新问题不用动辄查阅档案资料，这样就反应快、应变能力强、工作效率高。

在客户服务中，记住客户的名字、优点和嗜好，一见面亲切的直呼其名可以立马拉近关系，因为客户觉得你在他心中印象深刻，很重要，他会感到受到了尊重。每个人都希望能够给别人留下美好的记忆，同时也希望记住更多的别人。美国通用公司的董事长、总裁杰克·韦尔奇能记住他公司的 1000 多名上层主管的姓名和岗位职责，赢得了其下属的尊重。想一想，你认识多少人，他们姓甚名谁，音容笑貌又有什么特征……如果见了客户不知其何许人也，张冠李戴则不仅客户觉得自己在你心中无足轻重，对你在心理上就产生了疏远，而也不会尊重你，也使你自己免不了一番尴尬。

2. 沟通能力

沟通，就是把自己要表达的意思让对方明白，而且按照你的意思去做。所谓善于沟通者，就是对方常常按照你的意思去做，就说你沟通成功率比较高。说来简单，做起来可就难了。让对方明白你的意思不难，按照你的意思去做就难了。只有真正的沟通，双方心里连通后才能交流，因为交流是双向的。有时候，你认为与人沟通了，实际上并没有沟通。因为对方并没有与你真诚地交流，只是在敷衍应答。沟通了的标志是，双方真诚地相互交流，而不存在虚假、掩饰和敷衍。何谓说服？就是你的说服对象同意你的主张或见解或建议，不一定按照你的意思去行动。这还不是沟通。沟通是五项全能（见本书第二篇第五章第一节内容）熟练地综合应用。

有效的沟通能力是客服工作人员的一个基本素质，客户服务是跟客户打交道的工作，倾听客户、了解客户、启发客户、引导客户，都是客户服务人员的基本功，只有了解了客户需要什么服务和帮助，客户的抱怨和不满在什么地方，心理有什么需求，才能找出我们公司存在的问题，对症下药，解决客户问题。

3. 集体荣誉感和团队精神

《菜根谭》曰:"完名美节,不宜独任,分些与人,可以远害全身;辱行污名,不宜全推,引些归己,可以韬光养德。"就是说人不应该贪天之功为己功,将荣誉共享,可以离危害自身的事情远一些;不好的事情也不要推脱的干干净净,应该承担一份责任,可以使自己隐藏才能,修养道德。《学会做自己的奶酪》一书中有一句名言:"世界上没有完美的个人,只有完美的团队。"团队精神——相同的理念,相同的目标,氛围和谐,互相帮助,行为协作,团结一致,自上而下,逐级带动。团队队员之间是互补互助,和谐一致,抱团打天下的多赢模式,与此同时,又让每个队员的价值得以充分的展示。

客服人员应有强烈的集体荣誉感和团结协作精神,尽量用我们不用我,名不独享,过不推卸,携手并肩,共同担当,给客户留下这个组织团结友爱,公开、公正,不谋私利的形象,增加组织的信任度。反之,各自为政,标榜自己毁誉他人,该组织就会给客户留下素质低不可信任的印象。要使团队具有强劲的凝聚力,每个人都要具有人际关系的协调能力,为团队增光添彩,在工作中互相帮助,互相弥补。

如何营造团结协作、宽松和谐服务环境?

1)你愿意别人怎样对待你,你就怎样对待别人。

2)互相尊重、交换意见和建议并汲取教训。

3)对待他人差错的处理:①不当众批评;②指出错在哪里而不是错在谁;③抓紧时机表扬鼓励。

4)永远给别人热情。正如,即使好的营销策划,顾客的购买欲望也往往被客服人员的冷漠打消一样,一个非凡的高见但不能激起热情还不如一个能激起热情的平凡的主意。

我不但要言传，而且要身教——
我要感化众人。

我不但要施予，而且要效力——
我要服务终生。

——诺贝尔得主德蕾莎修女

电力客户服务

服务不具有实体形状，它具有无形性，其产出过程与消费过程同时进行。绝大多数服务都无法在消费之前生产与储存，它只存在于其被产出的那个时点。服务具有易逝性，在很大程度上依赖客户配合与服务提供者的行为，会因人因时而异，失去一方服务就不复存在。比较其他行业的客户服务，电力客户服务起步较晚，尽管近几年开展了各种促进客服提升水平的活动，有了长足的发展，仍然存在着不少问题，还有待于逐步培育客户服务的深层意识，加强客服技能学习。

第一节 电力客户服务

电力行业的特点决定了电力客户服务不同于其他行业而具有自己的特点。它既有无形性和易失性的共性，又有电力客服的专业性、技术性、连续性和实时性，这对服务人员提出了更高的要求。

一、电力客户服务的概念

以电能商品为载体，用以交易和满足客户需要，本身无形和不发生实物所有权转移的活动。《南方电网有限责任公司客户服务管理办法》定义"客户服务"，是指供电企业及其员工在涉及客户的业扩报装、抄表、收费、用电检查、计量装拆表、"95598"客户服务系统、供电抢修、需求管理等供用电业务中，以满足客户需要为目标的行为和活动。

二、电力客户服务的特点

1. 商品属性

（1）无形性。电能量以电流的形式源源不断地输送给客户使用。电流是沿着导线流动的带电粒子，是无形的，看不见的，不敢触摸的，其质量是以电压、波形、频率和可靠性表现出来的。这比一种有形的商品更难满足客户的需要。

（2）连续性。电力的提供是连续的、源源不断的，中断就是事故，就会导致经济损失或者客户工作和生活的不便，引起客户的不满甚至纠纷。电力商品具有连续性，服务也是连续的。电力服务在合同的有效期内，客户服务人员要日复一日、月复一月、年复一年，时时刻刻保持旺盛的意志，饱满的精力，向上的精神，以扎实的知识和熟练的技术提供坚持不懈的服务。

（3）借助于设备输送。电力客户对商品不满意，一般不是商品的本身，大多是输送商品的设备发生故障，这些电力设施有供电公司的，也有的客户的。就是说客户服务的关系十分复杂的。

2. 不同于其他行业的特点

（1）专业性。电力企业是垄断经营企业，电力商品是具有高度危险的商品，专业性很强，这就要求电力客服人员具备专业知识和技能，才能做好服务工作。

（2）技术性。供电公司是技术密集型企业，尤其对于现场维修和维护服务人员，要刻苦钻研业务，苦练基本功和操作技能，精通业务规程、岗位操作规范和服务礼仪，熟练掌握与本职工作相关的业务知识和专业技能。

（3）广泛性。供电企业情牵各行各业，心系千家万户，点多面广，客户密集。以广州市为例，供电面积7434平方公里，供电客户438万家，每平方公里上分布着589家客户。做到家家称心、户户满意的难度可想而知。

（4）法律风险。因为供电企业是关系到国计民生的垄断性行业，既是基础性又是先导性行业，对其营销有专门的法律法规体系约束。在行政管理上也有多头监督。如能源局、发改委、国资委等国家机构都在监管供电企业。供电企业不享有普通企业的自主权。譬如，强制缔约规定，客户可以说，你不敢不卖给我电力，这是必需的。《电力法》第二十六条规定，供电营业区内的供电营业机构，对本营业区内的用户有按照国家规定供电的义务；不得违反国家规定对其营业区内申请用电的单位和个人拒绝供电。

三、电力客户服务的意义

1. 做好电力客户服务是社会发展的必然要求

随着经济发展和社会进步，人们趋向于追求高质量的生活品位，对供电服务的要求相应提高，同时消费者在竞争性行业消费和垄断性行业消费享受到的服务迥然不同，心理上难以承受，因此做好公用性事业的服务是社会发展的必然要求，电业必须顺应这种呼声。

2. 做好电力客户服务工作是电力体制改革的必然要求

打破垄断，引入竞争，降低电价、改善服务，提高效益、促进发展是电力体制改革的趋势。随着改革的不断深入，电力企业将逐渐成为完全的市场主体。作为电力企业，改善服务，以服务的优势赢得竞争的胜势，是取胜的必由之路。

3. 做好电力客户服务工作是电力企业生存和发展的客观需求

"客户是企业的衣食父母"，只有以优质服务赢得新老客户以及全社会的满意和支持，才能奠定电力企业发展的社会基础，使电力行业做大做强。

》》案例3-1　某供电公司在客户新装用电时，没有注意到客户的设备是非线性的，后来多次抄表收费与其设备容量差异较大。于是，供电公司测量了铸造厂的电炉谐波，发现计量表计受谐波影响误差为8.5%；一月份后重新测量为10.7%；并两次向该厂下达了《用电检查通知书》，该厂没有异议并签收。后供电公司追加收受电量84 300千瓦时，客户拒交，并多次找到有关部门反映供电公司滥收费，供电公司也一度停止过因高次谐波原因产生电费的加收。后来供电公司提起诉讼，追索铸造厂因高次谐波原因产生电费，并出具了客户签收的《用电检查通知书》。被告出具《供用电合同》辩称，合同书上没有该项约定，不应该在合同之外加收电费，原告也一度停止过该费用的收受，得到了法院的支持。

评析　‑‑‑‑‑‑‑‑‑‑▸

（1）用电报装时，工作人员不负责任，审查走过场，将主要的用电设备性质项目忽视了。

（2）审查服务人员，业务不熟悉，专业知识不足，没有考虑到铸造厂的高次谐波设备会影响计量，给以后的营销工作埋下了隐患。

（3）供电公司的工作人员服务意识淡薄，老是从管理角度来解读供电服务，以业务习惯来处理服务问题。如果供电公司在下达《用电检查通知书》之前首先向客户承认没有尽到审查义务的错误并真诚道歉给客户带来计量误差和生产上的不便，事情的结局或许会向相反方向发展。

（4）由于上述服务缺失导致的纠纷过程中，供电方缺乏服务观念，缺失服务的举措，自己为营销工作堵了路，无奈之下，启动诉讼，合同不周，导致败诉，更是败笔。

启 示

该案再次提示合同条款完整的重要性。且不说高次谐波收费没有相应的法规规章支持，即使有，在供用电合同上没有约定条款，根据《合同法》的原则，也未必得到法院认可。

第二节 电力客户服务内容

从供用电业务的角度，电力客户服务分为售前服务和售后服务，售前服务就是业扩报装阶段。售后服务就是装表接电、立户归档之后一直到客户终止合同的阶段。从分类上讲包括咨询查询、日常维修和事故抢修等服务。

一、业扩报装服务

供电企业的业务扩充包括：受理业务，收集客户资料，现场查勘，制定供电方案受电装置设计审查，中间检查和竣工检查，签订合同，装表接电，立户归档。业扩报装是供电企业进行电力供用和销售的受理环节，是电力的售前服务行为。在这个过程中，受理客户的用电申请，根据电网现状和客户用电要求，办理供电与用电不断扩充的相关业务，以满足客户的用电需要。

业扩报装流程是指供电企业受理客户新装或增容等业扩报装工作的传递程序。为了给客户提供快速便捷的服务，流程的具体运作是内转外不转，在营业窗口一口对外完成，一次进门完成业扩报装，避免客户到处跑手续。

1. 填写用电申请表

填写用电申请表是业务扩充的第一关口，是用户今后交费的基础依据，要严格把关。同时也是制定合适的供电方案的主要依据。因此，应告诉客户如实填写。譬如，根据《供电营业规则》第十八条，用户申请新装或增加用电时，应向供电企业提供用电工程项目批准的文件及有关的用电资料，包括用户的个人信息、用电地点、电力用途、用电性质、用电设备、用电设备清单、用电负荷、保安电力、用电规划等。对重要的大客户还应包括：工艺流程、用电区域平面图以及对供电的特殊要求等，并依照供电企业规定如实填写用电申请书及办理所需手续。对上述资料进行实地核实乃是重要的步骤。这样才能给客户制定出切实可行的供电方案。

2. 业务审查服务

业务审查内容包括：

（1）用电必要性审查。帮助老客户计算原有容量是否有挖潜的余地，充分利用现有电源。

（2）双电源必要性审查。针对客户的负荷等级，审查是否有必要双电源供电或者自备保安电源，以保证安全生产和工作并提供解决方案。

（3）供电可能性审查。根据电源富裕容量和客户的供电质量要求，审查可能性，避免电源余量不够造成停电事故或者达不到客户要求的供电质量引起纠纷。

（4）供电合理性审查。为降低线路损耗要确定电源、线路走向、架空还是地埋，设备是否属于高能耗的淘汰设备。

（5）客户用电设备审查。是否属于非线性无功补偿的设备，是否需要加装高次谐波消除设备。

3. 确定并审查供电方案服务

供电方案主要包括：受电地点、用电范围、接线方式、运行方式、双电源、负荷等级、电源性质、批准容量、电压等级、计量方式等。

（1）审查客户的一般资料。户名、电话、行业类别，项目批文、用电类别等。特别审查用电计量装置地点时，要考虑到将来抄收、用电检查的方便性和可行性，如果计量装置设在隐蔽曲折、易守难攻的地点就会制约对违约用电和窃电行为的依法查处。地点不当可能导致供电企业营销永久的不便。

（2）检查用电现状与容量。电源性质、原装容量、新装容量、总容量。特别要查看受电变压器铭牌，避免容量错误引起收费纠纷。

4. 中间检查和竣工验收

用户受电工程在施工期间，供电企业应根据审核同意的设计和有关施工标准，对用户受电工程进行中间检查和竣工检查。包括：工程材料和设备是否合格；是否按照设计标准施工；安全措施是否符合规范和安全技术规定的要求；遮栏、工作人员的安全工作条件；联锁装置、双电源的防串电连锁装置、通信联络装置等。如有不符，应以书面形式向用户提出意见和建议，让客户按照设计和施工标准的规定予以改正。

5. 检查重要客户的保安电源

与客户约定，遇有下列情况之一者，保安电源应由客户自备，出现损失，责任自担：①在电力系统瓦解或不可抗力造成供电中断时，仍需保证供电的；②客户自备电源比较电力系统供电更为经济的。

6. 审查供用电合同服务

审查内容：①合同各方的基本资料；②签约目的和依据；③标的；④数量、质量包括检测标准和方式；⑤价款和酬金包括支付方式；⑥履行地点、期限和方式；⑦争议解决方式；⑧违约责任；⑨变更和解除的条件；⑩双方当事人共同认为必须明确的其他条款；⑪正副本份数、存放地点；⑫生效时间和条件；⑬约定的联系方式；⑭附件名称；⑮签约地点和日期；⑯签约各方开户银行和账号；⑰签约各方公章或合同专章；⑱法定代表人或委托代理人签章。

7. 装表接电和立户归档服务

以上流程中各环节审查或现场踏勘无误，及时则给予客户装表接电。供电营销人员将客户的资料完整、准确地归档并根据合同分级管理规定，与相关部门共享并作为今后抄表收费和正常营业管理的依据。

>> 案例3-2 某市个户商铺客户李某多次向市南区供电所提出自己的电能表跑得快，未获处理。于是，2008年6月12日书面提交申请，要求更换电能表。2008年6月19日，始做换表并于当日做完。换表工作人员工作单上签署的换表装表日期却是2008年6月12日，提前了一周时间。在让客户李某签字时，李某发现时间不对就询问原委，工作人员说这是公司的管理问题与你无关。新表刚装完4天又轮到抄表收费，并通知25日前必须结清新表电费。李某认为刚刚换表4天，电费不会那么多，拒绝交费。收费人员解释说旧表的走字也在新表上结算。李某没有交费，投诉到95598。

评析

营销服务人员签流程单时没有按照实际发生时间填写换表工作，这就导致了实际换表日期与记录日期的不一致。客户拒绝交费于事实有据。本案营销服务人员接受客户申请，进行业扩工作服务时，不仅服务质量差，而且随意改变公司工作单如实填写的规定。

二、抄核收服务

1. 检查

为了客户的计量准确，用电安全，要按照规定对客户进行如下检查：①客户基础信息和计量装置是否对号，以免错位；②计量装置是否被损坏、配置是否正确得当、计量是否准确；③用电量的变化幅度是否超过±30％；④是否有安全隐患。

2. 告知并处理

如果发现被检查项目中有异常情况，应及时告知客户并帮助客户检查分析原因，及时给予维修处理。如客户在没有增加容量、没有窃电的情况下，用电量增加30％，应帮助客户分析找出原因，是漏电、被窃电，还是计量问题？

要告知客户电费抄核收的法律法规和具体规定、关于电费电价的规定，尤其是功率因数调整电费和基本电费。譬如，交纳基本电费很多客户就不理解，应该具体告知客户计算基本电费的相关规定如下：①基本电费以月计算，但新装、增容、变更与终止用电当月的基本电费，可按实用天数（日用电不足24小时的，按一天计算），每日按全月基本电费三十分之一计算。事故停电、检修停电、计划限电不扣减基本电费。②按变压器容量计算时凡是不通过专变的高压电动机、备用的变压器（含高压电动机）也应该计算基本电费，属冷备用状态并经供电企业加封的，不收基本电费；属热备用状态的或未经加封的，不论使用与否都计收基本电费。

提供尽量多的快捷方便的交费方式并宣传指导交费方法。如委托银行代收电费、银行托收电费、电费储蓄、电话交费、网上交费、电视信息和其他自助交费方式。

3. 熟悉客户

只有熟悉客户才能够提供客户所需的服务。①熟悉客户的生产性质、产品、规模和生产经营情况，在服务时有的放矢；②熟悉客户对电力、电能的质量要求和对供电企业的服务要求，包括客户的特殊要求，是否有技术上的需求，如，用电拖动配置与节能措施等方面。

>> 案例 3-3　湖北某供电公司，为使每个月1.7亿多元电费按月结零，定期召开"大客户座谈会"，尽量为客户搞好各项业务服务及咨询，服务营销人员经常就企业老板最关心的问题，与他们交心谈心、认真沟通，提供跟踪服务，拉近和客户的心理距离。葛洲坝磷化公司因生产不正常，变压器"大马拉小车"，出了不少"冤枉钱"，在供电公司的帮助下更换了容量匹配的变压器，节约电费立竿见影。另有深为供电公司诚心服务所感动的宜昌安琪酵母公司近两年来为降低资金成本，采取企业付息的方式，累计从银行贷款一千多万元交纳

电费。

本案就是供电公司给予客户附加服务,令客户深深感动。有道是:急人所急解困难,真诚服务真情见。座谈咨询勤交流,贷款缴费亦心甘。

三、用电变更服务

客户在不增加用电容量和供电回路的情况下,由于自身生产、经营、建设、生活等变化向供电企业申请,要求改变与原供用电合同中约定的用电事宜的业务就是用电变更。

1. 用电变更业务范围

①减少合同约定的用电容量(简称减容);②暂时停止全部或部分受电设备的用电(简称暂停);③临时更换大容量变压器(简称暂换);④迁移受电装置用电地址(简称迁址);⑤移动用电计量装置安装位置(简称移表);⑥暂时停止用电并拆表(简称暂拆);⑦改变用户的名称(简称更名或过户);⑧一户分列为两户及以上的用户(简称分户);⑨两户及以上用户合并为一户(简称并户);⑩合同到期终止用电(简称销户);⑪改变供电电压等级(简称改类);⑫改变用电类别(简称改类)。

2. 用电变更服务内容

用户需变更用电时,应事先提出申请,并携带有关证明文件,到供电企业用电营业场所办理手续,变更供用电合同。包括用电变更的期限、恢复原来用电状态的时间、电费交纳的变更等事项都应依法办理。以下几种变更情形为例。

(1)减容。即减少合同约定的用电容量。①减容必须是整台或整组变压器停止更换小容量变压器用电。供电企业在受理之日起后,根据用户申请减容的日期对设备进行加封。从加封之日起,按原计费方式减收其相应容量的基本电费。但用户申明为永久性减容的或从加封之日起期满两年又不办理恢复用电手续的,其减容后的容量已达不到实施两部制电价规定容量标准时,应改为单一制电价计费。注意减容后,客户的基本电费从对设备加封日开始减少。②减少用电容量的期限,应根据用户所提出的申请确定,但最短期限不得少于六个月,最长期限不得超过两年。③减容期满后的客户以及新装增容的客户,不得申办减容或暂停。如果确需继续办理减容或暂停的,减少或暂停部分容量的基本电费应按照50%收取。④减容前执行两部电价制的客户,减容期间仍然执行两部电价制。因为供电部门仍然为减容客户保留减少容量的使用权。⑤用户减容，须在五天前向供电企业提出申请。供电企业应按规定办理；在减容期限内要求恢复用电时，应当五天前向供电企业办理恢复用电手续，基本电费从设备启封之日起重新计收。

（2）暂停。指暂时停止全部或部分受电设备的用电用户暂停，须在五天前向供电企业提出申请。供电企业应按《供电营业规则》第二十四条规定办理：①用户在每一日历年内，可申请全部（含不通过受电变压器的高压电动机）或部分用电容量的暂时停止用电两次，每次不得少于十五天，一年累计暂停时间不得超过六个月。季节性用电或国家另有规定的用户，累计暂停时间可以另议。②按变压器容量计收基本电费的用户，暂停用电必须是整台或整组变压器停止运行。供电企业在受理暂停申请后，根据用户申请暂停的日期对暂停设备加封。从加封之日起，按原计费方式减收其相应容量的基本电费。③暂停期满或每一日历年内累计暂停用电时间超过 6 个月者，不论用户是否申请恢复用电，供电企业须从期满之日起，按合同的容量计收其基本电费；就是说，自设备加封日起超过 6 个月，就恢复原基本电费的计收。④在暂停期限内，用户申请恢复暂停用电容量用电时，须在预定恢复日前五天向供电企业提出申请。暂停时间少于 15 天者，暂停期间基本电费照收。⑤按最大需量计收基本电费的用户，申请暂停用电必须是全部容量（含不通过受电变压器的高压电动机）的暂停，并遵守上述①至④项的有关规定。

>> 案例3-4　2008 年 2 月 20 日，抄收员到某电容制造厂抄表时发现，该厂经营不景气已经停产一个月，遂通知该厂交纳数月的基本电费 4800 元。该厂称，我们已经停产一个月，不用电，哪来的电费呀？抄收员解释说，你厂的变压器容量 400kVA，高供高计，按现行电价政策应该执行两部制大工业电价，电费由两部分构成，一部分是根据变压器容量（或最大需量）计收的基本电费，另一部分是根据用电量计收的电度电费。你厂停产，但变压器没有办理暂停手续，因此还需交纳上月的基本电费 4800 元。

■ 评析 ----------➤

本案是暂停业务，作为供电方的营销服务人员应通过培训、宣传让客户理解基本电费就是占用电力资源容量费用，因为电能发、供、用的同时完成，容量不能随意增减。只要你不办理受电设备暂停手续，电网就要为你预留一定的容量，供你随时使用，而不能将这部分资源配置给别人，就是不能让新立用户占用你的容量。这好像一个水库，供水的闸门的数量是一定的，你要登记注册占了用一个或几个闸门，不管你是否使用，其他用户都失去了使用闸门的机会，除非你到管理机构暂时或永久注销——如同用电客户办理暂停或销户。如果服务到位，客户明白了暂停业务，就不会发生拒交电费情形。

（3）改类。即改变用电类别，包括调整光力比。用户改类，须向供电企业提出申请，供电企业应按下列规定办理：①在同一受电装置内，电力用途发生变化而引起用电电价类别改变时，允许办理改类手续；②擅自改变用电类别，应按本规则第一百条第1项处理。③调整光力比系指供电企业根据客户原不同类别的受电设备容量，对原用电类别比例或定量做相应的调整或改用装表形式计费的业务；④供电企业每年至少对上述比例或定量核定一次，客户应当配合；⑤改类客户的光力比变化，不同电价的电量就变化，直接影响电费回收。所以，类别或光力比改变以后，应当实时改变客户户务档案，对抄核收做相应的调整；⑥一旦某客户发生了用电变更，部门之间上下左右的协作和连接畅通，以便准确地对客户进行服务，避免差错。

>> 案例3-5　供电公司在营销审计中发现某县电力局所属宾馆在上次申请用电变更后，按商业11%、居民照明20%、非普工业35%、自用电20%，测算其综合电价为0.523元/千瓦时。该协议是在电力局内部一次会议纪要的基础上签订的，明确承包期为5年（2000年10月始）。事实上该宾馆仅非工业和商业两种电价，与按实际用电类别计收电费相比，一年内即损失电费近30万元。

评析

（1）该协议违反《供电营业规则》第七十一条之规定，"在用户受电点内难以按电价类别分别装设用电计量装置时，可装设总的用电计量装置，然后按其不同电价类别的用电设备容量的比例或实际可能的用电量，确定不同电价类别用电量的比例或定量进行分算，分别计价。供电企业每年至少对上述比例或定量核定一次，用户不得拒绝。"会议纪要并无法律效力，协议的有效期内应该按照规章规定核定电价定比，而不是5年不变。该局可以尽快与承包人签订电价定比协议，并可追补相应的差价电费，这样每年可以减少将近30万的电费损失。

（2）从营销服务角度上讲，供电公司应按规定检查用户在履行协议的过程中电价结构的变更，如遇到新增大量临街门面从事商业的客户，使商业电价比例大大增加等情形，应对电价定比作出及时的调整并与客户改签电价定比协议，使电价定比与实际情况相符。

四、维护维修与抢修服务

在电力客户服务中，维护维修是重头戏，抢修是出彩的戏。这些服务虽然在供用电合同中没有详细的约定条款，但是，供电企业向社会所作供电服务承诺却包含着这些内容。

践诺，承诺是庄重的承诺；毁诺，承诺则变成美丽的期许或者谎言。

从法律的角度看，商业广告的内容符合要约规定的，视为要约。由此看来，供电公司大张旗鼓地向社会做出的服务承诺应该视为要约，与客户签订合同后则视为供用电合同的条款。一旦由于己方不能兑现引起纷争或损失，客户诉诸法律则必败无疑。

1. 维护维修服务

IBM 说，做的超过所说的且做得很好，是构成稳固事业的基础。客户服务，是供电营销人员日常的工作。要不断地检查值班纪律是否松懈，首问责任制是否执行有力，业务流程有无缺陷，快速机制反应是否灵验。对照查摆出来的问题，制订出相应措施。特别要强化 24 小时值班电话制度，改进和完善"8小时"后的服务机制，建立健全客户停送电的快速反应机制，做到"服务链"有机衔接，形成闭环管理，提供全天候优质服务。

《供电监管办法》第十八条规定，供电企业不得对用户受电工程指定设计单位、施工单位和设备材料供应单位。国家电网公司"十个不准"也有规定，如不准违反规定停电、无故拖延送电；不准自立收费项目、擅自更改收费标准；不准为客户指定设计、施工、供货单位；不准对客户投诉、咨询推诿塞责；不准为亲友用电谋取私利；不准对外泄漏客户的商业秘密；不准收受客户礼品、礼金、有价证券；不准接受客户组织的宴请、旅游和娱乐活动；不准工作时间饮酒；不准利用工作之便谋取其他不正当利益。

在维护维修中经常令供用电双方困惑的就是客户服务遇到产权问题。《物权法》为了保护个人物权，规定了个人与国家、集体财产享有同等的被保护权。这其中包括，除去无因管理的情形，别人无权管理他人的财产。但是在客户服务中，却往往成了推诿服务责任的理由。

有些商铺的用电，特别是那些房地产开发企业在新建住宅小区时没有按照规划先行建设配套变配电设施的，商户租用的商铺的供电设施产权不清。如果商户的供电设施发生故障，就会出现物业管理与供电企业两家互相推诿扯皮两不管现象。作为非供电专业的商户而言，没有维修能力，只有无奈。《供电监管办法》第十条第二款规定，供电企业应当按照国家规定履行电力社会普遍服务义务，依法保障任何人能够按照国家规定的价格获得最基本的供电服务。就是说对任何客户实施普遍性、无歧视、公平性服务。至于商户商铺的供电设施产权不清晰，这不是商户的过错。作为用电客户，他享有连续、安全、可靠用电的权利，当他的权利无法实现的时候，撇开其他任何理由，供电企业应当为商户提供维修服务。

客户停电耽误生产，影响生活，先不必追究责任在谁，尽快维修，尽快恢复送电要放在第一位，服务费用放在第二位。其实，要解决这个问题并不困难，供电企业应当建立规范的维修制度，根据有权的物价行政部门核准的价格收费，实行有偿服务。让任何客户报修有门路、有保证，心里有依靠、有希望。

2. 抢修服务

事故抢修关键是有备而去，及时到场，作业规范，快速复电。真正为客户争分夺秒、为客户抢时间才是抢修的要义。千万不要拖拖拉拉，丢三落四，到达现场，缺东少西，没有应急机制可言。这就要求营销服务人员有扎根头脑的服务意识、雷厉风行的工作作风、高超过硬的业务技术。《供电监管办法》第十四条关于抢修的规定，电力监管机构对供电企业处理供电故障的情况实施监管。供电企业应当建立完善的报修服务制度，公开报修电话，保持电话畅通，24小时受理供电故障报修。

供电企业应当迅速组织人员处理供电故障，尽快恢复正常供电。供电企业工作人员到达现场抢修的时限，自接到报修之时起，城区范围不超过60分钟，农村地区不超过120分钟，边远、交通不便地区不超过240分钟。因天气、交通等特殊原因无法在规定时限内到达现场的，应当向用户做出解释。《国家电网公司供电服务规范》第二十条规定了故障抢修服务规范：①提供24小时电力故障报修服务，对电力报修请求做到快速反应、有效处理。②加快故障抢修速度，缩短故障处理时间。有条件的地区应配备用于临时供电的发电车……③接到报修电话后，故障抢修人员到达故障现场的时限：城区45分钟、农村90分钟、边远地区2小时，特殊边远地区根据实际情况合理确定。④因天气等特殊原因造成故障较多不能在规定时间内到达现场进行处理的，应向客户做好解释工作，并争取尽快安排抢修工作。

▶▶ 案例3-6 某供电公司长期向珠峰冷冻食品厂（下称冷食厂）供电。2008年8月8日，冷食厂地区连降暴雨，中断供电。时值伏天高温，如不及时恢复供电，冷食厂大部分库存食品会解冻变质。冷食厂领导心急如焚，告急供电公司事故抢修。供电公司受理人员李某说，检修人员已外出抢修他处事故，无力前去抢修。次日，冷食厂领导亲自登门找到客户中心主任刘某，刘某又安排副主任王某操办。王某外出脱岗，致使事故拖延三天仍没有派人抢修，导致冷食厂的库存食品变质变味，损失38万元。冷食厂向供电公司索赔无果，于8月下旬向法院提起诉讼，要求供电公司赔偿经济损失38万元。

事后供电公司对李某、刘某、王某分别给予扣发6个月、12个月、9个月奖金的处罚。

评 析

该案是供电服务承诺不兑现案件。国家电网公司供电服务"十项承诺"第8条承诺：提供24小时电力故障报修服务。供电抢修人员到达现场的时间一般不超过：城区范围45分钟；农村地区90分钟；特殊边远地区2小时。该承诺没有任何附加条件，李某说检修人员抢修他处事故，不能作为拒绝对冷食厂事故抢修的理由。本案冷食厂在城区范围，45分钟拖延到4320分钟！严重违约，给客户造成重大损失，当然应该承担赔偿责任。

五、重要客户的安全供用电服务

重要电力客户是指在国家或者一个地区（城市）的社会、政治、经济生活中占有重要地位，对其中断供电将可能造成人身伤亡、较大环境污染、较大政治影响、较大经济损失、社会公共秩序严重混乱的用电单位或对供电可靠性有特殊要求的用电场所。因此，做好重要电力客户的供用电服务，提高应对电力突发事件的应急能力，对于保护人民群众的生命财产安全、维护社会公共安全，具有重大意义。《供电监管办法》第九条第二、三款规定"供电企业应当按照国家有关规定加强重要电力用户安全供电管理，指导重要电力用户配置和使用自备应急电源，建立自备应急电源基础档案数据库。供电企业发现用电设施存在安全隐患，应当及时告知用户采取有效措施进行治理。"

1. 重要客户

《供配电系统设计规范》（GB 50052—2009）3.0.1条规定，"电力负荷应根据对供电可靠性的要求及中断供电在对人身安全、经济损失上所造成的影响程度进行分级，并应符合下列规定：

（1）符合下列情况之一时，应视为一级负荷。①中断供电将造成人身伤害时。②中断供电将在经济上造成重大损失时。③中断供电将影响重要用电单位的正常工作。

（2）在一级负荷中，当中断供电将造成人员伤亡或重大设备损坏或发生中毒、爆炸和火灾等情况的负荷，以及特别重要场所的不允许中断供电的负荷，应视为一级负荷中特别重要的负荷。

（3）符合下列情况之一时，应视为二级负荷。①中断供电将在经济上造成较大损失时。②中断供电将影响较重要用电单位的正常工作。

（4）不属于一级和二级负荷者应为三级负荷。

具有一级负荷兼或二级负荷的客户统称为重要客户。

例如，民用建筑用户负荷分级举例见表 3 - 1。

表 3 - 1　　　　　　　　　　民用建筑用户负荷分级

负荷等级	用户名称
特别重要用户	国宾馆；国家级及承担重大国事活动的会堂、国际会议中心、国家级政府办公楼；国家军事指挥中心；国家级图书馆文物库，特级体育场、馆；国家及直辖市级广播电台、电视台；民用机场；地、市级以上气象台、站；通信枢纽及市话局、卫星地面站；大型博物馆、展览馆；四星级及以上宾馆、饭店；大型金融中心、大型银行、大型证券交易中心；省、部级计算中心；大型百货商场、贸易中心；三级医院；超高层及特大型公共建筑；经常用于国际活动的大量人员集中的公共及省部级防灾应急中心；电力调度中心；交通指挥中心
一级负荷用户	直辖市、省部级办公楼；大型高层办公楼；三星级宾馆；大使馆及大使馆邸；二级医院；银行；大型火车站；3 万平方米以上的百货商店；重要的科研单位、重点高等院校；地、市级体育场馆；大量人员集中的公共场所；当地供电主管部门规定的一级负荷用户
二级负荷用户	高层普通住宅、高层宿舍；大型普通办公楼；甲等电影院；中型百货商场；高等学校、科研单位；一、二级汽车客运站；大型冷库
三级负荷用户	不属于特别重要及一、二级负荷用户的其他用户

2. 对重要客户服务存在的重要问题

（1）重要客户认定和管理方面

1）对重要客户安全供用电宣传的深度和广度不够。

2）用电报装时服务粗心大意，遗漏重要客户或者错误认定重要客户。

3）重要客户认定错误导致限电序位错误，造成真正的高危客户得不到保护，发生中断供电现象，引起安全事故。

4）有的重要客户即便被认定，也疏于经过政府发文认定的程序，致使重要客户安全用电管理不到位。

（2）重要客户电源配置方面

1）没有、不配置、不申请配置或者不按照规定配置备用电源。

2）供电企业配置的备用电源之间一定的电气联系，不符合独立电源的要求。

3）具备双（多）电源，但客户内部配电设备或线路没有对重要负荷进行双路独立配电，是重要负荷的末端存在单电源供电的风险。

4）应急电源容量不足，紧急情况启动失败，导致安全事故扩大。

5）客户擅自改变电源线或拆除闭锁装置，防止倒送电措施没有落实。

6）应急电源缺失维护维修和定期试验，致使在突发情况下不能投运。

3．重要客户的服务范围和措施

（1）加强重要客户安全供用电的宣传工作，强化重要客户安全供用电管理措施

在新客户用电报装初始，或者对已经进入正常用电的客户进行梳理，严格按照《供电营业规则》、《关于加强重要电力用户供电电源及自备应急电源配置监督管理的指导意见》、《国家电网公司业扩供电方案编制导则（试行）》等规章和文件对高危电力客户认定和梳理，并及时报告主管部门发文认定。如，《国家电网公司业扩供电方案编制导则（试行）》确定供电方案的基本要求是：

1）根据客户的用电容量、用电性质、用电时间，以及用电负荷的重要程度，确定高压供电、低压供电、临时供电等供电方式。

2）根据用电负荷的重要程度确定多电源供电方式，提出保安电源、自备应急电源、非电性质的应急措施的配置要求。

3）客户的自备应急电源、非电性质的应急措施、谐波治理措施应与供用电工程同步设计、同步建设、同步投运、同步管理。

（2）做好安全用电培训和信息服务

对重要客户要定期不定期的进行安全用电宣传、培训，让重要客户充分认识到安全用电对于保护企业员工的生命、财产安全，维护电网安全，维护社会公共安全的重要性。同时及时给重要客户提供电网安全信息、安全技术措施和

电费电价等信息。

（3）重要客户自备应急电源配置、管理规定和服务

根据电监会《关于加强重要电力用户供电电源及自备应急电源配置监督管理的意见》、《国家电网公司业扩供电方案编制导则（试行）》规定，对重要客户的自备电源应进行如下管理服务。

1）书面要求高危客户等重要客户申请配置备用电源。应急电源的容量应≥120%。

2）供电企业为客户提供独立的备用电源；自备应急电源与电网电源之间必须装设可靠的切换装置和连锁装置，确保任何情况下，不并网自备应急电源无法向电网倒送电。

3）对不具备双（多）电源或者虽然具备但其内部配电未对重要负荷实行双电源供电的，应在供用电合同中明确重要负荷的数量和安装位置，并提出自备应急电源要求和非电保安措施要求，明确供用电双方的安全责任。

4）定期向政府电力管理部门和电力监管部门报告重要客户的自备应急电源配置情况。

5）重要电力用户选用的自备应急电源设备要符合国家有关安全、消防、节能、环保等技术规范和标准要求。

6）重要电力用户新装自备应急电源及其业务变更要向供电企业办理相关手续，并与供电企业签订自备应急电源使用协议，明确供用电双方的安全责任后方可投入使用。自备应急电源的建设、运行、维护和管理由重要电力用户自行负责。

7）重要电力用户新装自备应急电源投入切换装置技术方案要符合国家有关标准和所接入电力系统安全要求。重要电力用户保安负荷由供电企业与重要电力用户共同协商确定，并报当地电力监管机构备案。

8）供电企业要掌握重要电力用户自备应急电源的配置和使用情况，建立基础档案数据库，并指导重要电力用户排查治理安全用电隐患，安全使用自备应急电源。

9）重要电力用户如需要拆装自备应急电源、更换接线方式、拆除或者移动闭锁装置，要向供电企业办理相关手续，并修订相关协议。

10）重要电力用户要按照国家和电力行业有关规程、规范和标准的要求，对自备应急电源定期进行安全检查、预防性试验、启机试验和切换装置的切换试验。

11) 重要电力用户要制订自备应急电源运行操作、维护管理的规程制度和应急处置预案，并定期（至少每年一次）进行应急演练。

12) 重要电力用户运行维护自备应急电源的人员应持有电力监管机构颁发的《电工进网作业许可证》，持证上岗。

13) 重要电力用户的自备应急电源在使用过程中应杜绝和防止以下情况发生：

①自行变更自备应急电源接线方式；②自行拆除自备应急电源的闭锁装置或者使其失效；③自备应急电源发生故障后长期不能修复并影响正常运行；④擅自将自备应急电源引入，转供其他用户；⑤其他可能发生自备应急电源向电网倒送电的。

（4）安全检查指导服务

根据电监会、国家电网和南方电网的规定，供电企业应当对重要客户进行定期安全用电检查或者依重要客户申请进行安全用电检查，及时告知安全隐患和消除隐患的措施。如果供电企业没有书面要求重要客户配置自备电源，没有指导重要电力用户排查治理安全用电隐患，安全使用自备应急电源，致使安全事故发生，应当承担相应责任。

（5）重要客户的拖动配置和节能环保服务

1) 重要客户中很多属于大容量客户，他们的运行状态对于节能减排起着至关重要的作用。供电企业应帮助重要客户做出正确的拖动配置，以达到节能环保和降低重要客户运营成本之目的。

2) 重要客户的停送电直接影响网络的负荷波动，因此应尽量减少重要客户的停电次数。如供电企业计划检修时尽量与重要客户沟通协作，与其同步检修；供电企业临时检修，应当提前 24 小时通知重要客户并进行公告，以免给重要客户造成损失。

六、信息、咨询服务

做好对客户的信息、咨询服务，包括客户信息管理、法律政策的宣贯、营销政策的公开、供用电信息的送达、客户咨询的回复等几个方面。

1. 客户信息管理服务

客户信息管理业扩报装资料和客户的重要信息，是保证客户安全合理用电，准确、及时回收电费的重要基础资料。业扩报装部门在接电后必须设专人妥善保管，及时修改，动态管理，长期保存。客户信息包括业扩报装资料、客户户务档案和用电变更信息。

2. 信息送达服务

信息传递服务包括法律政策的宣贯、营销政策的公开、供用电信息的送达、客户咨询的回复等几个方面。

（1）法律法规政策宣贯。与供用电业务有关的新的法律法规应及时向客户宣传贯彻，特别是关于电费电价的法规政策，要做深做透，让客户充分理解。

（2）供电文书的送达。交费通知、催费通知、停（限）送电通知等与客户利益直接相关的文书要依法制作，及时送达。

（3）供用电变更与信息送达。对发生用电变更的客户既要将信息变更录入供用电合同，作实时记载，又要将信息及时通知客户的相关部门和负责人。

（4）客户咨询的回复。不管是客户的业务咨询还是服务咨询都应及时给予回复，并跟进实时服务。

（5）信息公开。供电企业应根据国家电网公司和南方电网公司的规定在营业地点公开展示营业制度，如，电费电价政策规定、办理业务流程、有偿服务收费标准、客户服务规范等。

一言九鼎，一诺万金。履职践诺，取信于民。实践中，由于这些承诺服务不能兑现引起的纷争往往不是通过对簿公堂来解决的，而是通过媒体的传播和公众评论的途径寻求公道。俗话说，好事不出门，坏事传千里。一旦诉诸媒体，供电企业的形象和声誉就会受到无形的、潜在的、远期的负面影响，这些负面影响的消除需要供电部门十倍的努力去挽回，还要有长长的时效来淡化。

第三节　电力客户服务现状

电力客户服务，应该是以电力客户需求为导向，包括与电力客户达成交易前、交易中和交易后的一切活动，是一个全员、全过程、全方位的系统工作。上至国家电网公司、南方电网公司，下至市（县）供电企业，已将客户服务列入重要议事日程，并且从上至下层层动员，年年有新的目标，不断地推动电力客户服务走上新的台阶。但是，目前的客户服务离用户的要求仍有较大差距，仍需不断改进，尤其是下面几点需格外引起注意。

一、客户服务由上至下推行

近几年，供电企业虽然自上而下对优质服务做出很大的努力，这对于迈向市场经济动作相对迟缓的供电企业大有必要。但是与广大电力客户的总体需求和部分电力客户多元化、个性化的需要还相差甚远。

1. 阵风效应

阵风式客户服务活动一阵风，一窝蜂，风来了声响振振，风去后音信沉沉。没有从服务意识的深层次解决问题。工程满天飞，意识不扎根。习惯于从服务提供者的角度宣传服务，推进服务，而不是从服务接受者感受和体验的服务角度去推进服务。各省市电力公司相继推出了朗朗上口、名目悦耳的服务工程。诸如，"双满意"、"双放心"、"彩虹"、"德政"、"光明"、"金龙"、"心连心"等，不一而足。由于阵风的风速和力度，"工程"在有关省市确有轰动效应，一定程度上提升了客户服务的理念和水平。但有的达到了预期的效果，有的因为客户预期和要求以及供电企业的服务能力和水平不一定与所在地的省、市情形相适应，也未必到达"工程"的预期效果。还有的"工程"超越客户的期望、电网的现状，盲目追求服务能力的最大化，难以兑现承诺，失信于民，甚至引起纠纷，当然难以达到持久的真正的效果。要充分调动各地供电企业的主观能动性，发挥全体供电员工的智慧和潜能，针对本地实际情况，根据客户的需要、市场的需求和企业自身能力，制定明确的服务方向、规划和战略目标，在科学的规划基础上平稳实施，做出特点，亮出精彩。

2. 重活动，轻常态

优质服务宣传月、承诺服务信息发布、特种服务电话开通仪式、各种服务揭牌仪式、万人评行风征求意见等，各种活动，年年都办，名目花样，翻新不断，走上街头，踊跃宣传，彩车音效，鼓乐喧天，彩旗标语，迎风招展，轰轰烈烈，热闹非凡。甚至客户当场咨询，领导亲自解答，现场办理的业务，超常效率"搞掂"。不少供电企业由于搞宣传承诺过头，吊高了客户对服务质量的胃口，而实际服务水平相差甚远，从而降低了客户的满意度，最终使企业形象受损。以致在常态服务中，由于营销服务机制不到位、不配套、不完善，难以保持"活动"示范的高效率、高热情，活动过后回到常态，则很难兑现自己的承诺。给客户的印象是：活动时服务高水平是作秀造势，活动后服务低效率是常态真实。电监会《2011年供电监管报告》（三）指出："供电服务与国家标准仍有差距，未能完全兑现向社会所作出的公开承诺。检查发现，供电服务方面问题128例，占问题总数的26.02%；涉及供电企业98家，占受检供电企业总数的45.58%。"因此，我们的电力客户服务任重道远，有必要深入实际调查研究，用客户的眼光观察、审视、要求和解读电力客户服务。

二、硬件与软件不匹配

1. 窗口服务

从硬件上看，设备投入档次不低，沙发、茶几、饮水机应有尽有，营业窗口装修像星级宾馆，电脑及文档、票据打印设备一应俱全，有形服务设施和服务环境堪称一流。窗口一线服务大多选用年轻靓丽、文化层次较高的人员，并经过培训上岗，给客户外在感受规范方便，但是在热情和真诚方面，客户还似有丝丝凉意和漠然置之的感觉。如，不起不站，不迎不送，手捧茶杯，谈笑风生，让人感觉台内热闹、台外冷清。

2. 后台服务

窗口以外员工的客户服务观念更是大打折扣，相当一部分员工客户服务的意识十分淡薄，认为电力客户服务是营销人员的职责，与自己关系不大。他们不认为前台（窗口）服务员工的表现要依赖后台（非营销部门和人员）员工的努力支持和紧密配合。究其原因是各级领导缺乏全员服务观念，没有像抓窗口服务那样抓全员整体服务，甚至认为抓好营销等部门就行了。实际上，全公司就是一个大的客户服务中心，每位员工都是客户服务的前台成员。没有这样的理念，就会出现前台服务一片繁忙，后台保障一盘散沙，前方堵漏干着急，后方供应不及时，使窗口向客户承诺，全员向窗口承诺时常成为空谈。

3. 现场服务

（1）企业供电。比之于窗口服务，对工矿企业的现场服务，相比海尔、小天鹅等产品企业，仍然是粗放、随性，不成熟、不规范，远不及生产上的"两票三制"执行得规范。

（2）农村供电。由于农电管理体制的问题，农电服务参差不齐，服务不到位的现象普遍存在。在农村客户心中，农电工是供电企业的员工，他们的一举一动展现、代表了供电企业的素质和水准。

1）服务不规范。目前，供电现场服务存在的一些问题值得关注。《国家电网公司员工服务"十个不准"》之九规定，不准接受客户吃请和收受客户礼品、礼金、有价证券等。有的农电工走到哪里、吃到哪里、拿到哪里。比比产品企业海尔、小天鹅等不喝用户一杯水的形象，看到有些农电工的行为让供电企业员工深感自惭形秽，有辱使命，败坏形象。《中国南方电网公司员工服务准则》之六也有类似规定"不收受客户礼品、礼金、有价证券。"

2）服务不及时。《国家电网公司员工服务"十个不准"》之五规定，不准违反首问负责制，推诿、搪塞、怠慢客户。客户遇到故障断电，请电工上门服务，有的电工推推脱脱不情愿，千呼万唤不出来。

3）管理不规范，制度不严格。人情电、回扣电依然存在。电力客户的报装接电问题，有关系的客户装简单的电能表节省费用，没有关系的则逼迫装预付费表，投资十倍之差。待遇歧视，服务差别，尤为显眼。

4）营销制度执行不细密。如，电价定比因人而异，因关系而定，电工从中牟利。

>> 案例3-7 2008年3月20日，某市某小区居民张某在装修新房时，看到供电公司张贴的拆表通知书，称他家的电能表已于2008年1月17日被拆掉。无奈之下，张某到供电所询问拆表原因，供电所工作人员答复，用户张某在2007年8月拖欠电费7.2元，而之后连续六个月未产生电费。《供电营业规则》第三十三条规定："用户连续六个月不用电，也不申请办理暂停用电手续者，供电企业须以销户终止其用电。用户需再用电时，按新装用电办理。"据此将其电能表拆除。如果重新用电，须补交拖欠电费及按新装用电标准交纳260元初装费后，方可安装电能表，正常供电。张某交纳了拖欠电费及初装费，但算来算去，还是迷惑不解，从2007年8月份至2008年1月17日拆表，不满六个月时间。于是，张某到供电部门多次咨询，均没有得到满意的答复，遂向工商部门申诉。

根据张某反映的情况，消保科执法人员多次前往供电所调查了解详细情况，要求供电部门提供张某详细用电信息及拆户依据。经查，电力部门的拆表依据是电力部颁布的《供电营业规则》，具体拆户时间应为2008年2月25日，而实际拆户时间为1月17日，供电所提前了38个工作日拆除了用户的电能表。在消保科工作人员的调查下，供电所负责人承认这是他们的工作失误，给用户造成了不便，他们会及时退还用户不该承担的260元初装费，并表示在今后的工作中加强管理，避免此类事情的发生。

评析

目前在新开发的小区大多客户从交房到入住的时间超过6个月或者数年，难道为其销户拆表？本案电工是典型的滥用规章，刁难客户。更为恶劣的是无视规定，提前38个工作日拆表。一般说来，对于新房住户应该自实际入住，开始用电生活算起，本案张某是在装修时发现被拆表的，很显然张某并未实际入住。本案的7.2元可能是装表的底数。或许是偶尔看房用电数。再退一步，客户欠费，供电公司催费了没有？这是一种侵犯客户财产权和用电权的恶劣行为。《供电营业规则》所指用户连续六个月未用电是指户头已经正式开始启用后又无故停止用电，本案张某并未入住新房，电能表6个月不走字是正常现象。

三、存在违反法规规章和制度的规定和要求的现象

电监会的《供电监管办法》、国家电网公司的"三个十条"和南方电网公司的《客户服务管理办法》对客户服务都有明文规定。当前供电公司营销人员违反法规规章和制度的规定和要求仍然屡禁不止。这个现象在农村客户端极为普遍。主要表现在：有些电工服务态度恶劣，推诿扯皮，对客户的服务请求拖延刁难；以电谋私乱收费用，如违章收取客户的违约使用电费，不给收费票据；错停电，欠费停电通知未能有效送达；结清电费后未能在规定时间内及时回复送电；吃拿卡要。

>> **案例 3-8** 客户王某 2011 年 8 月的某一天发现电能表以上的线路打火，就要求电工给予维修，以免造成停电事故。电工冷言恶语予以拒绝，并说维修表前也要收费，就这样一直未予处理。结果停电了，王某到营业厅反映情况，要求给予尽快处理。营业厅找到管片电工，该电工承诺当天给予维修，王某在家等候，一连四天还是无人问津。

评析

不说优质服务，基本服务也是零分。这样的电工应该下岗，他霸道、冷漠、贪财，根本谈不上客户服务。

>> **案例 3-9** 客户投诉：电工刘某去海产公司家属院催费，态度粗暴，恶语相向，带有威胁口吻。客户家中一对 90 岁和 85 岁的老人受到惊吓和气愤而病倒了。该客户还反映，本月的电费为 40 元，刘某却坚持收取 43 元，但是单据上开具的却是 40 元，是否对其他客户也如此收费？很多客户对于三元两块不会计较，刘某抓住客户这种心理，发不义之财。

评析

欠费催费是正常的收费程序，应当采用有效送达催费通知的手续，绝无出入私宅、撒野耍横的权利。电工刘某侵害了公民的住宅权和人格权。至于收费，《电力法》第三十三条明文规定："供电企业应当按照国家核准的电价和用电计量装置的记录，向用户计收电费。"岂可随意加收电费？

>> **案例 3-10** 某供电公司委托销售部主任持供用电合同专章，到本市某区与一普通工业客户签订了一式两份的供用电合同。合同载明"当年逾期交费，按

照日千分之二加收电费违约金。"2006 年 4 月，该客户以资金紧张为由拖欠 2、3 月份电费 2 万元，多次催交未果。供电公司依法中止了供电。该客户交纳了 2 万元电费，但拒不交纳违约电费。供电公司仍然不予复电。该客户将供电公司告上法庭，称我公司与供电公司没有签订供用电合同，何来的逾期违约电费？供电公司查阅客户资料果然没有找到合同。法院以双方没有约定违约金为由判决供电公司败诉。后来知悉，供电公司营销主任与客户签订了一式两份的供用电合同之后，一起吃饭，将合同遗忘在客户处。

评　析 --------►

　　供电公司营销主任工作作风不严谨，违反了国家电网公司"十个不准"第九条"不准接受客户吃请和收受客户礼品、礼金、有价证券等"规定，吃喝客户，玩忽职守，给供电公司造成了经济损失，涂黑了企业形象。

第二篇

人的生命是有限的，可是，为人民服务是无限的。

——雷锋

电力客户服务规范与技巧

《供电监管办法》第十条规定，电力监管机构对供电企业履行电力社会普遍服务义务的情况实施监管。供电企业应当按照国家规定履行电力社会普遍服务义务，依法保障任何人能够按照国家规定的价格获得最基本的供电服务。为此，国家电网公司和南方电网公司都制定了服务规范，就是服务要求的基本尺度。对于客户服务处于学步阶段的中国企业的客服人员，遵守服务规范，严守服务制度，是至关重要的。服务技巧，就是客户服务的技术和技能。客户服务有基本的服务技巧和高超的服务技巧。俗话说，熟能生巧。所谓的服务技巧也是客户服务实践中的经验教训总结，是值得服务人员借鉴和应用的精粹。技巧又是解决问题的实战招数，因此，客服人员熟练掌握客服技巧的重要性不亚于战士灵活机动的战略战术。

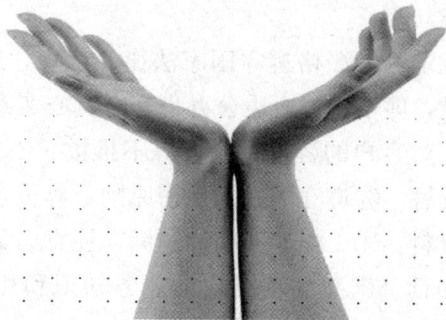

第四章

名言警句
为社会服务是很受人赞赏的道德
理想。
——美国哲学家约翰·杜威

电力客户服务规范

　　服务规范，在本章应理解为明文规定的服务标准或尺度，还应该理解为基本的标准或尺度，按照此标准给客户提供服务，达到客户基本满意的服务效果。本章根据电监会的《供电监管办法》的要求，结合《国家电网公司供电服务规范》和《南方电网有限责任公司客户服务管理办法》，讨论我国电力企业的客户服务规范。

第一节　供电服务通用规范

　　本节从服务人员的内质外形和行为举止上提出了基本要求，也对供电企业的产品电力和电能的基本指标作了规范。

一、客户服务人员内质外形和行为举止规范

　　1. 基本道德和技能规范

　　一个客户服务人员具备高尚的道德会产生美好的服务愿望，实现美好愿望需要精湛纯熟的技能。

　　国家电网公司规定：①严格遵守国家法律、法规，诚实守信、恪守承诺。爱岗敬业，乐于奉献，廉洁自律，秉公办事。②真心实意为客户着想，尽量满足客户的合理要求。对客户的咨询、投诉等不推诿、不拒绝、不搪塞，及时、耐心、准确的给予解答。③遵守国家的保密原则，尊重客户的保密要求，不对外泄漏客户的保密资料。④工作期间精神饱满，注意力集中，使用规范化文明用语，提倡使用普通话。⑤熟知本岗位的业务知识和相关技能，岗位操作规范、熟练，具有合格的专业技术水平。

南方电网公司的服务理念为服务永无止境，即急客户之所急，想客户之所想，创新服务内容，完善服务手段，提高服务水平；以最快的速度、最好的质量满足客户的需求；诚信、便捷、精湛、优质，超越客户期待；没有最好，只有更好，以永无止境之心，求日进日新之境。

>> 案例4-1　　某供电所所长邹某接到某商贸公司所属的饭店反映，说其电能表烧坏，要求更换。邹某让严、柳二人前往查明原因。结果发现该店有超容用电和窃电现象。邹某将查明情况汇报公司，给该饭店下达了《违约用电与窃电处理通知书》。该饭店一直未予理会。所长邹某也就没有安排给饭店换表。

就在严、柳检查电能表原因时，严某私自叫来其日常的搭档某公司电工国某，谎称是供电公司低压班电工，给饭店维修。

2000年7月13日，国某向饭店报了21 900元工程预算费，饭店嫌费用太高，国某说，不要发票给15 000算了。三天后，国某又联系了王某一同为饭店施工。下午，王某在改装电能表时引起火灾。饭店二、三楼全部烧毁，一工作人员刘某大面积烧伤，一服务员烧死。

原告饭店、刘某、服务员亲属起诉供电公司，以及第三人严某、国某、王某，要求赔偿饭店直接经济损失284 464元；刘某医疗费、后续治疗费和精神补偿费等345 578元；死者死亡赔偿及丧葬费567 237元。

供电公司辩称，严某未经授权私自让国某给饭店施工，乃其个人承揽私活的行为，非执行公司任务的行为；国某非供电公司职工，导致火灾与供电公司无关；要求该公司承担火灾损失赔偿于法无据。

面对此巨额的赔偿，严、柳二人昧着良心，歪曲事实，为摆脱干系，将责任推给供电公司承担，结果使供电公司无端蒙受了巨大的经济损失。

且看他们作为第三人在法庭上的说辞：

严某称，自己系受所长邹某指派到饭店履行职务，饭店施工是受所长委托而为，供电公司应对火灾负责。

国某称，供电所所长邹某曾经承诺，供电所有活就让我干，我是在供电所安排下，以供电所名义施工，对供电所负责，不是对严某个人负责，事故责任应由供电公司承担。

王某的辩词与国某如出一辙。

法院认为，被告供电公司对其所属供电所管理监督不力，多次使用外部人员国某为其用户施工，是造成饭店火灾的主要原因；严、柳属于职务行为；没有证据证明严、柳是承揽私活的行为。因此，判决供电公司赔偿原告 50 余万元。

供电公司上诉至省高院，发回中院重审。中院认为严、柳行为构成表见代理，判供电公司赔偿原告 70 万元。

供电公司再次上诉至高院，高院认为，严、柳的行为构成表见代理，供电公司应对火灾负主要责任；饭店设施不齐全，措施不到位，负次要责任。判决供电公司赔偿原告 48 万元。

评 析

本案判决的主要理由是，严、柳是职务行为，构成表见代理；国某行为属于供电公司委派。本案是一起冤枉案。如，撇开职务行为、表见代理不成立和国某等与供电公司不存在劳动关系不论，供电公司管理再差，对上万元的维修施工费可能不开发票，随意砍价吗？从本案的沉痛教训中应得到不少的启示。

首先，员工对企业的忠诚至关重要，智慧和能力不代表品质，一点忠诚胜过更多智慧。身边跟一只聪明的狐狸，不如跟一只忠诚的狗更安全。管理大师艾柯卡说过，无论我为那一家公司服务，忠诚都是一大原则。供电公司须培育企业文化，培养职工忠于企业，忠于职守，维护企业声誉，捍卫企业利益的职业道德，使员工能面对诱惑选择忠诚。本案的公司员工吃里扒外，丧尽基本的职业道德，在法庭上完全站到了对方的立场上，支持对方主张，替对方说话，这样的案子永远败诉！

其次，供电公司应该加强营销服务管理。对员工的授权和授权的方式应该用制度来约束和规范，建立健全规章制度，如用电检查制度，以持领导签批的《用电检查工作单》为准；维修施工以领导签批的《配电作业派工单》为准，而且这些制度应该在业务公示栏里予以公示。如果供电公司的营销服务工作真正走上了规范化管理的轨道，向法院出示公司的制度和以往的管理案例的证据，法院的认定还会完全听任严、柳的主张吗？

再次，本案起诉有故意找有承担能力的当事人承担主要责任的倾向，法院也支持了这种倾向。但是，如果供电公司在对外用工管理上，有章可循，真正导致火灾应该负主要责任的国某就难逃干系。如，供电公司对外用工，必须签订用工协议，没有签订协议的均属私自用工。如果能够向法院提供这些证据，真正的直接责任人国某等会游离于法外吗？

最后，本案有失于案前对员工严、柳的思想工作，致使其死心塌地的站到原告的一边，试想如果本案判决真正的直接责任人国某等承担主要责任，对严、柳并无不利。遗憾的是自己的员工站到了原告的一边，为人所利用，致使供电公司承当了冤大头！

启 示 - - - - - - - - - - - - ▶

本案如果供电所长邹某在给饭店下达《违约用电与窃电处理通知书》后能牢牢抓住该案，紧盯不放，迅速处理，既能给违约客户以应有经济惩罚，挽回公司的经济损失，及时给客户尽到维修服务之责，又不会给严、柳留下承揽私活的可乘之机。

2. 诚信服务规范

一个国家社会信用状况，说明了该国国民的素质高低。诚信是个人、组织乃至国家的极为重要的品质。信用，通俗地说就是能够履行与对方的约定而取得的信任。市场经济的主流还是信用经济。在西方发达国家，无论公民还是企业，信用缺失会寸步难行。如在德国，即使交通信号灯坏了，也没人闯红灯，因为他知道，闯红灯败坏自己个人的社会信用，会影响家庭信贷、看病、孩子上学等多方面。

国家电网公司规定：①公布服务承诺、服务项目，服务范围、服务程序、收费标准和收费依据，接受社会与客户监督。②从方便客户出发，合理设置供电服务营业网点或满足基本业务需要的代办点，并保证服务质量。③根据国家有关法律法规，本着平等、自愿、诚实信用的原则，以合同形式明确供电企业与客户双方的权利和义务，明确产权责任分界点，维护双方的合法权益。④严格执行国家规定的电费电价政策及业务收费标准，严禁利用各种方式和手段变相扩大收费范围或提高收费标准。⑤聘请供电服务质量监督员，定期召开客户座谈会并走访客户，听取客户意见，改进供电服务工作。⑥经常开展安全供用电宣传。⑦以实现全社会电力资源优化配置为目标，开展电力需求侧管理和服务活动，减少客户用电成本，提高用电负荷率。

3. 行为举止规范

《礼记·曲礼上》曰："道德仁义，非礼不成；人有礼则安，无礼则危。故曰：礼者，不可不学也。"《礼记·中庸》曰："礼仪三百，威仪三千。"行为举止彬彬有礼，既能展示自身素质，也代表供电企业对外服务形象。国家电网公司对此作了以下规定：①行为举止应做到自然、文雅、端庄、大方。站立时，抬头、挺胸、收腹，双手下垂置于身体两侧或双手交叠自然下垂，双脚并拢，脚跟相靠，脚尖微开，不得双手抱胸，叉腰。坐下时，上身自然挺直，两肩平衡放松，后背与椅背保持一定间隙，不用手托腮或趴在工作台上，不抖动腿和跷二郎腿。走路时，步幅适当，节奏适宜，不奔跑追逐，不边走边大声谈笑喧哗。尽量避免在客户面前打哈欠、打喷嚏，难以控制时，应侧面回避，并向对方致歉。②为客户提供服务时，应礼貌、谦和、热情。接待客户时，应面带微笑，目光专注，做到来有迎声，去有送声。与客户会话时应亲切、诚恳，有问必答。工作发生差错时，应及时更正并向客户道歉。③当客户的要求与政策、法律、法规及本企业制度相悖时，应向客户耐心解释，争取客户理解，做到有理有节。遇有客户提出不合理要求时，应向客户委婉说明。不得与客户发生争吵。④为行动不便的客户提供服务时，应主动给予特别帮助。对听力不好的客户，应适当提高语音，放慢语速。⑤与客户交接钱物时，应唱收唱付，轻拿轻放，不抛不丢。

4. 仪容仪表规范

《诗经》云："古训是式，威仪是力。"（《大雅·荡之什·烝民》）"威仪棣棣，不可选也。"（《国风·邶风·柏舟》）仪表仪容不仅关乎到自身形象的庄重，同时也表达出您对周围人尊重的意思。《国家电网公司供电服务规范》规定：①供电服务人员上岗必须统一着装，并佩戴工号牌；②保持仪容仪表美观大方，不得浓妆艳抹，不得敞怀、将长裤卷起，不得戴墨镜。

二、电力和电能质量规范

《供电监管办法》第七条，电力监管机构对供电企业的供电质量实施监管。在电力系统正常的情况下，供电企业的供电质量应当符合下列规定，向用户提供的电能质量符合国家标准或者电力行业标准。《国家电网公司供电服务规范》规定如下。

1. 电压质量标准

（1）在电力系统正常状况下，客户受电端的供电电压允许偏差为：①35千伏及以上电压供电的，电压正、负偏差的绝对值之和不超过额定值的10%；②10千伏及以下三相供电的，为额定值的±7%；③220伏单相供电的，为额定值的+7%，-10%。

（2）在电力系统非正常状况下，客户受电端的电压最大允许偏差不应超过额定值的±10%。

（3）当客户用电功率因数达不到《供电营业规则》规定的要求时，其受电端的电压偏差不受上述限制。

（4）城市居民客户端电压合格率不低于95%，农网居民客户端电压合格率不低于 90%。

以上电压质量标准规定与《供电营业规则》相同。

2. 供电可靠率指标

《供电监管办法》规定：①城市地区年供电可靠率不低于 99%，城市居民用户受电端电压合格率不低于 95%，10 千伏以上供电用户受电端电压合格率不低于 98%；②农村地区年供电可靠率和农村居民用户受电端电压合格率符合派出机构的规定。派出机构有关农村地区年供电可靠率和农村居民用户受电端电压合格率的规定，应当报电监会备案。

《国家电网公司供电服务规范》规定：①城市地区供电可靠率不低于 99.89%，农网供电可靠率不低于 99%。②减少因供电设备计划检修和电力系统事故对客户的停电次数及每次停电的持续时间。供电设备计划检修时，对 35 千伏及以上电压等级供电的客户的停电次数，每年不应超过 1 次；对 10 千伏电压等级供电的客户，每年不应超过 3 次。③供电设施因计划检修需要停电时，应提前 7 天将停电区域、线路、停电时间和恢复供电的时间进行公告，并通知重要客户，供电设施因临时检修需要停电的，应提前 24 小时通知重要用户或进行公告。④对紧急情况下的停电或限电，客户询问时，应向客户做好解释工作，并尽快恢复正常供电。

可见《国家电网公司供电服务规范》比《供电监管办法》规定的标准更高、更严。

第二节 营业场所服务规范

营业场所服务是电力客户服务中最重要的一类服务，在这里既享受到供电企业服务场所的硬件，也体验到软件服务，是供电企业展示客户服务的前沿阵地。《国家电网公司供电服务规范》有下列规定。

一、服务内容

(1) 受理电力客户新装或增加用电容量、变更用电、业务咨询与查询、交纳电费、报修、投诉等。

(2) 设置值班主任，安排领导接待日。

(3) 县以上供电营业场所无周休日。

二、服务规范

(1) 营业人员必须准点上岗，做好营业前的各项准备。

（2）实行首问负责制。无论办理业务是否对口，接待人员都要认真倾听、热心引导、快速衔接，并为客户提供准确的联系人、联系电话和地址。

（3）实行限时办结制。办理居民客户收费业务的时间一般每件不超过 5 分钟，办理客户用电业务的时间一般每件不超过 20 分钟。

（4）受理用电业务时，应主动向客户讲明该项业务需客户提供的相关资料、办理的基本流程、相关的收费项目和标准，并提供业务咨询和投诉电话号码。

（5）客户填写业务登记表时，营业人员应给予热情的指导和帮助，并认真审核，如发现填写有误，应及时向客户指出。

（6）客户来办理业务时，应主动接待，不因遇见熟人或接听电话而怠慢客户。如前一位客户业务办理时间过长，应礼貌地向下一位客户致歉。

（7）因计算机系统出现故障而影响业务办理时，若短时间内可以恢复，应请客户稍候并致歉；若需较长时间才能恢复，除向客户说明情况并道歉外，应请客户留下联系电话，以便另约服务时间。

（8）当有特殊情况必须暂时停办业务时，应列示"暂停营业"标牌。

（9）临下班时，对于正在处理中的业务应照常办理完毕后方可下班。下班时如仍有等候办理业务的客户应继续办理。

（10）值班主任应对业务受理中的疑难问题及时进行协调处理。

三、环境要求

营业环境应使客户感到是一个公开公正、开放透明、温馨舒适、心情舒畅、方便快捷、布置合理、安全可靠的场所。

（1）环境整洁。有条件的地方，可设置无障碍通道。

（2）营业场所外设置规范的供电企业标志和营业时间标牌。

（3）营业场所内应张贴"优质、方便、规范、真诚"的服务标语。公布供电服务项业务办理程序、电价表、收费项目及收费标准。公布岗位纪律、服务承诺、服务及投诉电话。设置意见箱或意见簿。

（4）营业场所内应布局合理、舒适安全。设有客户等候休息处，备有饮用水；配置客户书写台、书写工具、老花眼镜、登记表书写示范样本等；放置免费赠送的宣传资料；墙面应挂有时钟、日历牌；有明显的禁烟标志。有条件的营业场所，应设置业务洽谈区域和电能利用展示区。

（5）营业窗口应设置醒目的业务受理标识。标识一般由窗口编号或名称、经办业务种类等组成。必要时，应设有中英文对照标识，少数民族地区应设有汉文和民族文字对应标识。

(6) 具备可供客户查询相关资料的手段。有条件的营业场所应设置客户自助查询的计算机终端。

>> **案例4-2**　2011年9月的一天，秋雨淋淋沥沥。文某，60岁，因乔迁新居，到供电公司营业厅办理用电申请业务。办完业务后，文某去卫生间走到拐弯处的台阶时，突然摔倒，当时其手中还握着沾满雨水的长柄伞。文某右小腿痛疼难忍，无法站立，营业人员遂拨打了其家人电话和120电话。经检查结果为"右胫骨粉碎性骨折"，住院治疗费用1万余元。伤残程度9级。后文某多次以供电公司未尽安全保证义务为由要求赔偿，协商不成。文某于2012年11月以供电公司为被告提起诉讼。

原告诉称，被告的营业场所应当具备保证安全的义务，他在被告营业场所办理业务摔倒致伤后，多次与被告协商赔偿事宜遭到拒绝。为维护原告的合法权益，请求法院责令被告赔偿医疗费、伤残补助费、鉴定费等6.5万元。并向法院提供了办理业务、伤残鉴定、住院治疗等证据。

被告辩称，营业厅入口处置有雨伞打包机，并有雨伞打包的提示牌，时值雨天，原告没有将雨伞打包，带入营业厅，造成地滑摔倒。其次，卫生间入口处贴有"小心地滑"的警示标志。原告是成年人，完全民事行为能力人，应当尽到安全注意义务却没有尽到，摔倒致伤应当自担责任。请求法院驳回诉讼。被告当庭提供了打包机和提示牌以及"小心地滑"的警示标志照片。

法院审理认为，原告在被告营业厅办理业务摔倒致伤属实。但被告在大厅入口置有雨伞打包机，卫生间门口张贴了警示标志，尽到了安全保证职责。事发后，客服人员及时通知家属和医院，尽到了服职责。原告作为成年人，在办理业务过程中应当根据安全提示将雨伞打包，却疏忽大意将雨伞带入厅内，致使地板打滑摔倒致伤，应当后果自担。遂判决驳回原告的诉讼请求。

评　析

最高院《关于审理人身损害赔偿案件适用法律若干问题的解释》第六条第一款规定，从事住宿、餐饮、娱乐等经营活动或者其他社会活动的自然人、法人、其他组织，未尽合理限度范围内的安全保障义务致使他人遭受人身损害，赔偿权利人请求其承担相应赔偿责任的，人民法院应予支持。《侵权责任法》第三十七条第一款规定，宾馆、商场、银行、车站、娱乐场所等公共场所的管理人或者群众性活动的组织者，未尽到安全保障义务，造成他人损害的，应当承担侵权责任。

由上规定可见，电力营业场所保障客户人身和财产安全是不可推卸的义务。但是法律规定的"合理限度范围内的安全保障义务"如何理解？应从如下几个方面认定：①符合一般人最基本的生活经验和特定的操作规程要求；②尽到了一般情况下普通人所理解的适当、及时的有效措施；③可预见的危险大小与所采的措施相匹配。其次，本案原告自己疏忽大意是致伤的直接的、主要的原因。因此，法院认为本案被告的服务已尽合理限度范围内的安全保障义务，因此对原告的诉求未予支持。

经营场所的安全保障义务是指经营者在营业场所应提供符合安全要求的产品和服务设施，防止客户人身和财产损失，否则就要承担赔偿责任。借鉴案例4-2做如下提示。

（1）营业场所建筑物坚固安全、消防设施齐备有效、服务设施安全可靠。

（2）凡是有可能造成危险的各个角落，均应有安全提示和警示标志。如：脚下台阶、凸坎、地板打滑，头上小心碰顶，转动门注意夹手等很多细节都应意义提示到位。

（3）服务是没有止境的。为了减少风险和纠纷，遇到老弱病残的要更多的做到人工提示到位，甚至搀扶帮助，给予无微不至的关照。有时尽管有提示和警示牌但是客户往往对这些提示和警示"视而不见"。有时我们在车站、机场企图寻找一些提示牌尚且找不到呢。因此，必要时还是尽可能人工提示，更为可靠。

第三节　"95598"客户服务规范

"95598"是语音服务，在这种只闻其声、不见其人的服务中，双方全凭语音来判断和反应。语音服务要表达对客户的热情与真诚，获得客户的满意认可往往难度更大。《国家电网公司供电服务规范》对此有如下规定。

一、"95598"服务内容

（1）"95598"客户服务热线：停电信息公告、电力故障报修、服务质量投诉、用电信息查询、咨询、业务受理等。

（2）"95598"客户服务网页（网站）：停电信息公告、用电信息查询，业务办理信息查询、供用电政策法规查询、服务质量投诉等。

(3) 24 小时不间断服务。

二、"95598" 客户服务热线服务规范

(1) 时刻保持电话畅通，电话铃响 4 声内接听，超过 4 声应道歉。应答时要首先问候，然后报出单位名称和工号。

(2) 接听电话时，应做到语言亲切、语气诚恳、语音清晰、语速适中、语调平和、言简意赅。应根据实际情况随时说"是"、"对"等，以表示在专心聆听，重要内容要注意重复、确认。通话结束，须等客户先挂断电话后再挂电话，不可强行挂断。

(3) 受理客户咨询时，应耐心、细致，尽量少用生僻的电力专业术语，以免影响与客户交流的效果。如不能当即答复，应向客户致歉，并留下联系电话，经研究或请示领导后，尽快答复。客户咨询或投诉叙述不清时，应用客气周到的语言引导或提示客户，不随意打断客人的话语。

(4) 核对客户资料时（姓名、地址等），对于多音字应选择中性词或褒义词，避免使用贬义词或反面人物名字。

(5) 接到客户报修时，应详细询问故障情况。如判断确属供电企业抢修范围内的故障或无法判断故障原因，应详细记录，立即通知抢修部门前去处理。如判断属客户内部故障，可电话引导客户排查故障，也可应客户要求提供抢修服务，但要事先向客户说明该项服务是有偿服务。

(6) 因输配电设备事故、检修引起停电，客户询问时，应告知客户停电原因，并主动致歉。

(7) 客户打错电话时，应礼貌地说明情况。对带有主观恶意的骚扰电话，可用恰当的言语警告后先行挂断电话并向值长或主管汇报。

(8) 客户来电话发泄怨气时，应仔细倾听并做记录，对客户讲话应有所反应，并表示体谅对方的情绪。如感到难以处理时，应适时地将电话转给值长、主管等，避免与客户发生正面冲突。

(9) 建立客户回访制度。对客户投诉，应 100% 跟踪投诉受理全过程，5天内答复。对故障报修，必要时在修复后及时进行回访，听取意见和建议。

三、"95598" 客户服务网页（网站）服务规范

(1) 网页制作应直观，色彩明快。首页应有明显的"供电客户服务"字样。为方便客户使用，应设有导航服务系统。

(2) 网页内容应及时更新。

(3) 网上开通业务受理项目的，应提供方便客户填写的表格以及办理各项

业务的说明资料。

（4）网上应设立咨询台、留言簿，管理员应及时对客户的意见和建议进行回复。

南方电网公司供电服务承诺有所不同，如，客户在营业厅平均等候时间不超过 15 分钟；95598 供电服务热线 20 秒接通率超过 90%。

95598 集约化管理以来，服务人员首先要站在客户角度上理性的对待客户的投诉，认为凡是投诉必有投诉的理由。态度中肯诚挚，不要堵塞客户言路，要虚心倾听。重要的是立马行动，及时依法合情予以妥善处理。如果推诿扯皮，久拖不决，投诉客户就会揪住不放，问题就会恶化膨胀。

第四节　现场服务规范

当你接触客户或者接听客户电话时，要有礼貌地打招呼。永远不要漠视客户的出现和存在，那会使得客户很生气，认为你不尊重他，无视他的出现和存在；在接听电话时应迅速有礼，否则，客户会因为你对他的漫不经心而产生被羞辱的感觉；如果你和客户约好为他提供服务的时间，务请准时赴约，否则，客户就会认为你在欺骗和糊弄他。作为营销人员的你在客户心中的印象非常重要，如果印象不佳，你将要付出十倍的努力来改善，切记，切记！

一、现场服务内容

①客户侧计费电能表电量抄见；②故障抢修；③客户侧停电、复电；④客户侧用电情况的巡查；⑤客户侧用电报装工程的设施安装、验收，接电前检查及设备接电；⑥客户侧计费电能表现场安装、校验。

二、现场服务纪律

（1）对客户的受电工程不指定设计单位，不指定施工单位，不指定设备材料供应单位。

（2）到客户现场服务前，有必要且有条件的，应与客户预约时间，讲明工作内容和工作地点，请客户予以配合。

（3）进入客户现场时，应主动出示工作证件，并进行自我介绍。进入居民室内时，应先按门铃或轻轻敲门，主动出示工作证件，征得同意后，穿上鞋套，方可入内。

（4）到客户现场工作时，应遵守客户内部有关规章制度，尊重客户的风俗习惯。

（5）到客户现场工作时，应携带必备的工具和材料。工具、材料应摆放有序，严禁乱堆乱放。如需借用客户物品，应征得客户同意，用完后先清洁再轻轻放回原处，并向客户致谢。

（6）如在工作中损坏了客户原有设施，应尽量恢复原状或等价赔偿。

（7）在公共场所施工，应有安全措施，悬挂施工单位标志、安全标志，并配有礼貌用语。在道路两旁施工时，应在恰当位置摆放醒目的告示牌。

（8）现场工作结束后，应立即清扫，不能留有废料和污迹，做到设备、场地清洁。同时应向客户交待有关注意事项，并主动征求客户意见。电力电缆沟道等作业完成后，应立即盖好所有盖板，确保行人、车辆通行。

（9）原则上不在客户处住宿、就餐；如因特殊情况确需在客户处住宿、就餐的，应按价付费。

三、供电方案答复及送电时限

（1）已受理的用电报装，供电方案答复时限：低压电力客户最长不超过10天；高压单电源客户最长不超过1个月；高压双电源客户最长不超过2个月。若不能如期确定供电方案时，供电企业应向客户说明原因。

（2）对客户送审的受电工程设计文件和有关资料答复时限：高压供电的最长不超过1个月；低压供电的最长不超过10天。供电企业的审核意见应以书面形式连同审核过的受电工程设计文件一份和有关资料一并退还客户，以便客户据以施工。

（3）受理居民客户申请用电后，5个工作日内送电；其他客户在受电装置验收合格并签订供用电合同后，5个工作日内送电。

四、抄表收费服务规范

（1）供电企业应在规定的日期准确抄录计费电能表读数。因客户的原因不能如期抄录计费电能表读数时，可通知客户待期补抄或暂按前次用电量计收电费，待下一次抄表时一并结清。确需调整抄表时间的，应事先通知客户。

（2）供电企业应向客户提供不少于两种可供选择的交纳电费方式。

（3）在尊重客户有利于公平结算的前提下，供电企业可采用客户乐于接受的技术手段、结算和付费方式进行抄表收费工作。

五、故障抢修服务规范

（1）提供24小时电力故障报修服务，对电力报修请求做到快速反应、有效处理。

（2）加快故障抢修速度，缩短故障处理时间。有条件的地区应配备用于临时供电的发电车。

（3）接到报修电话后，故障抢修人员到达故障现场的时限：城区 45 分钟、农村 90 分钟、边远地区 2 小时，特殊边远地区根据实际情况合理确定。

（4）因天气等特殊原因造成故障较多不能在规定时间内到达现场进行处理的，应向客户做好解释工作，并争取尽快安排抢修工作。

（5）有偿服务：①对产权不属于供电企业的电力设施进行维护和抢修实行有偿服务的原则；②应客户要求进行有偿服务的，电力修复或更换电气材料的费用，执行省（自治区、直辖市）物价管理部门核定的收费标准；③进行有偿服务工作时，应向客户逐一列出修复项目、收费标准、消耗材料、单价等清单，并经客户确认、签字、付费后，应开具正式发票；④有偿服务工作完毕后，应留下联系电话，并主动回访客户，征求意见。

六、装表、接电及现场检查服务规范

（1）供电企业在新装、换装及现场校验后应对电能计量装置加封，并请客户在工作凭证上签章。如居民客户不在家，应以其他方式通知其电表底数、拆回的电能计量装置应在表库存放至少 1 个月，以便客户提出异议时进行复核。

（2）对客户受电工程的中间检查和竣工检验，应以有关的法律法规、技术规范、技术标准、施工设计为依据，不得提出不合理要求。对检查或检验不合格的，应向客户耐心说明，并留下书面整改意见。客户改正后予以再次检验，直至合格。

（3）用电检查人员依法到客户用电现场执行用电检查任务时，必须按照《用电检查管理办法》的规定：主动向被检查客户出示《用电检查证》，并按"用电检查工作单"确定的项目和内容进行检查。

（4）用电检查人员不得在检查现场替代客户进行电工作业。

（5）供电企业应按规程规定的周期检验或检定、轮换计费电能表，并对电能计量装置进行不定期检查。发现计量装置失常时，应及时查明原因并按规定处理。

（6）发现因客户责任引起的电能计量装置损坏，应礼貌地与客户分析损坏原因，由客户确认，并在工作单上签字。

（7）客户对计费电能表的准确性提出异议，并要求进行校验的，经有资质的电能计量技术检定机构检定，在允许误差范围内的，校验费由客户承担；超出允许误差范围的，校验费由供电企业承担，并按规定向客户退补相应电量的电费。

七、停、复电服务规范

（1）因故对客户实施停电时，应严格按照《供电营业规则》规定的程序办理。

（2）引起停电的原因消除后应及时恢复供电；不能及时恢复供电的，应向客户说明原因。

>> **案例4-3** 2010年8月5日上午10时许，因负荷超过上级下达的指标，某市区电力调度根据有序用电方案，对部分供电线路实施了停限电，当日17时恢复供电。张某的鸭棚因停电送风设备停运，棚内空气闷热，又未采取其他降温措施，自当天晚上至8月15日，张某养殖的野鸭陆续死亡959只。9月7日，张某向区人民法院起诉，请求区供电公司赔偿直接经济损失171 250元。

原告诉称，被告停电事先未予与通知，送风设备停运，造成鸭棚温度升高，野鸭中暑死亡。被告未尽停电通知义务，应当对原告的损失承担赔偿责任。

被告辩称，原告野鸭死亡与被告停电措施不存在因果关系，其死亡原因系原告饲养不当所致。请求法院驳回原告的诉讼请求。

法院审理查明，原告提供的证据不足以证明野鸭的死亡与停电有事实上的因果关系；其次，被告根据迎峰度夏期间区政府办公室文件《关于有序用电方案的通知》的精神，已于2010年7月1日在当地报纸上公布了有序用电方案，履行了停电通知义务。据此，原告饲养野鸭死亡与被告的停电措施没有事实和法律上的因果关系，被告不应对原告的损失承担赔偿责任。

另查明，①原告未与供电公司签订野鸭养殖供用电合同；②原告只与供电公司签订了《居民供用电合同》。

一审法院综合上述事实，依据《侵权责任法》第六条的规定，判决驳回原告张某的诉求。原告提起上诉，二审维持原判。

评 析 ------------>

本案原告以侵权之诉起诉被告，应以侵权的四要件来判断，即：主观过错、违法行为、因果关系、损害事实。

因果关系是指，违法行为与损害事实之间有因果关系。本案被告的辩解仅仅强调原告野鸭死亡与被告停电不存在因果关系。实际上，根据案情陈述的"鸭棚因停电送风设备停运，棚内空气闷热，又未采取其他降温措施"，野鸭死亡与停电有事实上的因果关系。只是因为原告提供的证据不足以证明野鸭死亡是停电所致。其次，被告的停电行为不是违法行为。这样说来，即使停电与野鸭死亡有事实上的因果关系，但因停电是合法行为，也不成立"违法行为与损害事实之间有因果关系"。故被告不应承担责任。从主观过错分析，被告仅知道与原告之间存在居民供用电合同关系，不存在明知停电会造成原告野鸭死亡的不利后果，既然不"明知"当然就不存在过错。因此一、二审法院没有支持原告的诉求。

本案从客户服务的角度暴露了如下问题：

（1）日常用电管理不到位。没有发现原告在没有签订野鸭养殖用电合同，长期按照居民照明价格收取电费的事实。对于原告而言属于"在电价低的线路上，擅自接用高电价设备"的擅自改类，高价低接的违约用电行为。根据《供电营业规则》第一百条第（1）项之规定，应按实际使用日期补交差额电费，并承担二倍差额电费的违约使用电费。想继续养殖野鸭的话，应与供电公司签订非工业普通工业用电的低压供用电合同，分类计量交费。据此，被告可以提出反诉，请求原告补交电费和违约使用电费。

本案歪打正着，管理失误多了一个在法庭上没有提出的辩解理由不"明知"，也就没有主观过错。不过这种管理失误也反映了该供电公司谈不上优质服务，基本客户服务也不达标。

（2）未签订供用电合同。既然被告与原告没有签订野鸭养殖类所属的低压供用电合同，供电公司对原告也就没有供电义务，停电通知义务就更无从谈起。但是这些理由，被告在法庭上也许是因为管理松懈未能签订合同而羞于启齿，没有辩解。

（3）有序用电方案取代停电通知。撇开本案原告未与被告签订合同案情，从客户服务的角度说，本案2010年7月1日在当地报纸上公告有序用电方案，不能取代8月5日的停电通知义务。假设原告是重要电力用户的话，根据《供电监管办法》第十三条，电力监管机构对供电企业实施停电、限电或者中止供电的情况进行监管。在电力系统正常的情况下，供电企业应当连续向用户供电。需要停电或者限电的，应当符合下列规定：①因电网发生故障或者电力供需紧张等原因需要停电、限电的，供电企业应当按照所在地人民政府批准的有序用电方案或者事故应急处置方案执行；②供电企业对重要电力用户实施停电、限电、中止供电或者恢复供电，应当按照国家有关规定执行。

本案属于电力供需紧张需要停电的情形，对重要电力用户按照国家有关规定执行就是按照《供电营业规则》第六十七条履行停电通知义务。

启 示 --------►

如果本案原告签订合同，依法用电，又能提供证据证明停电与野鸭死亡的因果关系，以违约之诉诉求赔偿，被告的主观过错就无法推脱了。

第五节 投诉举报处理服务规范

如今同类产品种类繁多，可谓琳琅满目，可选择性非常大。如果客户对产品企业投诉处理不满意，他便大可不必跟你较劲，大部分客户会选择悄然离去。但供电企业垄断经营，即使客户对投诉处理结果不满意，也别无出路，无可奈何。但这更会导致客户的愤怒和对抗情绪，使供电企业在日后的经营中增添阻力。因此，对于投诉举报处理服务更应把握原则，谨慎为之，力求客户满意。基于此，《国家电网公司供电服务规范》规定了投诉举报处理程序，建立了严格的供电服务投诉举报管理制度。

一、投诉渠道和方式

通过以下方式接受客户的投诉和举报：①"95598"供电客户服务热线或专设的投诉举报电话；②营业场所设置意见箱或意见簿；③信函；④"95598"供电客户服务网页（网站）；⑤领导对外接待日；⑥其他渠道。

二、答复时限和处理

（1）接到客户投诉或举报时，应向客户致谢，详细记录具体情况后，立即转递相关部门或领导处理。投诉在 5 天内、举报在 10 天内答复。

（2）处理客户投诉应以事实和法律为依据，以维护客户的合法权益和保护国有财产不受侵犯为原则。

（3）对客户投诉，无论责任归于何方，都应积极、热情、认真进行处理，不得在处理过程中发生内部推诿、搪塞或敷衍了事的情况。

>> 案例4-4 2010 年 10 月 3 日晚上 19 时许，受害人郑某来到官家村的竹林捕捉青蛙时，被被告赖某和赵某私设的捕捉野猪的电网电死。被害人的父母、妻子及一双儿女共五位原告在刑事审理期间向法院提起附带民事诉讼，要求赖某、赵某和某区供电公司三被告连带赔偿死亡赔偿金、丧葬费、精神抚慰金、被扶养人生活费等共 45.31 万元。

原告诉称，被告赖某和赵某 2007 年就因私设电网捕兽被公安部门行政拘留过并没收其电网。三年来，供电公司对私设电网检查不力，一直没有责令赖某和赵某拆除电网电线，消除危险状态。因此应与赖某和赵某承担连带责任。原告提供了：①刑事判决书，证明赖某和赵某构成过失危害公共安全罪；②5位村民的证人证言，证明赖某和赵某2007年以来就私设电网的事实等证据。

法院审理查明，2007年10月19日，赖某就因私设电网捕兽被公安部门行政拘留过。2010年10月3日晚上19时许，因被告赖某和赵某私设电网捕捉野猪，致受害人郑某触电死亡事实属实，证据确凿。赵某和赖某分别被判处有期徒刑一年零六个月和一年。因供电公司不是辖区电力供应与使用的监管部门，对被害人之死不承担赔偿责任。因此一审判决赵某和赖某各种损失36.74万元，并互负连带责任。

二审法院维持原判。

评析

（1）供用电监管不是供电企业的职责，但用电检查是供电企业不可推卸的义务。《用电检查管理办法》第一条规定，用电检查是保证供用电秩序和公共安全。第四条规定的检查项目就包括"违章用电和窃电行为"，私设电网不仅是违章用电行为，也是危害公共安全的犯罪行为。供电企业发现客户私设电网应当予以制止，并令其拆除私拉乱接的线路和电网。

用电检查是供电安全的措施，也是供电企业的义务，发现违章建房和种植高秆植物危及了供电公司的线路运行安全都要劝告制止，报告电力管理部门。即使不危及自家的财产安全，不具有监管职责，难道危及人民生命财产安全就不应该制止吗？《用电检查管理办法》第十二条规定，现场检查确认有危害供用电安全或扰乱供用电秩序的行为的用电检查人员应在现场予以制止。即使没有检查到，本案已查明犯罪嫌疑人曾因私设电网受到行政处罚（拘留），司法部门有案底。其后，继续外接电源，私设电网，捕捉禽兽，电死本案被害人郑某。2007年案发后供电公司知悉此事，却并未责令本案被告解除危害公共安全的电路。法庭还查明，电力公司收费人员发现此种情形，笑而不管，收完电费了事。由此看来，供电企业显然没有履行用电检查的义务。

（2）从供用电安全管理和电力服务角度审视本案，供电公司知道存在危害社会公共安全的危险情况，置若罔闻，以致发生了人身触电死亡事故。试想，连危害社会公共安全的危险情况都置若罔闻，何来的客户服务？本案事发三年前在本地已有案底，供电公司说闻所未闻，难以置信。

（3）电力改革，政企分开。电力监管是行政管理，用电检查乃民事义务，这一分开使得本案触电事故受害人的合法权益的维护失去了保证。试问，三年来，私设电网的线路一直没有拆除，致使受害人触电死亡，谁该承担责任？本案原告起诉电力管理部门又会是什么结果？

三、回访与保密制度

①建立对投诉举报客户的回访制度，及时跟踪投诉举报处理进展情况，进行督办，并适时予以通报。②严格保密制度，尊重客户意愿，满足客户匿名请求，为投诉举报人做好保密工作。③对隐瞒投诉举报情况或隐匿、销毁投诉举报件者，一经发现，严肃处理。④保护投诉举报人的合法权利。对打击报复投诉举报人的行为，一经发现，严肃处理。

规范是尺度，但不是束缚，不是框架，更不是禁锢。电监会的要求和规范的规定，是客户服务的基本要求，但不是一个限定不变的空间。服务是没有止境的。客服人员调动起各自的主观能动性，自动自发，积极主动，发挥自己的聪明才智，一定会拓展出更大的服务空间，创造出突破规范的卓越服务。

在客户服务的赛程上没有终点，在向客服高峰的攀登中没有极顶，但却一步一个新风景。

第五章

名言警句 ████████████ ➤
故大巧在所不为，大智在所不虑。

——荀子

电力客户服务技巧

电力客服的基本技巧很难以穷尽，也非常细腻。诸如，保持良好的客户服务态度，特别是语气和形体动作、表情；耐心，别急着表态或急于解决客户问题；先听清楚客户问题和要求，判断客户类型和个性特点为重；善于用问题的导向来引导客户服务需求的明确；让客户感受到你在帮助他，而不是解决问题的对手；解决问题关键在于进步和改善，哪怕是客户责任也不要推卸；解决问题尽量以商量的口气，去征询客户意见等。高超的服务技巧是针对客户个性要求，实施适合其个性的服务。

第一节 客户服务基本技巧

想有大成功，先练基本功。本节把客户服务的基本技巧简结为五项全能来介绍。即，察言观色，能说会道，善于倾听，笑容可掬，行态得体。台上一分钟，台下十年功。客服虽然不是做戏，基本功夫却需要勤学苦练。

一、察言观色

借我一双慧眼，饱览八方风景。这只是简单的看。在客户服务的环境里，重要的是将风景当做营销的事态加以分析，实施适当的举措。察言观色，顾名思义，就是观察语言脸色，揣摩对方心意。摸准对方心意，才会采取恰当的措施。看，有一个口诀是：生客看大三角（额头和双肩）、熟客看倒三角（双眼和嘴巴）、不生不熟看小三角（额头和下巴）。对于东方人，不管是看哪个三角，一次扫描目光不要停留太长时间（大于2秒），看不明白可以再看一眼，尤其是看异性客户，紧紧盯住会引起客户的不适甚至反感。看，当然不是浏览风景线大饱眼福，而是为了看出，实际是分析出或者揣摩出客户除了说出来的需求之外的没说出来的真正需求。如，需要帮助又羞于启齿的需求，需要保密服务的需求，有的则而是通过隐含的语言、身体动作等表达出来，等等。

比如说，你看到一位白发苍苍的老者正在颤颤巍巍地攀登着营业厅门口的台阶，一位妇女客户因为她无法办理业务正在呵斥她又哭又闹的孩子，此时此刻，作为一名服务者你想到的是什么？你想到老者和妇女需要什么？你应该怎样做？很显然是对老者的搀扶和对孩子的安抚。又譬如，客户排着长龙焦急地等待着办理业务，有的客户在队列伺机加塞，有的客户嘴里不时地发出不满、怨愤的牢骚。作为客服人员，你想到的是什么？你想到客户需要什么？你应该怎样做？均衡窗口的业务量，引导客户到业务少的窗口办理业务；增加临时服务力量，解决业务拥挤现象；如果实在无法增加服务力量，至少应该对客户进行安抚，大体准确告诉客户多少时间就可以办完业务，让客户焦虑的心情得以平复。国外遇到排长龙服务的情景，就会有自动语音报告，还有多长时间就会轮流到你。这使你心中有个时间表，从而驱除心中那种遥遥无期的难耐。其实这个方法在中国应用最早。当曹操的军队，饥渴难耐时，其实曹操也不知道什么时候才会遇到水和食物，这是他灵机一动对将士们说，前边就是一片酸梅林。听到酸梅，将士们立即条件反射，满口酸水，解决了干渴的问题。这就是望梅止渴。

实际上客服人员在一边看、一边想的同时，客户也在看、也在想，看你客服人员的会做出什么恰当的回应和举动。你和客户同时在感受这种相互之间心理沟通和行为的互动。如果客户满意，说明你的察言观色加上经验判断，准确地揣测出了客户的需求，做好了服务工作。反之，你需要继续修炼察言观色的功夫，为迈出成功服务的第一步练就基本功。

>> 案例5-1　2010年8月的一天，天气闷热。某市城区用电营业厅内排起了长队，因为这天是逢五排十的赶集日，前来交纳电费的人络绎不绝，小小的营业厅显得异常拥挤。看到这个情况，营业厅刘主任立即增设了两名收费员，并鼓励她们今天要情绪好一点、笑容靓一点、耐心多一点、动作快一点。他自己则面带微笑站在门口引导客户、安抚已出现抱怨情绪的客户。这时刘主任注意到长队后边有十几位身着少数民族服饰的客户，于是礼貌地上前询问才发现他们十多个人没有一个人会讲汉语。怎么办？眉头一皱，计上心来，想到他有个在家做家务的邻居能听懂客户的方言，于是安排车辆火速请来，没有耽误客户时间，顺利地解决了少数民族客户收费的难题……当刘主任和她的几位同事

笑着挥手送走最后一位客户，她们的脸上露出了开心的笑容。

评　析

本案中这特殊的一天的收费业务之所以能够毫无差错，顺利办结，有赖于全体服务人员的高素质和扎实的服务基本功——能够察言观色，及时做出恰当的应对服务，而且显现全体服务人员团结一致、共同努力的团队精神。

二、善于倾听

《吕氏春秋》有言：听言不可不察。不察则善不善不分。善不善不分，乱莫大焉。意思是说，听话人不可以不仔细审察，不仔细审察就辨不了好坏。好坏不分，乱子就没有比这更大的了。研究表明，人类沟通的时间分配是：9%的时间用于书写，16%用于阅读，30%用于说话，45%用于听。这里说的是倾听，而不是听见或听到。后者仅仅是对声音的感知，前者则是一个积极主动的行为，它意味着听者要参与到对方的表达之中。一方面，要通过自己的态度表明理解对方的意愿，另一方面，还应就这种理解表示与对方的共鸣。

倾听，往往是与客户面对面服务的第一步，只有听明白客户的陈述或诉求，融入客户内心的情感你才能做出适当的回应。

1. 听与倾听

（1）听。听在汉语中只有这一个汉字，其实有两种情况，一种是主观努力去听，主动的听。譬如在车站或机场，你竭力想听清你的列车或飞机的班次信息。一种是被动的听，实际上是听到、听见，即使你不愿意听到的声音，也会听到、钻到你的耳朵里。譬如夏日里城市里的建筑扰民噪声，歌吧里的声嘶力竭噪声。在英文中，就将主动的听和被动的听用两个单词表达出来。如，listen 这个词就是"主动的听，留神听或倾听"的意思，其后一般与 to 连用；而 hear 就是"被动的听，听到，听说"的意思。在这儿的"听"是指前者而不是后者，即客户服务人员是主动的留神听客户说话。

（2）倾听。倾听，是一种情感活动，是真正理解客户所表达的意思和情感，用你的面部表情表现出你在很认真地听他说话。倾听的人在说与听的过程中，是一个融入戏里的"听"的角色，对于说话者有着不断的理解、沟通和共鸣。理解人不仅仅理解他人话语的字面含义，还要通过对方的话语读懂他的内心世界。

（3）倾听技巧。①沉默，俗语说："沉默是金，雄辩是银。"要具备倾听技巧，首先要养成沉默的习惯。对对方的信息保持兴趣与敏感性，但不急于做出判断，而是保持一种洞察力，从中理解对方表露的真实自我。②敏感的结合自己的经历，体验对方话语中包含的诉求和情感。③雄辩滔滔的巨人，有可能是客户服务的侏儒！沉默的倾听高手，只有在关键时刻才说上一两句。保持开放、专注的神态，开放是接受对方，专注是尊重对方，以鼓励其畅所欲言。你应该花80%的时间去听，给客户80%的时间去讲。④用令人鼓舞的形态语言，表明你在洗耳恭听。在神态上还要避免距离过大、昂首或俯视、靠近对方、身体前倾、目光与对方有着适当对视与交流，西方人喜欢直视对方，东方人则喜欢含蓄的若即若离，以表示自己的矜持而不是冷漠，尤其是异性之间。⑤在恰当的时间做出恰当的提问，说明自己哪些地方没听清或没理解，要求对方重复或深入解释，也会表明你在认真的倾听。⑥不失时机，肯定对方，如客户迟到没有如约而至说"路远堵车"，你就说"您太辛苦了。"⑦抓住时机用全身心来对客户的陈述或诉求作出反应，如：惊讶、羡慕、理解等各种语言和表情。⑧让对方按照自己的意愿展开谈话。戒除不必要打断客户陈述的坏习惯，也不要试图转移话题。因为打断别人和强加观点，会引起对方强烈的反感，引起与客户正面争论。沟通变成争论，问题就越来越复杂。即使想表达自己的某种观点，也尽量引用对方的话作为引申，如"就像你刚才所说……"，"正如你所指出的那样……"等。这说明你不仅在听，而且在思考。

（4）不善于倾听的坏习惯。①常常试图同时听几个人交谈；②喜欢别人只给自己提供事实，让自己作出解释；③有时假装自己在认真听别人说话；④常常在别人说话之前就知道他要说什么；⑤如果不感兴趣同某人交谈，常常通过注意力不集中的方式结束谈话；⑥常常别人刚说完，就紧接着谈自己的看法；⑦别人在说话的同时，在评价他的内容；⑧别人在说话的同时，思考接下来我要说的内容；⑨常常说话人的谈话风格会影响倾听；⑩常常听到自己希望听到的内容，而不是别人表达的内容。

>> 案例5-2　　一个客户急匆匆地来到营业厅收银处。对收银员说："小姐，刚才你算错了50元。"

收银员满脸不高兴："你刚才为什么不点清楚，银货两清，离开柜台后概不负责。"

客户说："真的是概不负责吗？"

"对，这是公司规矩。"收银员说。

"好吧，那就谢谢你多给的50元了。"

客户扬长而去了。收银员顿时无语，目瞪口呆。

评 析

本案收银员一听"错"字就迫不及待地打断客户的说话，实际上，他还不知道错在哪里。目的无非是推脱错误，推卸即将承担的责任。殊不知，这次纠错对自己有利。如此，封堵客户的口，既损失了 50 元，又显出自己的素质低下，形象猥琐。所以千万不要打断客户的说话，除非你想让他离你而去。

案例 5 - 3 美国诗人惠特曼有一次在大街上和朋友一起散步时碰到一人，便停下来和他聊了 20 分钟。期间惠特曼垄断了整个交谈，对方连口也未开。那人走后，惠特曼对朋友说"这是一个有教养的人。"朋友问："何以见得？他都没有开口说话。"惠特曼说："他仔细地听我说话，就说明了他的教养。"

评 析

完整彻底地传递自己信息给对方是谈话人欲望和目的，被无端的打断会令谈话人极为不快。养成听人说话的习惯，是在修养自己内涵，提升你在说话人心中的形象和信任度。客户服务人员是公司的形象代表，让客户充分的表达自己的意愿，这是客服人员应有的基本素质。

2. 共鸣与沟通

倾听，尽管看起来，只有一方在说话，但这个过程却是一种沟通，甚至是深度的沟通，这种沟通体现在与客户的情感的共鸣。双方都在说，看起来是在双向交流，实际上未必就沟通了，往往是都在不停的挖沟，却一直没有挖通。为什么呢？实际上互相不理解。挖沟的方向不同，双方的距离越挖越远。其实，沟通是一个过程：首先是双方的互相了解；其次，你了解对方说了些什么，对方明白你的反馈；再次，双方都做出令对方满意的行动。对于客户服务人员至少要掌握平行沟通的原则和技巧。如，彼此尊重，自己做起，首先表现出对客户的尊重；换位思考，站在对方立场，关切客户利益得失；平等互惠，公平合理，不让客户吃亏，等等。

物理学上，两个物体的固有频率相同，就会产生共振现象。共振表现在声音上就是共鸣——物体因共振而发声。譬如，两个音叉的频率相同，当一个音叉发声并接近另一个音叉时，另一个也会发声。看来共鸣的必要条件是频率相同。物体的共振会产生巨大的能量，譬如大桥与重载卡车产生共振会使坚固的大桥垮塌。情感上的共鸣是由对方的某种情绪引起相同的情绪的现象。共鸣双方的必要条件也存在着相同的情愫。一旦产生共鸣，同样会产生巨大的内心的能量。如，满清末期之后，无数仁人志士，当推翻封建专制独裁制度的号角在他们心中激起共鸣的浪花时，他们一个个，有的抛妻弃子，背井离乡，有的撇家舍业，捐其所有，义无反顾的走向腥风血雨的战场，用自己的青春、鲜血，甚至生命去描绘理想的未来。这就是共鸣的力量。

找到共鸣可以有多种渠道。譬如，一个人所具有的兴趣爱好赋予他看待事物的独特眼光，一个人对感兴趣的事情着迷，也正是其独到眼光的运用。了解别人的兴趣爱好，并表示出一种共鸣，不仅是对对方的尊重，也是对对方的有效鼓励。给对方在其兴趣上的鼓励会赢得对方内心的感激。当然，让别人明白你对他的理解不仅仅是形式上唱合附随，而是双方内心的一种共鸣。要做到与客户共鸣就必须对其有更多的了解和充分的把握。美国总统罗斯福可谓博学多才，学富五车，他在与人谈之前，也总是花一些时间研究一下对方的兴趣爱好和关注的事情，以使对方兴趣盎然的参与交谈。正如成人教育家教育教戴尔·卡耐基评价美国前总统罗斯福说，他知道通向别人内心的最平坦的大道就是谈论他们感兴趣的事情。

>> **案例5-4**　秦王因吕不韦与其母私通且恐丑事败露，又安排假太监嫪毐进宫伺候太后代过。嫪毐与太后淫乱作乐生二子。此事终于有一天败露了，嫪毐于是铤而走险，发兵造反。秦王嬴政平定叛乱，车裂嫪毐、其母与嫪毐奸生的两个弟弟，软禁母亲在雍州。

大夫陈忠进谏说应该迎接太后回咸阳。秦王大怒，命令剥去他的衣服，躺在蒺藜上，用铁锤把他打死，尸体丢在台阶下，张贴告示："有以太后之事来谏的，就是这个下场！"秦国忠臣相继来进谏的，前后诛杀了二十七人，尸积成堆。

有一个沧州人茅焦，正好游于咸阳，住在旅店，同舍的人偶然谈到此事。茅焦愤然说："儿子囚母，天地反覆了！"叫店主准备洗澡水，"我将沐浴，明早入谏秦王。"

茅焦来到台阶下，内侍问明原委说："客看见台阶下死人累累吗，为什么不怕死到了这种程度？"

茅焦说："我听说天有二十八宿，降生于地，则为正人，今死者已有二十七人了，尚且缺其一，臣所以来者，想要填满其数！古之圣贤哪一个不会死，我有什么害怕的？"

内侍回报，秦王大怒："狂夫故意违反我的禁令！"看看左右："在大堂之上给我烧一锅开水，我要把他煮熟，凑够二十八人。"于是秦王按剑而坐，龙眉倒竖，怒不可遏，连呼："召狂夫来就烹！"

茅焦故意蹒跚而行，内侍催促，茅焦说："我快要死了！慢一点又有妨？"内侍生怜，扶掖慢行。茅焦至阶下，再拜叩头说："臣闻之：'有生者不讳其死，有国者不讳其亡，讳亡者不可以得存，讳死者不可以得生。'死生存亡之计，是明主应该好好研究的，不知道大王愿不愿听？"

秦王缓颜色缓和一点，问："你有何计，请讲。"

茅焦说："大王今日不以天下为事吗？"

秦王说："是的。"

茅焦说："今天下之所以尊敬秦国，非仅仅是威力的缘故，也是认为大王是天下的雄主，这就是忠臣烈士都聚集到秦国的缘故。今大王车裂假父，有不仁之心；杀死两弟，有不友之名；软禁母亲，有不孝之行；诛杀谏士，陈尸阶下，有桀、纣的凶残。以天下为事，而所行如此，何以服天下？古代舜事嚚母尽道，升庸为帝；桀杀龙逢，纣戮比干，天下叛之。臣自知必死，只恐怕臣死之后，便没有人敢进谏了。而抱怨之声越来越多，忠谋之人再也不开口了，内外离心，诸侯必将叛逆，可惜啊！秦国的帝业很快就要成功了，而败于大王之手。臣言已毕，请把我煮了吧！"于是站起来解开衣裳朝着开水锅而去。

秦王急走下殿，左手扶住茅焦并命令说："把开水锅抬走！"又命左右收起榜文，又命内侍与茅焦穿衣，看座，感激地说："以前进谏者都数落寡人的罪状，未尝明悉存亡之计，天使先生开寡人之茅塞，寡人敢不敬听！"

秦王即命司里收取二十七人的尸体，各具棺椁，厚葬于龙首山，名为"会忠墓"。这天秦王亲自前往，令茅焦驾车，望雍州而去，迎接太后。

评 析

撇开自古到今专制独裁统治者惨绝人寰的行径不论，茅焦非常明白秦王最感兴趣、最关切、最渴求、最容易引发共鸣的是江山社稷。因此，开始就从完成一统天下大业之道上来劝谏，而不是先从孝道到上劝说秦王迎回太后之事。因此，秦王感激并采纳。

三、能说会道

俗话说，良言一句三冬暖，恶语伤人六月寒。说话要温暖人心，切忌令人心寒。能说，能够准确的表达出自己的意愿就算能说。会道的内涵就大了。何谓会道？应使受话人听得进，愿意听，被说服，被感动，最后是快行动。能说的人不少，会道的人则不多。会道的基本技能是：尊重、关心、主动、亲切和热情。如，标准的服务用语不仅要主动、亲切，还应该是请求式的："先生，请问我可以帮您什么吗？""请问，我可以知道你的名字吗？"其实请求式最重要的就是表达对客户的尊重。相同的意思，不同的表达，沟通的效果将得到改善，客户的满意度也会大大提高。会道的技巧还有哪些？

1. 理解同情，同盟同道

一个人在情感失落的时候，你向他（她）表示你的理解并给予真诚的同情，你会很容易走进他（她）的内心，在情感上与他（她）结为同盟。这样他（她）就愿意向你倾诉，并得到你的安抚和慰藉。一个客户在遇到麻烦和不快时，如果你是他情感上的同盟，利益或许就置于次要地位，问题或许会在妥协退让中得到圆满的解决。譬如，当客户在诉说由于电工操作失当造成停电，维修延宕，使其冰箱的食物变质时，你作为客服人员，应当同情客户的愤懑的情绪，惋惜食物的浪费，谴责电工的失误，与他站在同一个立场上。如此客户的情绪就会得到平复。

2. 赞美感激，忠言顺耳

艺术家罗丹说过："在世界上，美是无处不在的，所缺的是能够看到美的一双眼睛。"赞美与感激是我们对整个世界的一种真正积极态度的表现，一个能够由衷赞美他人的人，必然是一个能体会到世界美好的人，是一个对自己前途充满信心的人，是一个能认识价值、发现价值、创造价值的人。客服人员发现了客户美丽和魅力，不失时机的给予由衷的赞美，客户心中立即回升起一种自豪感和满足感，从而对你充满感激。因为你的赞美会给客户以自信。

赞美与感激他人意味着一种人人审美精神。充满热情地欣赏他人、发现他人的价值，不只给对方带来心理与精神上的满足，而且，每一次赞美与感激他人，都是你独具慧眼也是你领导才华与品质的一次最完美的表露。美国匹兹堡钢铁公司总经理查尔斯·夏布说，如果你问我喜欢什么，那就是真诚、慷慨的赞美他人。俗话说，良药苦口利于病，忠言逆耳利于行。为什么非要忠言逆耳呢？为什么不能让忠言顺耳呢？逆耳听不进，没有用，顺耳听进去才会利于行。例如在上边提及的，当客户在诉说由于停电，维修延宕，使其冰箱的食物变质时，你可千万不要说，你为什么不采取积极的挽救措施，减少损失呢？这的确是忠言，此时说出来确实是逆耳，甚至是火上浇油，这不是当下要说的话，而是在问题闹到对簿公堂时才要说的话。

你不要试图揪住客户的错误，客户即使不能永远是对的，但是却永远不是你批评的对象，因为他是你的衣食父母，是你的上帝。任何时候不要说客户的错误。如："是不是您忘了充电了？是不是您胡乱摆弄，给弄坏了？是不是您私拉乱接造成停电的？"这些所谓服务中的问话，会使客户怒火万丈。当他在抱怨时，你要欣羡他（她）的善良、韧忍的美德；当他（她）做出哪怕是些许的妥协或退让时，你要赞美他（她）的开明、宽容和大度。如，客户做得不到位或者有错误，要对事不对人，更不要责备客户，凡是有错，"我"字开头，引咎自责。如果客户填表有错误，不要说"你没有填对。"而应当说"这张表格中还有一些东西需要我们填一下。"如果有什么地方弄错了，如客户操作不当，不要说"你弄错了。"或"你误会了"。而应该说"对不起，我没有讲清楚……"你的这些做法客户心里是明白的，你为了使他心里舒坦而"咎由自取"，客户会感激你并赞叹你的宽容。

>> **案例 5-5** 《资治通鉴》上记载，魏王曹操将自西向东归洛阳时，听说函谷关以西地区有个许攸（此许攸非官渡之战时投奔曹操的那个许攸）带领一帮部队不来归顺，还说了些傲慢的话，曹操大怒，打算先讨伐许攸。群臣中多人劝谏曹操应该招安许攸，共同讨伐更强大的敌人。曹操横刀于膝盖，脸色大变。这时驻守关中的留府长史杜袭想进谏，曹操说："吾计已定，卿勿复言！"杜袭说，倘若殿下您的主意对，我正要帮您进一步确定；倘若不妥，即使定了也应更改。您迎头就不让我说话，对下级这么不开明？曹操说，许攸藐视我，我怎能放过他！杜袭问曹操，许攸是什么样的人？曹操说，是个凡人。杜袭跟进说，唯有贤人了解贤人，圣人了解圣人，凡人怎能了解非凡的人？而今豺狼当道而您却要先打狐狸，人们会说您避大而打小，进不算勇敢，收不算仁义。杜袭接着说，我听说张力千钧的巨弩不为小老鼠发动扳机；重量万石的大钟，不因草棍的敲打而发出声音。现在小小的许攸哪里值得烦劳您的圣明威武呢？曹操说，好！于是优厚地抚慰许攸，许攸归服了。

评 析 ----------->

在曹操既要了威风，又需要下台阶的时候，杜袭巧妙地用问答的方式，赞美曹操为圣贤，贬低许攸为凡人甚至是老鼠，尽说些让曹操顺耳的话，让曹操处在大人不计小人过的高位，顺势而下，言听计从，招降许攸。

3. 为你着想，曲径通幽

优秀的客户服务人员一定深谙说的艺术——在业务知识相同的情形下说的

方式甚至比说的内容更为重要。强调你的合情合理的由头，不如为对方多想想；单刀直入，率直而为，远不如避其锐气，曲径通幽。也就是说，在特定工作环境和情景氛围中，你的语言表达必须讲究艺术性，不可依从习惯随意而为。需要如何说？最重要的是要让客户感觉到你代表企业做的一切都是以客户利益为中心。例如，对于公司的业务办理程序，即使我们认为已经是目前最优化的，有的客户也会抱怨很繁琐。你该怎么办？一种简单的方式就是生硬地扔给客户一句："这是公司的规定，我也没办法！"试想，客户本来就很心烦，你却以规定为由来个没办法，他会作何感想和反应？只能是使客户厌恶甚至愤懑而不配合你的工作。而有的服务人员则先是认同这个程序的缺陷和不便，给客户一个共鸣的回应，博得他的好感，然后则不露山水的给客户举了一个之前有客户因嫌麻烦而不遵守规定最后反而添了更多麻烦的真实案例——这让客户受到暗示从而认识到：原来你叫他按程序规定做确实是为了他自己个人的方便，从而欣然接受。

》案例5-6　　《左传》记载，鲁僖公30年（公元前630年），晋文公、秦穆公联兵围攻郑国。兵临城下，形势危急。郑文公派烛之武夜见秦穆公。烛之武向秦穆公说，如果消灭郑国，其结果只是为你的邻邦晋国增加国土而已，增强了邻国的实力。增强晋国的实力，就是削弱秦国的实力。秦在西，郑在东，晋在中，秦国要越过晋国把郑国作为自己边邑来管控也是很困难的。所以说，消灭郑国对秦国有害而无利。何况，秦晋之间早有冲突：晋惠公答应过给你焦、瑕，可是他早晨渡河，晚上就修建了城防工事。秦国并未得到好处。灭了郑国以后呢，东边郑国为晋国所略，其也必然向西侵略您的疆土。结果是晋国得利而秦国受害。如果留着郑国呢？可以作为秦国的东道主，供应秦国外交人员的所需，对秦国是有利而无害的。

最终，秦穆公为了保全自己的利益，撤军回国了。

评　析

烛之武没有乞求秦王撤军，而是基于自己对形势的把握、对秦晋矛盾的利用和对灭郑结果的分析，曲径通幽，陈述利害，最终峰回路转，秦王自己认识到灭郑对己不利，主动撤军。

4. 客服中的语言技巧和禁忌

（1）请求而温和的语气开始服务。如，"先生，我能帮您什么吗？""小姐，您需要帮助吗？"这样的问话不管对于需要和不需要帮助的客户都是合适的。

(2) 温和而合作的语气以减少对方的不满。明确说出你做了什么或将要做什么以表示你的确关心对方。如，"我早就查阅了您的资料……""我马上为您……"以此建立信任；用"您能……吗？"或"您可以……？"了解性问话要礼貌有加或说明对客户的利益。如，"麻烦您出示一下身份证好吗？为您登记用。"以婉转的方式让客户做或许不很情愿的事情。

(3) 开放与关闭。《鬼谷子》有捭阖之说。捭即开放，或是让自己出去，或是让别人进来；阖即关闭，或是通过封闭自我得到约束，或通过封闭阻挡别人或使其离开。在客户服务中，开放式的优势在于收集信息全面，谈话气氛愉快，其劣势在于谈话不易控制和驾驭，浪费时间；而封闭式的优势在于便于控制谈话内容，节约时间，但谈话氛围紧张，收集信息不全面。在客户服务中的开放，就是敞开门让客户说话，充分反映自己的情况，尽量使其充分的陈述或倾诉，这样便于客户服务人员得到更多的信息，择其有利的加以利用。如，"您能回忆一下，当时的具体情况吗？"这样一句话客户便打开客户的说话闸门。

在客户服务中的关闭，是指当你掌握需要的有用的信息之后，以免节外生枝或浪费时间而委婉的阻止或终止客户的继续的诉求。如，"您的意思是重新换一部产品，是这样吗？"客户只能回答：是或不是。

(4) 用征询性语气来结束服务。服务接近尾声，依然不能放松。尽管处理的结果已成大局，但是如何传递这个结果，情形大不相同。如"那我就给你退了。"比较"帮您退了，您看行吗？"前一句带有显示权力的意味，仿佛是对客户的一种施舍；后一句显然能体现出尊重客户为上帝，在请示他。尽管你知道他会同意这个结果。"您看还有什么需要我为您做的吗？"或许即使你认为服务当该结束也要问一句。至此，服务才会圆满结束。

(5) 禁忌的服务语言。客服语言中，没有"不能""不行"；没有"我不会做""这不是我该做的。"不要用"但是"，因为但是否定前边，引起客户反感；用"因为"是要让客户接受你的建议，应该告诉他理由。

四、微笑常在

只有人类才有极为丰富多彩的心理活动，这些内在的心理过程可以通过人的身体动作、面部表情、空间利用、触摸行为、声音暗示、穿着打扮等方式表露出来，从而使自己为他人所察觉和了解。但是微笑在人与人的沟通中却起着具有其他沟通方式所不能替代的作用。根据生物学家达尔文的研究，人除了具有智力机能外，笑也许就是最有助于人猿相区别的独特能力。在其他灵长类动物的脸上也会看到痛苦的表情，但灿若春阳的笑容却非人莫属。

微笑是对生活的一种态度。微笑与贫富、地位和处境没有必然的联系。腰缠万贯忧心忡忡者不乏其人，分文不名豁达乐观者不胜枚举；身处顺境或许会愁眉不展，身陷逆境可能会面带微笑；顺境中，微笑是对成功的嘉奖，逆境中，微笑是对创伤的理疗。生活是一面镜子，始终在照见我们自己。我们忧愁时，生活也在忧愁，当我们欢乐时，生活也在欢乐。

微笑是最好的名片。微笑，印证着你是一个积极进取、乐观向上的朋友。微笑，总是伴随着阳光灿烂和信心满满，如果您的嘴角总是挂着真诚的微笑，就能给自己一种信心，也能给别人一种信心，从而更好地激发自己和对方的潜能。君不见，温家宝总理那隐蕴于谦和沉静的外表下的微笑，每时每刻都在显示着他深沉的城府、豁达的胸怀、超人的智慧和必胜的信心。

微笑是最美的语言。一个自然流露的微笑，就像穿透乌云的阳光，会照亮周围所有的人，给别人希望的曙光和内心的欢乐；微笑胜过千言万语，无论是初次谋面，还是相识已久，微笑能在瞬间拉近人与人之间的距离，令彼此之间感觉到亲切和温暖，令人感怀至深。我们每一个人都愿意面对他人的微笑，他人发自内心的微笑可以帮助我们调整自己的精神状态，从而像迎面吹来的一股清风令我们精神为之一爽。

微笑是善意的信使。微笑，表达着你对他人的尊重，同时和对生活的尊重。微笑付出的是友好、尊重和赞美，翻倍收获的是对方发自内心的信任、感激、尊重。这是人与人之间互相流淌着的温情，这温情会驱散双方内心聚积着的不快的阴云。同样，也会让那些曾经轻慢过你的人内心泛起自责和歉意而对你刮目想看。从心理学上讲，微笑属于沟通的传播方式。正如心理学家伯纳罗·奥夫斯特里特所说："我们朝人家微笑，另一方面从较深意义上说，他回报微笑是我们在他内心激起的幸福快乐情感的流露，我们的微笑使他感到了自己的价值，也就是说，我们重视他、尊敬他。"

微笑能改变你的生活甚至是命运。微笑不单单是一种表情，更是一种感情。微笑是对他人和自己最好的肯定、鼓励与鞭策。曾任美国钢铁公司总裁的查尔斯·施瓦布说过，他的笑容价值百万美元。他认为笑容既是一个人自信、对工作的胜任感以及生活的幸福感的表达，也能给他人带来快乐。微笑让你从幼稚到成熟，由孱弱到茁壮，自平平庸庸到卓尔不凡。让你在愉快和欢乐中，步入成功的轨迹。

　　微笑与幽默是一对激励你成功的孪生姐妹。人们经常不正确地把事业的成功者仅仅想象成锲而不舍、百折不挠的勇士，实际上，如果他们的工作没有一种乐趣包含其中，是很难想象他们会坚持下去直到成功的。真正的微笑是发自人内心的，是人的快乐、轻松与自信的表露。事业成功、人格成熟的人总会在脸上泛起微笑，而能让一个人微笑永驻的则是一种精神力量。这种精神力量除了成功感和自信之外，还有幽默感。

　　幽默的人首先要有一颗幽默的心，然后才会有一张微笑的脸。幽默是与审慎而乐观地看待世界的态度联系在一起的，是一种连接执着和超脱之间的精神状态。生活与工作的过程是一连串的解决问题的过程，问题的存在表明，世界并不完美，而问题的解决却又证明人类的完美。幽默感是一种对人们公认的生活或工作中的严酷性、艰难性的一种创造性的回避，由此也就能够使人面对逆境，处变不惊，保持一种从容平淡的态度。在幽默感中传达了一种真正的胜任感，一种举重若轻的态度，甚或可以保持一颗游戏之心。

　　亲朋好友欢聚一堂，觥筹交错时候你会笑逐颜开，当面对形形色色的，甚至还是陌生的客户，你还能笑得出来吗？这就需要修炼出一种发自内心的、专业性的微笑。有人用"八颗牙齿"来作为衡量客户服务工作中专业微笑的标准，这只是一种形式。实际上眼睛会说话，也会笑。如果是内心充满温和、善良和厚爱的笑脸，那眼睛的笑一定非常感人。多种标准的背后只有一颗真诚的服务之心。服务人员的微笑让客户感受到企业对客户的诚心、关心与爱心，才是真正的标准。

五、行态得体

　　面对面沟通"三要素"为语言、语调、行态。这三要素的比例，有权威的客服机构研究过，如果把"行态（表情、手势和形态）"划为视觉的范围，那么其比例为：视觉（visual）占55％、语调（vocal）占38％、语言（verbal）占7％。由此可见，行态在客户心中的重要性。

　　客户服务人员从某种程度上来说是一个公众人物，每天在营业厅内迎来送往的客户不计其数，其一言一行都在广大客户的监督之下。因此要求客户服务人员掌握《国家电网公司供电服务规范》中的服务礼仪知识和要求，深谙仪容仪表，熟悉常用客户服务礼仪，做到规范到位，自然自如。许多在生活中非常个性化的习惯动作都不能随意地在服务过程中流露出来。虽然你没有开口，但可能很微小的一个表情和动作也许就在不经意间被某个留意的客户察觉到，客户会下意识地感觉到你是一个不合格的服务人员。客户服务是一个与客户沟通的过程。完美的沟通是五项全能的组合拳。

1. 让人接纳的形象

第一印象最重要，人们通常坚持自己一开始就认定的东西而不容易改变它。对服务、尤其是长远的服务工作都会产生非常重要的影响。一个人展示自己往往是通过外表形象与形体语言，这包括体态、走姿、衣着、发型及面部表情。体态和走姿是外表形象中十分重要的因素，你在行走中是昂首挺胸、充满自信，还是怯生生的缩头缩脑？你在站立时腰板挺直，还是驼背罗锅？衣着怪异、头发凌乱、指甲脏兮兮、口红怪吓人、领带污渍斑斑、衬衣一脚外露，一副不修边幅或者可以标新立异的行为，都将你的品牌暴露无遗，会给别人产生不雅的形象。

（1）着装。李白诗云：云想衣裳花想容，春风拂栏露华浓。云衣衬托花容，浓露透出晶莹。古人早悉装扮的魅力所在。但在客户服务中，着装却有着行业和角色的要求——亲切、自然、朴实、大方——容易被客户接纳的形象。服务人员的服装和装饰应该统一制式和颜色。西装革履好像商家谈判；花枝招展令人感到妖冶轻浮；邋邋遢遢，不修边幅失去客户信任；把握角色，入乡随俗比较适宜。如海尔安装工人的着装，天蓝色长裤和夹克，前后印有海尔的企业标志，给人以朴实专业，洁净环保的感觉。IBM 是 IT 行业，员工西装衬衣，展示着白领的训练有素。

（2）仪容仪表。讲究卫生，保持整洁的仪容：面色干净，没有浓妆，发色、发型得体；特别要注意手的卫生，因为在传递文件和文本时，会近距离解除客户，细微的不周，也会被客户发现。得体的仪表会增强客户的信赖感。

2. 表情

德国哲学家叔本华说："人的面孔要比人的嘴巴说出来的东西更多、更有趣，因为嘴巴说出的只是人的思想，而面孔说出的是思想的本质。""笑意写在脸上"这是台湾一首校园歌曲的一句歌词，也是表情的解释。在迎宾、办理业务时和送客时，客户都在注意你的音容笑貌。客户说话时，你应该倾听、关注、应答、点头，以表示你的理解、同情、同感、惋惜、歉意等心情，与客户的情绪产生共鸣。办理业务时，也不应冷漠无情，应把握时机目光接触、奉送微笑以表达善意。即使在送客时，仍需善始善终，不要流出急于送客了事的心态。

（1）眼神的表达。①正视表示庄重；②仰视表示尊重；③斜视表示轻蔑；④俯视表示羞涩；⑤看到喜欢的人或事物，瞳孔会增大；⑥看到不喜欢的人或事物时，瞳孔会缩小；看到特别不喜欢的东西的，甚至会缩小到针眼那么细小；⑦最强烈的眼神与一般的眼神有很大的区别，如仇人相见，分外眼红；情侣相见，眼放光明。

（2）嘴巴不说话的"说话"。①嘴唇闭拢，表示和谐宁静、端庄自然；②嘴唇半开，表示疑问、奇怪、有点惊讶，如果全开就表示惊骇；③嘴角向上，表示善意、礼貌、喜悦；④嘴角向下，表示痛苦悲伤、无可奈何；⑤嘴唇撅着，表示生气、不满意；⑥嘴唇紧绷，表示愤怒、对抗或决心已定。

3. 举止

服务是一种现场表现，在很大程度上依赖人的行为举止，尤其是依赖与电力客户之间的交互作用。因此要求服务人员的举止行为应因人、时间、环境、氛围而异。

（1）站姿与坐姿。俗话说，站有站相，坐有坐相。服务人员在服务时的站姿与坐姿应符合《国家电网公司供电服务规范》关于"行为举止规范"的要求。

（2）交接与传递。交接传递票据、账单轻拿轻放，到位到手并给予应有的提示。杜绝甩、扔、抛现象，即使对不介意的熟人。

（3）手势。沟通中的举止行为，手势最为常见。幅度适中，得体达意，动作到位不猥琐，自然舒展不张狂，真正起到辅助语言的作用。

表达心情和心意的手的姿势一般有如下表现：①手心向上：坦诚直率、善意礼貌、积极肯定；②手心向下：否定、抑制、贬低、反对、轻视；③抬手：请对方注意，自己要讲话了；④招手：打招呼、欢迎你、或请过来；⑤推手：对抗、矛盾、抗拒或观点树立；⑥单手挥动：告别、再会；⑦伸手：想要什么东西；⑧藏手：不想交出某种东西；⑨拍手：表示欢迎；⑩摆手：不同意、不欢迎、或快走；⑪两手叠加：互相配合、互相依整依赖、团结一致；⑫两手分开：分离、失散、消极；⑬紧握拳头：挑战、表示决定、提出警告；⑭竖起拇指：称赞、夸耀；⑮伸出小指：轻视、挖苦；⑯伸出食指：指明方向、训示或命令；⑰多指并用：列举事物种类、说明先后次序；⑱双手挥动：表示呼吁、召唤、感情激昂、声势宏大。

4. 部分体态语言的意义

对于体态语言，在表达意思时有一些基本规则。但必须注意，单独的体态语言很多时候往往没有意义，组合时才有意义。部分列举如下。

（1）说话时捂着嘴或放在嘴边（缺乏信心、说话没有把握或撒谎）。

（2）摇晃一只脚（厌烦）。

（3）口中含物（焦虑——需要更多的信息）。

（4）没有眼神或回避对方的目光（前者试图隐瞒；后者表示否定，不在听对方讲话，不希望继续交流）。

（5）脚置于靠门的方向（准备离去）。

（6）擦鼻子（反对别人所说的话）。

（7）揉眼睛或捏耳朵（疑虑）。

（8）触摸耳朵（准备打断别人）。

（9）触摸喉部（需要加以重申）。

（10）紧握双手（焦虑）。

（11）紧握拳头（意志坚决、愤怒）。

（12）手指头指着别人（谴责、惩戒）。

（13）坐在椅子的边侧（随时准备行动）。

（14）坐在椅子上往上移（表示赞同）。

（15）双臂交叉置于胸前：①一般来说，双臂交叉抱在胸前这种姿态是企图防御对方精神上的威胁而下意识形成的防范动作；②如果双臂紧紧交叉，双手紧握，这就暗示出更强烈的防御信息和敌对态度，并会伴随着咬紧牙关，涨红脖子的面部表情；③如果双臂交叉中，用一只手握住另一只胳膊，这个信号显示了紧张期待的心情，也是一种试图控制紧张情绪的方式。如等待登机、等候拔牙、见到陌生人有点紧张或回答问题有些畏怯的时候；④如果双臂交叉中，两个拇指往上翘，这是表示泰然自若，或超然度外，或冷静旁观，或优越至上的信息，其中又包含着一定的防御态度；⑤如果一只胳膊横挎胸前，并用这只手握住另一只胳膊，这是一个人处于陌生的交际场合，缺乏自信，有点紧张不安时采取的姿态；⑥如果双手相握，还有伪装性的手臂局部交叉，这类姿势也带有防御性，但更隐蔽和微妙。

（16）衬衣纽扣松开，手臂和小腿均不交叉（开放）。

（17）小腿在椅子上晃动（不在乎）。

（18）背着身坐在椅子上（支配性）。

（19）背靠或斜靠在物体上（不感兴趣）。

（20）脸上泛红晕，一般是羞涩或激动的表示。

（21）脸色发青发白是生气、愤怒或受了惊吓异常紧张的表示。

（22）皱眉表示不同意、烦恼，甚至是盛怒。

（23）扬眉表示兴奋、庄重等多种情感。

（24）眉毛闪动表示欢迎或加强语气。

（25）眉毛扬起后短暂停留再降下，表示惊讶或悲伤。

（26）眉毛向上扬、头一摆：表示难以置信，有些惊疑。

（27）用手揉揉鼻子：表示困惑不解，事情难办。

（28）双手置于双腿上，掌心向上，手指交叉：表明希望别人理解，给予支持。

（29）用手拍拍前额：以示健忘。如果用力一拍，则是自我谴责，后悔不已的意思。

（30）耸耸肩膀，双手一摊：表示无所谓，或无可奈何，没办法的意思。

六、五项全能在"95598"客户服务中的应用

要为客户提供优质、方便、规范、真诚的服务，五项全能是每一位电力客户服务人员的基本功。但五项全能是一个系统，只有把这五个部分完美地结合起来才可能打造出优质服务。

服务无处不在，服务无微不至。要随时随地站在客户的角度想问题——这才是首要原则。

（一）接听电话的技巧

接电话是听与说的结合，但不要忘记，对方也会"听"到你的表情和形态。这种听是一种五项全能的综合感觉。譬如你两脚搭在办公桌上与对方通话，无意中就会流露出哪种懒散、不严肃的语气。因此，接电话时，表情和形态也应同时投入，才会给对方以真实真诚的感觉。

1. 声音描绘您的最佳形象

当你听到另一端的小姐温柔甜美的声音，即使你没见到她，也会觉得她很美。因为人们有通过声音想象容貌的习惯。这就是我们所说的"音容笑貌"。接电话有没有形体要求？当然有。尽管受话方听不到（可以感觉到），但周围的人可以看到。如，不准背靠椅子，不准胳膊支桌子，不准站姿坐姿不正不雅，等等。还有的公司要求站着打电话，认为站姿通话有气势，有紧迫感，有效率。

全神贯注于打电话给你的对方。没有人能够同时和两方面谈话又能获得对方的全部信息。

2. 接电话

在铃响三声之内拿起电话，打电话的人不喜欢等待；在电话中始终保持愉悦的口气；主动问候来电者："你好!"然后，自报姓名和家门。如果是直线电话："你好，我是某某。"如果是部门电话："你好，某某部门，我是某某。"如果是公司电话："你好，某某公司。"

接下来询问顾客是否需要帮助："我能为您做些什么吗?"在通话中如果对方愿意透露自己的姓名，则尽可能用打电话人的姓氏或名字，这样有助于建立友善的关系。如"某先生"等。通过询问来获得信息，也可以通过求证的方式来明确你已理解了所得的信息。在通话一段时间以后，应把重点挑出，概括的复述一下。其一，说明你在用心地听他陈述；其二，便于订正你自己拿不准的通话主题和主要内容；其三，提示对方已经陈述过的内容。

3. 有效的提问技巧

提问分为多个方面，针对性问题、服务性问题、开放式问题、关闭式问题、征询性问题、澄清性问题、了解性问题、选择性问题。①有效的提问可以提醒客户理清思路，让他的回答使你尽快找到客户想要的答案。如"能描述一下具体情况吗?""能说一下您的希望和要求吗?"②提问可以让愤怒的客户变得理智。如"请您好好想想当时是几号服务员接待的。""您先别急，先说一下具体情况好吗?"③针对问题提问，可以获取细节，当场给予解决的方案。如，"邻居家有电吗?""您将剩余电流动作保护器重新合闸了吗?"

4. 如何转接电话和结束电话

（1）转接电话。

向客户解释转接电话的原因，以及转给何人。在你挂断电话前要确定转过去的电话有人接听。要把来电者的姓名和电话内容告诉即将接听的人。不要一转了事，把客户晾在中间无人理睬。更不要把打来的电话互相推诿，从一个部门推给另一个部门。要记下对方的姓名、电话号码和他们的详细信息，并向他们保证你一定会把他们的消息传达到合适的人那里并要求他们回电话。

（2）结束通话。

为了不让客户不断重复所讲过的话或者重复你要采取的任何行动步骤。你可以通过询问客户是否需要你为他做其他的事情来委婉的结束。这同时也再次确认了你和客户都能同意要做的事情或采取的措施。挂断电话前，向对方求证一下所有的重要信息，也就是你们正在讨论的问题。

随后，感谢来电者的电话，让他知道你非常感谢他提出的问题并引起了你的重视，让来电者先挂电话。

一挂断电话，马上记下相关的重要信息，以免拖延遗忘。检查一下打电话的人问过的所有问题和他们得到的全部信息。

5. 其他电话规则

(1) 如果你要外出很长时间用不到电话的话，记得将你的电话转给别人，让打电话的人不必到处找来找去却落了一场空。

(2) 当你打电话的时候，要确信这个时间对对方来说很方便。

(3) 如果可能的话，尽量迅速准确地回答对方的问题。如果你无法帮上忙的话，那么就告诉他们你能够为他们做些什么。

(4) 向对方重复一下他告诉你的姓名、电话号码、传真等，以保证你记下的是正确的。

>> 案例 5-7   以下是一个交费服务查询电话案例。

客户（以下简称"客"）：我是李某，我想查一下我的××号交费卡在不在电话银行上。

热线服务人员（以下简称"热"）：××号，等会（片刻后）。没查到。

客：那你帮我查一下，是不是登记到其他卡号上了。

热：查不到。肯定是没注册上，你在哪办的？

客：××营业厅柜台。

热：那你要到××营业厅柜台去一下，重办一次。

客：你能否帮我查一下，是挂错了还是没挂上。

热：一定是××营业厅做错了，他们经常错，我这里查不到，你到他那边柜台去。

客：查不到原因我去干什么呀？

热：我们这里的业务必须要到柜台办理的，你知道吧？这样吧，我打电话叫他们找你。

××营业厅柜台服务人员（以下简称"柜"）：是李某吗？我是××营业厅的，我们单位服务热线打电话来，正好我接电话，我不是这里的负责人，你明天下午到这里来一趟好吗？

客：你能否帮我查一下我的交费卡是否挂到电子银行？还是挂错了？

柜：你是哪天挂的？谁帮你挂的？

客：一周前，左边第一个柜台。

柜：你一定记错了，我问过了，左边第一个没帮你办过。

客：我就想问一下你能否帮我查一下交费卡是否挂到电子银行？还是挂错了？

柜：那我查不了，他们都说没办过，我要到楼上帮你翻，很麻烦的，我也不是这里的负责人，只是正好接到这个电话。

客：那你给我打这个电话有什么意义呢？

柜：我也不是这里的负责人，只是正好接到这个电话。我找我们经理给你打电话好了。

客：算了！我就问个简单的问题，你们搞了这一大圈，什么也没解决，你们是干什么的？！（挂断）

评　析

本案中，客户打了一圈电话后，心情是郁闷的，感觉差极了。这是一次失败的服务。原因何在？

（1）服务人员没有弄清客户的需求。在本案中，客户的主要问题是核实其交费卡是否开通了电话银行功能。热线客服代表没有正确理解客户的真正需求，帮助客户查询原因，进行指导，而是主观推断"营业厅柜台搞错了"，并不顾客户要求将任务下派到营业厅，而一线服务人员在没有搞清客户的需求情况下，就贸然与客户进行联系，不但没有很好地解决问题，化解客户的疑虑，还惹得客户十分不满意。

（2）服务人员对客户使用了服务禁忌语，如："你知道吗？"、"一定是××营业厅做错了，他们经常错"、"我查不到"、"我不是这里负责的"、"我还要……，很麻烦的"，等等。

（3）指责和推诿。面对客户，主观指责下级部门，给客户造成推诿的感觉。

（4）专业服务技能欠缺。对于客户提出的问题，没有运用自己专业知识快速判断，找出迅速解决问题的办法。

启　示

遇到查询请求，耐心倾听—准确判断—把握需求才是关键步骤。首先认真查询客户信息，找到业务没有办理成功的原因，留下客户联系电话，并对客户承诺在限定时间回复客户，随后与相关部门进行联系，确定问题解决的方法及业务联系人，然后及时答复客户。如真需要客户亲自到场，这时再告诉客户未晚，并告诉客户时间、地点和要携带的证件和资料等。同时，向客户表示歉意和今后改进服务的诚意。

（二）其他业务应用

"95598"中心作为客户服务的第一线，其沟通技能、技巧在服务中起着举足轻重的作用。坐席人员要在不同的情况下为各类客户提供优质服务，必须具备真诚的服务态度、规范的处理流程、扎实的专业知识和灵活的应对方式。那么"95598"客服人员在实际的日常工作中该如何去做呢？

1. 咨询业务回复

"95598"中心受理的咨询业务比例最大。客户咨询的热点包括：电价电费、停电信息、电力法律法规、办事流程、电力专业知识等。坐席人员必须拥有全方位的电力知识，才能做好各类业务的咨询工作。对于一般的、合理的咨询，坐席人员基本能够当场给予客户满意的答复。但是有时也会面临很多情况：纠缠、挖苦责骂等。应对这样的客户咨询时需要应用一定的沟通技巧。

（1）认真倾听，冷静应对。坐席人员要时刻保持冷静，通常情况下客户不是对坐席人员本人有异议，而是对电力企业的服务没有达到他心中的期望值而有意见。正因为如此坐席人员应控制自己的情绪，认真倾听客户的异议，准确掌握客户咨询的重点问题。

（2）主动提问，引导客户。如果客户叙述问题时，表达不清或没有头绪，坐席人员如感到有疑问，可以直接提问："您的意思是……？"或者"我可否将您的意思理解为……？"也可以用自己的话把你的理解复述给对方，在正确理解客户意图的同时也让客户感受到你的耐心倾听。

（3）非分要求，委婉拒绝。当客户提出了过分的要求或者无法提供客户所需要的服务时，须说清道理，用委婉的语气拒绝，态度明确。如果客户一直坚持某种无理的要求时，不必回避，向客户解释原因，表明应尽的义务和不应承担的责任。对于违反法规制度的无理要求，不能为了息事宁人而无原则妥协让其得逞。否则，会助长投机型和企图制造轰动效应型的投诉。如某客户以变压器影响其生活为由，投诉要求迁移变压器。经调查，变压器位置合理，不影响任何客户生活。对此客户给予明确的答复：变压器选址合理合规，不能迁移。对于骚扰电话，要机智灵活，有理有节，又要义正词严，使骚扰客户无理无趣，狼狈溃退。

▶▶ 案例5-8 "95598"热线（女）简称"热"；客户（男）简称"客"。

热：您好，有什么可以帮助您的？

客：你们都有什么服务啊？

　　热：您好，这里是××供电公司"95598"服务热线，我们受理电力客户的故障报修、业务咨询、客户投诉和举报等业务。

　　客：小姐你说话真温柔，有上门特别服务吗？我请你吃饭。

　　热：先生，这里是电力服务热线，如果您有电力方面的问题，我们会热情的为您服务！

　　客：嘿嘿，好啊。小姐，你叫什么名字？

　　热：我的服务号码是××号。

　　客：你的个人电话怎么打呀？

　　热：电力服务热线是"95598"，先生为了保持电话畅通，让有需要的电力客户及时和我们联系，在您没有电力服务需求的情况下，请您挂机好吗？

　　客：我在等你上门服务啊。

　　热：先生，请你自重。我们的电话是全程录音的，也有来电显示。如果您没有合理的服务需求，继续占用电话资源，影响有需求的客户的服务联系，我们将向110报警投诉你扰乱供电企业工作秩序和人身骚扰。电话录音和号码显示就是证据。请你挂机。

　　客：……（挂机）

评　析

　　本案对客户骚扰电话处理比较妥当。前期给予客户有礼有节的服务，得知是骚扰电话后，指出客户骚扰电话阻碍热线服务，影响工作秩序。最后指出如果继续骚扰的严重后果，使其认识到问题的严重性而自行溃败。

　　（4）专业精通，准确自如。坐席人员要不断学习业务知识，熟悉业务流程和服务范围，才能够准确、快速回答客户提出的各类问题。用肯定的语气回答问题，避免模棱两可，让客户感到你的回答是准确的、权威的，减少客户的质疑，缩短通话时间。

　　（5）依法据理，细致谨慎。针对不同客户群体，要采取不同的说话方式和服务技巧，有的客户电力专业知识精通，有的客户非常熟悉工作流程，有的客户清楚服务规范。答复客户要依法据理，细致谨慎，让客户心悦诚服。

　　总之，应对各类客户，首先要保持自身的冷静，要明确自己能做什么不能做什么。客户情绪激动时，首先待人温暖平和，把客户的情绪稳住；当客户反映的情况可以立马答复时，要快速给予答复；当客户反映的问题不是电力部门可以独立解决时，则要立即和其他部门联系，一起把问题尽快解决。

2. 维护维修、抢修业务回复

"95598"电力客户服务中，最紧急的工作任务是电力故障抢修。电力抢修人员数量是有限的，而广大电力客户是无限的。怎样以"有限"应对"无限"。作为一个对外的窗口，"95598"坐席人员应快速、准确地判断和处理抢修业务。

（1）内部故障，自行处理。内部故障，一般是指在产权属于客户的供电设备出现的故障。产权分界一般在供用电合同中有明确条款予以规定。如，一般自客户表计箱体出线以下部分产权归客户，乃其自行维护范围。对于已经判断为客户内部故障的，如内部短路等，一般建议客户找有资质的电工处理。不少电力客户对内部故障概念不清，误认为只要家中没电，供电公司就要给我上门修理。对此，要有足够的耐心地跟客户解释清楚产权分界原则的意思，运用语言技巧委婉地引导客户自行处理，并获得理解。

（2）计量问题，准确受理。客户表计故障问题相对较多，是否是客户内部问题难以区分。坐席人员应引导客户准确描述现场情况，例如：电表类型、电表显示、电表进线是否有电等，以便于快速准确判断故障类别。对客户不愿描述的情况，坐席人员应提示客户需要其积极配合才能够最终解决问题，尽量获取更多有价值的信息，为上门服务的抢修人员提供方便。

（3）公用设施，快速抢修。遇到设备和线路故障造成的停电，客户一般很着急，有的客户则不停的拨打"95598"，还有的客户拨打110。此时，坐席人员要头脑清醒，冷静应对，稳定客户情绪，引导客户将情况说清楚，并提示客户注意安全，详细做好记录。对于较严重的故障，告之处理的难度，让客户有心理准备有可能会较长时间停电，避免客户的再次报修和投诉。对于难度较大的问题，应及时向领导汇报。

≫ 案例5-9　"95598"热线简称"热"；客户简称"客"。

热：您好，××号服务员为您服务，请问有什么可以帮助您的吗？

客：我是一户一表客户，现在只有我一家停电了，你们供电公司能不能派人来给看看？

热：请问您检查过您的空气开关吗？

客：空气开关没问题。

热：请问您贵姓？

客：免贵姓王。

热：请说一下您的详细地址和联系电话吧。

客：××街××号；电话是：×××××××××。

热：王先生，我重复一下你的地址为××街××号；电话为×××××××
××。对吗？

客：对。

热：王先生，一户一表客户电表以后的设备产权归客户所有，如果是这一
部分设备出了问题，供电公司的检修是有偿服务的，按照政府物价部门批准的
标准收费。我们会马上派抢修人员与您联系好吗？

客：好的，谢谢。

热：不客气，很高兴为您服务，再见。

评 析 ┄┄┄┄┄→

本案服务员规范地处理了报修业务。问明了客户基本信息和故障情况，且
委婉地传递了有偿服务的政策并征得了客户的同意。最后立马行动，博得客户
的谢意。

3. 窃电和行风举报受理

（1）违约用电和窃电举报受理

1）保护举报人，为举报人保密。不管举报人是出于经济目的还是正义感，
毕竟要冒着被窃电人报复的风险的。因此，除了举报人出于报复目的的捏造事
实，诬陷他人的，供电企业都有义务为其保守秘密。司法机关根据案情的需
要，按照法律规定要求供电企业提供举报人的情况除外。因此在对社会公布的
举报奖励办法中一定要有为举报人保密的条款，以释广大群众惧怕报复之忧。
这样广大群众才能无忧无虑地踊跃举报违约用电和窃电。

如果对举报人知情的供电企业职工，给举报人泄密，使其受到经济损失、
人身或名誉损害，供电企业要承担违约责任。而且给举报人泄密会打击举报人
的积极性，不利于打击窃电工作的展开。

2）受理违约用电和窃电举报的处理程序。①"95598"坐席人员接到关于
窃电或违约用电的电话举报后，应在1个工作日内传至用电检查部门；②用电
检查部门收到举报信息后，应填写《用电检查工作单》，重大案件应制订检查
方案，经部门领导批准后，一日内实施检查；③无论被检查客户是否有窃电或
违约用电行为，用电检查部门均应在收到举报四日内向举报人反馈检查信息；
④如被举报客户确有窃电或违约用电行为，在客户全部交纳了追补电费及违约

使用电费后，电费核收部门应在一个工作日内，将信息传至用电检查部门，用电检查部门应按照省公司的有关规定，给予举报人奖励。

（2）行风行纪举报受理

1）接到行风行纪举报的，应认真听取，详细记录，在一天之内交上级领导进行调查处理。

2）如果行风行纪的当事人的行为违反了供电公司的制度规定，应将调查处理结果回复举报人员；如果行风行纪的当事人的行为侵害了举报人的人身或财产权利，告知当事人通过平等协商解决或走司法程序。

3）感谢并激励客户。无论客户举报的问题是供电企业范围之内的还是之外的，只要是与本行业有关联的问题，都应表示感谢并对此义举予以鼓励，让客户感觉到自己的举报的问题能得到重视。这样才会调动群众的积极性，人人都当义务监督员，使举报违约用电、窃电和行风行纪蔚然成风，保护供用电双方的利益。

4. 投诉的受理

投诉的客户一般会情绪激动，不满、愤怒，控制客户的情绪成为与客户畅通交流的一道坎。

（1）安抚情绪。客户在激动不满时音调很高、语速很快。此时95598坐席人员应保持良好心态，用心平气和、温柔委婉、理解同情的声音缓冲客户的情绪。虽然在通话中，客户看不见我们的表情，但从听筒中仍然可以感受到坐席员的态度。当然也不必过于亲切，客户从心理上易产生不信任感，适得其反。

（2）快速反应。弄清问题的所在，立即启动处理程序，告知相关部门进入处理程序。处理过程中有必要同客户讲明白期间的困难和实情，如时间、地点、道路、作业环境和天气等不利情形，以取得客户的谅解。

（3）及时回馈。将处理结果及时回馈客户，并取得客户的满意度评价和建议，既可以取得客户的信任，又可以改进客服工作。

总之，95598是电力企业客户服务的生命线，服务人员要听懂客户，读懂客户，尊重客户，服务客户，想客户之所想，急客户之所急，灵活自如地运用服务技能和技巧，保证连接广大客户和电力部门的桥梁畅通无阻。

第二节　优　质　服　务

优质服务是内在的、外在的、立体的、全方位服务的综合，没有一定的程式和套路。优质服务，客户会十分满意。客户没有十分满意，那只能是普通服务。当没有赚到客户钱，依然微笑服务；当赔本给你维修时，依然微笑服务；当你抱怨时，依然微笑服务……这就是优质服务。因为优质服务的宗旨只有一个，让客户十分满意。

一、优质服务的因素

客户对服务质量的感知来自于5个独立因素。客户对如下5个方面感觉越好，服务质量就越好，满意度就越高，对供电公司的口碑就越好，与供电公司之间的信任关系就越牢靠。

1. 员工的装备和外着表现

装备，是指安装、维修、抢修的装置和设备，应完好齐全、先进高效，而不是破旧落后，缺东少西。外着，是指服务员工的仪表仪容干净整洁、精明能干。这样才能表现出企业员工的专业内行、训练有素。优秀客户服务人员的出色之处在于迅速了解客户的需求以及解决客户问题的能力。不同客户对服务有着不同要求，也就是说对服务的期望值不同，作为服务人员，时刻要用理解、真诚、专业勉励自己。

2. 独立、精确、一贯的服务所需要的专业能力

专业能力是保证优质服务的前提，客服人员必须具有扎实的知识和熟练的业务技能才能够为客户及时迅速地解决问题。只有每一个服务人员都具备这样的专业能力，才能准确地判断故障，快捷地解除故障。对于大多故障手到病除，攻无不克，客户就会对供电企业的服务人员有口皆碑，信赖钦佩。

3. 提供即刻服务和帮助客户的意愿

服务态度很重要，积极主动，真诚热情，善于倾听，了解客户真正需要什么，抓住主要问题，及时解决，用良好的沟通技能与客户交流，体现高品质的服务和专业素养。优秀客户服务人员的出色之处在于迅速了解客户的需求以及解决客户问题的能力，立马给予所需的帮助。善于捕捉不同客户对服务的不同要求，也就是说根据客户不同的期望值，提供不同的服务。

4. 员工的知识、礼貌和传递信任与信心的能力

腹有诗书气自华。知识升华气质，赢得尊重，也是对客户的尊重。因为客户大多都喜欢一个高文化素养的人为自己服务。"夫礼者，自卑而尊人"（《礼记·曲礼上》）意思是，礼貌是克制自己而尊重别人。服务伊始就受到尊重的客户心中也就有了满意的开端。传递信任与信心也是尊重客户的体现。如，尊重顾客的选择权，重要环节有自主权，替客户做专业的分析之后，但让他自己

做成最后的决定；要随时给予顾客反悔的机会。客户不专业、缺乏经验，通常会趋向于退缩与保守，要多给予鼓励并尽可能地给予反悔的机会。同时，这既是向客户传递信任与信心的良好方式，也是增加产品或服务信心的表现。

5. 对客户的个性化关怀

作为客户服务人员，能够经常进行换位思考是非常重要的，站在客户的角度去思考问题，理解客户，了解不同客户的不同要求，尊重客户的个性化要求，施以不同的服务，你会赢得客户很高的满意率。

二、客户服务的四种类型与特性分析

综合程序特性和个人特性两个方面，服务类型分为如下四种：漠不关心型、热情友好型、按部就班型和优质服务型，如图 5-1 所示。服务的程序面具有系统性。它涉及服务的传送系统，涵盖了工作如何做的所有程序，提供了满足顾客需要的各种机制和途径。这方面的服务就称为客户服务的程序面。这当中，流程很重要，如何协调服务系统

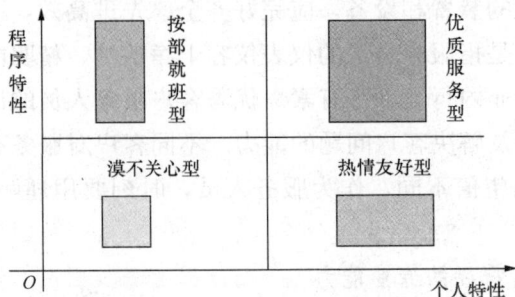

图 5-1 客户服务的四种类型

的不同部分之间的相互配合？如何避免流程中的堵塞和停滞现象发生？服务中人性的一面，涉及人与人的接触，涵盖了在服务时每一次人员接触中所表现的态度、行为和语言技巧。

1. 漠不关心型

在程序特性方面，无组织，无纪律，怠慢、懒散，不协调、不一致，不条理、不方便。

在个人特性方面，了无兴致、缺乏热忱，被动消极、拖沓延宕，冷淡疏远、生硬寡情。

给客户的信息是：企业对客户漠不关心。

2. 热情友好型

在程序特性方面，无组织，无纪律，怠慢、懒散，不协调、不一致，不条理、不方便。

个人特性方面，积极主动、热情友好，勤于服务、乐于助人，且有良好的沟通技巧。

给客户的信息：企业努力服务，但不知应该怎么做。

3. 按部就班型

在程序特性方面，循规蹈矩、按部就班，遵章守纪、正规统一，服务及时、快捷高效。

在个人特性方面，了无兴致、缺乏热忱，被动消极、拖沓延宕，冷淡疏远、生硬寡情。

给客户的信息：客户要守规矩，谁都不能特殊，你只是一个客户而已。

4. 优质服务型

在程序特性方面，循规蹈矩、按部就班，遵章守纪、正规统一，服务及时、快捷高效。

个人特性方面，积极主动、热情友好，勤于服务、乐于助人，且有良好的沟通技巧。

给客户的信息：我们企业重视客户，并将用最好的服务来满员客户的要求。

三、优质服务循环

优质服务不是在某一个环节上的，而是在每一个环节。优质服务不是某一次的，而是每一次。优质服务不是一次赢得客户良好的口碑，而是从受"欢迎"客户到忠诚的朋友的良性循环。这个良好的循环不是针对某一个人，而是针对所有客户。以打垒球为例，客户服务循环如同跑垒。优质的客户服务就需要全程护垒。优质服务循环示意图5-2。

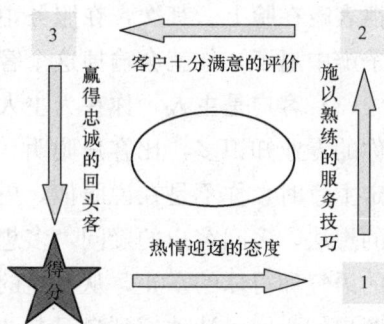

图5-2 优质服务循环示意图

（1）当你满面笑容，主动热情地向客户表现出积极态度，如"欢迎，欢迎光临!"、"有什么可以让我为您服务的吗?"客户非常愉悦地开始接受服务，你就跑到了第一垒。

（2）当你通过观察、倾听和交流，理解、识别出客户的真正所需，你就是跑到了第二垒。

（3）根据客户的服务需求，给予适当的服务措施，满足了客户的需求，使客户十分满意，你就跑到了第三垒。

（4）当你的服务迎来回头客，使原来的受欢迎的朋友变成了忠诚的客户，你就得分了，优质服务就成功了。

(5) 这个全程护垒适用于每一个客户。

以上的全过程就是优质服务循环。这个循环在告诉客户服务人员，在服务的每一个环节，每一次，针对每一个客户，都要全神贯注的投入，不可掉以轻心。否则，优质服务就要失败。

四、优质服务其他理念和技巧

1. 理念

(1) 服务的对象不是我们能挑选的，所以不论什么样的人我们都要能够服务，都要愿意为之服务。客户身份各异、收入各异、年龄各异，客服人员要一视同仁，公平对待。因为客服人员的目标是让每个客户满意，而不仅是重要客户。

(2) 顾客并不永远都是对的，但他永远都是第一位的。客户的抱怨甚至投诉不一定都是客观存在的事实，不一定都是准确的，但是作为客户对商品和服务不满意而抱怨甚至投诉，这是他的权利，作为服务人员应该尊重他的权利，把客户摆在第一位。客户有不满的权利，你却没有不满的资格；客户一脸的不快，你却须面带微笑，尽量留给他一个好的印象离去。千万别把失望、不快、怨愤表露在脸上。其次，在服务中千万别和客户争辩以争高低和输赢。如果你在争辩中赢了，你就会输掉这个客户。

(3) 客户是主人，你在为主人服务。别认为你是卖方，更有主宰权，别认为你的专业知识多，比客户聪明。永远记住，你是在为主人服务的。当顾客拿不定主意时，你不是在说服他，更不是催促他，按照你的思路走，而是多听客户的想法，多问客户的疑问，多想客户的意愿，你应该以充满自信、关切和果断的语气和得体的举止，从专业的角度给客户中肯的建议，化解他的疑惑，满足客户的心愿，让他感到自己是主人地位，自己当家作主行使购买的决定权。而客服人员确实是在真诚的为自己服务。

(4) 多走路一里路，人群就不多。陆游有句诗"山重水复疑无路，柳暗花明又一村。"不要认为眼前的就是最终结果，作为服务人员，比别人多走出几步，和你并肩的就少了，因为大多人在后边就停下来了；将服务延伸得更远一点，你就拥有我有人无的服务机遇，奇迹也许就会发生。

(5) 保持服务客户的好习惯。①笑口常开，好运常来；②信守诺言，留有余地；③事先有约，如约而至；④分外服务，并不吃亏；⑤尊重客户，换位思考；⑥客户权利，主动维护。

2. 技巧

（1）初见客户，给予客户第一次最佳印象。第一印象最重要，初次接触客户一定要留下最佳印象。因为第一印象不仅深刻而且难以改变。甚至说如果没有第一次客户满意的形象，很可能你将很难有第二次机会。

（2）记住客户就体现出重视客户。当客户一出现在你的面前，你就亲切、礼貌的喊着他的头衔或名字打招呼，他一定会乐不可支。因为他觉得他在你心中很重要、很独特，在你的心中印象深刻，而不是可有可无的渺小的、无价值的。你最好在客户生日或喜庆的日子向他衷心的问候或送上雅致的礼品。

（3）快速、精细、人性化。快速发现客户的问题和服务要求，注意客户的每一个细节和反应，快速识别客户的类型和个性特点，善于根据不同客户特点实施针对性服务；把握客户心态，实施人性化、特色化服务；用心去体会顾客想要怎样的服务，提供体贴入微的精细服务。

>>案例5-10 小天鹅的服务规范。

（1）"一二三四五"规范。一双鞋：上门服务自带一双专用鞋；两句话：上门时候说，"我是小天鹅公司的服务员×××前来为您服务。"服务后说，"今后有什么问题我们随时听候您的召唤"；三块布：垫机布、擦机布、擦手布；四不准：不准顶撞用户、不准吃喝、不准拿用户礼品、不准乱收费；五年：整机保修五年。

（2）"七个一"规范。穿一身标准工作服；进门说一声"给您添麻烦了"；带一块垫布和抹布；穿一双自备鞋套；不喝一杯水；不吸一支烟；请客户填写一张服务监督卡。

评析

在小天鹅的服务规范中大都还是基本服务规范。其中像自带三块布和"不准顶撞用户"等规范是体现出尊重客户的优质服务规范。

第三节 高超服务技巧

优质服务是在基本服务的基础上更加努力让客户满意的服务。如果想赢得客户的一贯忠诚，心系企业，就要学习一些高超的服务技巧。这些技巧会在服务中带来意想不到的效果。

一、降低期望值

子曰:"取乎其上,得乎其中;取乎其中,得乎其下;取乎其下,则无所得矣。"意思是说,按照高目标努力,实现中等目标。这其实是做大事的一个战略,做小事的一个策略。而在人的欲望满足上,却万万使不得。常言道,期望越高,失望越大。当你的承诺吊高了客户的胃口,一旦不能兑现,客户就有那种从高处一下子掉下来的失望感。继之而来的是不满、抱怨甚至怨愤。从信用和法律的角度讲,一言九鼎,一诺千金,应信守承诺,取信于人。

你的具体承诺,在性质上应当认定为电力企业向广大电力客户发出的带有实质性合同内容的要约,用户一旦与电力企业订立供用电合同,社会服务承诺即成为供用电合同中供电方的主要义务条款,供电企业负有全面履行承诺的法律义务,否则将要承担相应的违约责任。然而,不少人却以为承诺不过是一种姿态的表现。如践诺,是对用户的恩惠;而违约,则不过仅仅涉及一般商业道德,这是十分错误的。另一方面,根据民法上的诚实信用原则,单方面为自己设定义务,同时允诺给予他人权利者,该项允诺如出于其真实自愿,表意人应对其允诺负责,否则将造成社会信用的丧失。

供电企业要完全履行现行法律、法规、规章中的义务已属不易,如保证供电可靠率、电能质量、停电的提前通知、用电检查中的依法操作等,倘若再自我加压,一味拔高,极可能适得其反,有悖初衷。因此优质服务承诺一定要实事求是,量力而行。能让客户保持知足常乐的状态就已经不容易了,就需要客户服务要不断创新,永远常新。

怎样才能让客户保持知足常乐的状态?那就是降低客户的期望值。客户的期望值就是商家预期的承诺的服务条件和水准。承诺越高,期望值就越高。

1. 巧妙诉苦法

孟子曰:"恻隐之心,人皆有之""无恻隐之心,非人也"。同情怜悯别人的心,人人都有。你要像亲朋好友拉家常一样把服务工作制度规定的严格性,如客户不满投诉不仅要严厉批评,还要扣罚薪水;日常工作中要甘愿充当小角色、黑脸角色、得罪客户的角色,无端遭人白眼甚至辱骂;代人受过,遭领导的批评,常常吃冤枉气;常常为服务客户而顾不上家庭和孩子;面对各种身份和品质的人,包容所有的自己遇到的不快的事情;工作负担、心理压力还是蛮大的。受话人听到你的苦楚,怜悯之心油然而生,会对你工作的难度、苦楚、烦恼产生同情之心。这些诉苦要在话家常中完成,而不是在处理投诉的对峙过程中完成的,那样客户听不进去,也不会同情你。客户知道作为服务人员这份工作的苦和难，让他对你有了同情和怜悯之心，就会妥协、让步，自我降低服务的期望值。

2. 同情理解法

统一战线是不败的人际关系学原则。人在麻烦中特别在孤立无援的处境，非常想得到同盟者的支持和理解。在服务和被服务的关系中，尽管你是客户的对方，但是真挚地同情客户的处境，诚恳地承认本企业的产品和服务给客户带来的不便和麻烦，站在他的立场上，去同情他理解他，客户就会在内心与他结为同盟，他就会和你一下子拉近距离，认为你是在为了他着想，认你为朋友，接纳你，听你的劝导。这不仅仅可以顺畅地做好某一次服务，在以后长期的服务关系中，也会让你心情舒畅愉悦，工作顺利进行。

3. 真诚请教法

"不耻下问"是孔子倡导的学习态度，表现出自己的谦逊好学和对别人的尊重，在客户服务中同样适用。在弄清客户不满意的原委之后，根据公司的规范和制度，如何处理，你心里应该已经有底。于是，首先请教客户，充分听客户的意见和要求。在这种情形下，往往客户提出的要求或许更低。如果客户的要求符合公司的规定，你就不失时机地把客户的要求"固定"下来，这样既满足了客户的要求，又缩短了解决问题的时间。

4. 婉转类比法

榜样的力量是无穷的。郑板桥说："吃亏是福。"客服人员现身说法，做个吃亏的榜样，暗示客户不必锱铢必较，应宽厚韧忍。在沟通顺畅的氛围下，以很不经意的语气，不露山水地以自己购买商品或服务吃亏的事件来巧妙的类比本次服务，婉转的表达出你接受服务的公司的商品和服务质量差，麻烦不断，你也不再计较了。但不要让客户察觉出自家公司在"攀比"其他公司。在这种暗示和启发之下，客户也会向你学习，宽宏大量，妥协退让，最后认可服务或投诉处理结果。

二、惊喜服务

惊喜服务，就是让客户遇到天上掉馅饼的好事，感到意外收获的服务。惊喜服务包括如下几种。

1. 附加服务

IBM 说，做的超过所说的且做得很好，是构成稳固事业的基础。举个小的例子，你作为电工为客户修好了线路还给他搭上电线不收费。不收费是客户没有想到的，你的赔本服务，让他喜出望外。如果经常给客户惊喜的服务，客户当然会认你为朋友。现在的消费者不满足于优质服务，最好还带有附加的超值服务，就是说，让客户有意外的收获，让客户感觉到捡到了天上掉下来的馅饼，这会使客户产生额外的满意，这就是惊喜服务。常常给予客户惊喜服务，何愁与客户的关系不亲密，一切服务工作自然就好做。惊喜服务还包括特色服务和人性化服务。

>> 案例5-11　沃尔玛商品出售两周遇到降价，再把多余的款项送达购买该商品的客户手中，客户初次接到退款的客户认为是价格弄错了，当得知是降价退款后则深感惊喜。为什么？关键是客户没想到，商品已经使用了两周，而且质量很好，又给退回了部分价款。没想到的事情出现了，天上掉下来馅饼落在客户的手上，当然就会给人以惊喜。

评　析 ----------▶

撇开沃尔玛售后降价退款的做法是一种制度还是策略不论，对于沃尔玛而言，确实是赔本的买卖，而对客户而言觉得享受到超值服务，心存感激，自然就产生惊喜的效果。

启　示 ----------▶

要经常不断地给客户以惊喜服务，其实也就是附加服务，或叫"赔本""吃亏"服务。令客户惊喜的服务，客户一定在常常期待，自然会对公司长长的忠诚。

2. 特殊服务

特殊服务在客户看来，是非常规之外的要求有些过分的服务。当顾客有特殊需求时，所谓的特殊需求，就是在平常看来是"分外"的需求，你仍然"投其所好"，能满足他的需求，客户自然会觉得你对他的感激有加，感到自身的价值存在，很多客户最在意的就是那份自尊心的满足感。

满足客户的特别需求，表示你是真正地关心客户，这样做会获得客户对你信赖。这样的客户怎么会不心甘情愿地与你公司的工作配合呢？特别当客户遇到困难时，请求帮助时，我们想客户所想，急客户所急，施以援手，帮一把，送一程，客户会终生难忘。记住，每位客户都有不同的需求，满足他们的不同需求是对客户的最大尊重。

3. 人性化服务

建立完整的客户档案和服务记录，以便于和客户保持密切联系，经常用问候的方式访问客户，倾听客户的需求，了解客户的信息，帮助客户解决生产经营中的困难。自然而然，客户就成为供电公司的忠诚客户，不仅乐于购买你的产品、接受你的服务，还会成为你公司义务宣传员，将美好的口碑传遍他的所到之处。

譬如，发现一个优质客户企业有拖欠电费风险的时候，我们的营销人员可以主动走进企业，了解企业的生产状况，给予技术和管理上的帮助。如，遇到有的企业生产经营情况正常，只是短时间内资金流出现了问题，供电企业暂缓收取电费，保证给予正常供电，让企业渡过难关。这些帮助用电企业治病疗伤和恢复其"造血"功能的人性化服务，在供用电企业双方会实现"双赢"的良性循环。

三、赢心服务

国家电网公司倡导"你用电，我用心。"用心服务是一种主观努力，未必一定能赢得客户之心，因为还有你的方法和技巧是否得到客户的认可。赢心服务是在主观努力下，取得了赢得客户之心的客观实际效果。就是客户接受到服务之后，他的心被你俘获了，这就是赢心服务。

要做到赢心服务，必须具备客户服务的深层意识。这样的服务人员往往比雷锋还雷锋。客户面对赢心服务，不是哪种简单的谢谢、非常感谢就可表达内心的感激之情的。而是深层次的触动和感慨，为了想立马报答或深感愧疚的那种服务。面对这种服务，客户总觉得服务人员没有义务做到这个份上，压根就没想到竟然会做到这个份上。

赢心服务用世俗的眼光、观念和境界是无法理解的。很多客户往往在追问：他们到底为了什么？不为名，不为利。一没有客户留言簿，二不接受你的小费，三不期望你的美誉口碑，四不想你去找领导表扬她，更没想你会送面锦旗和厚礼给她。那到底为了什么呢？就是为了帮助客户，就是为了客户的方便，为了给客户解决困难，就是把你放在最重要的位置。这样的服务自然而然的就赢得了客户的心。客户为服务人员的服务所感激、倾倒，心悦诚服，怀揣着不能立刻报答服务人员的遗憾心态。因为想想自己是匆匆过客，很可能十辈子再也见不到这位服务人员。赢心服务，终生难忘。

》案例5-12 2012年4月23日清晨5点多钟，飞机降落在西雅图机场。等待一段时间后开始过关。美国海关人员主动热情，微笑问好、录入信息，按好手印，拍照放行，顺利入关。我的西雅图飞芝加哥 UA 278Y 航班的起飞时间是上午 11 点 21 分，大屏幕上还没有该航班的信息。来前，做了点功课，知道西雅图机场很大，分 A、B、C、D、S、N 楼，呈蝶形。我急于找到航站楼和登机口，就问一位黑人工作人员，他热情的帮助我查找信息，也没找到说 "it's too early." 这时，一位亚裔中年女性工作人员走过来说，"跟我走，我知道，UA 在 N 楼。" 她带着我中转了两次机场地铁，我真有点晕头转向了，送我登上第三段地铁前她告诉我，看到 C 就下车，就是 N 楼了。交谈中知道她是香港人，在美国工作。望着她原路返回的身影，我感激的心情久久不能平静，心想我怎么才能报答人家呢。为了一位老外游客，她竟然带我转了两次地铁。显然，西雅图机场不会配备专门带路的工作人员。我还记得她一句话，出门在外边，不知道就问，不要害羞，人家都会帮助你的。

评析

经历这次服务后，原来我心中"服务"的概念就被颠覆了。服务，应该是深深扎根于意识之中的帮助他人的天性。服务与沽名钓誉，与获利，与口碑没有任何关系，那是一种自愿自觉，帮别人解决困难，让自己感到快乐的，并令人心存感激的乐事。因为这位工作人员没有想得到我的酬劳、我的口碑和我给她领导的留言（呵呵，根本就没有留言簿）。

启示

天各一方，素不相识的老外的一次服务就俘获了我的心，这使我想到那些未能使客户如愿的服务人员，那些和自家同胞海誓山盟谈恋爱未能赢得对方芳心的年轻人，是否应该考虑效仿这位老外的赢心服务？

第六章

> 当你服务他人的时候，人生不再是毫无意义的。
>
> ——哈佛大学心理学家葛登纳

客户服务投诉与纠纷处理

企业的经营管理与服务的目的是客户满意，再好的管理与服务也不可能有百分之百的满意率，投诉不可避免，关键是如何认识投诉，处理投诉，以投诉为契机提升服务水准。处理好投诉会巩固深化与客户的关系，反之，则会让客户离你而去。

第一节 客户投诉介绍

客户投诉轻则影响企业经营，重则对簿公堂影响企业形象，甚至让一个企业垮掉。另一方面客户投诉是营销的晴雨表，在不断地显现营销服务的状态，是企业收集信息的一个重要渠道。

一、客户投诉

当客户购买商品或接受服务时，对商品和服务都抱有良好的愿望和期盼值，如果这些愿望和期盼值得不到满足，就失去心理平衡，因此产生的抱怨和想讨个说法的行为就是客户投诉。

中国人隐忍的功底很深，即使受到了不公平的待遇，心中有怨气，因为城府包容性大，一般情况下不愿意惹是生非。以致使台湾作家龙应台先生急了：中国人为什么不生气？其实不是不生气，是气在心里。了解了国人的心态，服务人员更应该同情投诉的客户。

客户投诉有以下几种类型。

（1）讨说法。这种情形是一般客户遭遇了态度不好的服务人员不礼貌的对待，心中委屈，有怨气，到企业告状，要求处理态度不好的服务人员，要求赔礼道歉。也就是讨说法，争口气，不牵涉经济利益。

（2）修、换、退。产品或服务的功能未能达到承诺的水准、附件、随同件不够、使用不方便、发现了商品或服务的瑕疵或比较严重的缺陷等，客户会提出修、换、退的要求。

（3）索赔偿。由于购买使用商品或服务发生了人身或财产损害，要求损害赔偿。这种情况牵涉到产品质量法、消费者保护法、侵权责任法和民事赔偿法的法律关系，实际操作中，有时候平等协商往往不能彻底解决问题，需要通过司法程序来解决。在供用电行业还要涉及电力法律法规和规章。

二、对客户投诉的认识

1. 客户投诉对企业的好处

任何政党、组织、企业团体无论你如何伟大、如何正确，只要你标榜通过自查自纠，就会全面看清自己的不足而自我修正，不断进步的，都是骗人的鬼话！因为上小学时老师就告诉了我们一个简单而正确的道理：人看不见自己脖子后面的灰。根据这个意义上讲，企业把自己置于广大客户的监督下，让客户帮助自己找出经营中的不足，相当于免费建立起一套企业经营所需的情报系统。有了准确的情报，及时发现现存在的问题，及时纠正，能防止客户被竞争对手抢走。

2. 对客户投诉的错误认识

①如果没有客户投诉，这表示我们的服务或产品已达到良好的水准；②损失一个客户对我们来说不会有太大的影响；③即使我们给客户解决了问题，做到了最好，客户仍然觉得是我们不对，他们一样不会再购买我们的产品或服务；我们不应让客户容易投诉。

看看一个客户消费行为，会帮服务人员了解客户的消费心理。

正面的行为：①从不挑剔服务的好坏；②服务员在聊天，不会去打断他们的谈话，以求得他们的招呼，只是静静地等候；③消费时对服务人员客客气气；④服务人员因为挑拣商品或服务或填写营业单据的时间太长而不悦，不会怒目相对的，仍旧是默默行事，因为以牙还牙是不文明的；⑤受到不公的待遇也从不跺脚，不翻白眼，从不嘟囔，从不厉声争吵，更不会拍打柜台……

负面的行为：不再上门。

如上客户是文明客户，他（她）的诸多文明行为，体现出诸多文明素养，几乎可以包容客户服务人员的一切令他不快的行为。但不可忘记，只有一条负面行为"不再上门"就却全盘否定了客户服务人员的工作绩效。

3. 投诉的客户是忠诚的客户

(1) 不满意的客户背后的数据统计

一位因服务不满意而抱怨的客户平均会将他的抱怨转告 8～12 人；其中有 20％的人每人还会转告 20 人之多。就是说，当你留给他一个负面印象后，往往还得有 12 个正面印象才能弥补。

一位因服务不满意而投诉的客户背后潜在 25 个不满的顾客，就是说 24 人不满但并不投诉，就是说 4％（1/25）会告诉你；96％默默离去；这当中还有 6 个有严重问题但未发出抱怨声。

美国白宫全日消费者调查统计告诉你：虽然不满意，但还会在你那儿继续购买商品或接受服务的客户有多少？

不投诉的客户　　　　　　9％（91％不会再回来）；

投诉没得到解决的　　　　19％（81％不会再回来）；

投诉过并得到解决　　　　54％（46％不会再回来）；

投诉获得迅速满意的解决82％（18％不会再回来）。

平均而言，当一个顾客的抱怨被圆满处理后，他会将满意的情形转告 5 人。

(2) 以上数据说明了什么

①一位客户的不满情绪会传染一片客户；②没有投诉的未必就服务好，因为客户选择不投诉而悄悄离开你，这样投诉为零；③投诉者比不投诉者更有意愿继续与公司保持关系，因为愿意来投诉的客户是忠诚企业的，他们不想离开你，还想继续让你的企业伴随着他的生活，才会让你了解情况，改进经营。大多客户到你企业消费，不满意就直接离开另光顾他店，他不去告诉你应该如何改进；④客户是宽宏大量的，允许企业犯错误，改了就好。只要投诉获得迅速满意的解决，他们大部分是会回来的。除非你的服务太差又不能及时给予处理，让客户感觉不可救药了，才一走了之。

所以说，投诉是企业与客户之间冲突的缓冲区，投诉者是企业财富的贡献人，企业问题的发现者与揭发者，企业发展的探路先锋。我们要珍惜他们，尊重他们，全力维护他们的利益。

>> 案例6-1　　焦作云台山以山水称奇，服务叫绝。焦作市旅游部门建立健全了 40 余项旅游标准化、规范化、人性化服务规章制度，承诺"不让一位客户在焦作受委屈。"有一年，真的有一位游客在云台山旅游的过程中受到一点小

委屈，致电云台山管理部门之后，立马得到了热情的回应，游客虽然受了委屈却很满意。后来过年时竟然收到云台山的挂历及精美礼品。打那以后，那位消费者就经常对亲朋好友介绍、推荐云台山旅游产品。

评析 ----------▶

由于本案及时回应，客户非但没有流失反而成了义务推销员。很显然客户向周围的朋友推荐云台山景区没有佣金，而是自动自发的。为什么呢？就是因为该游客很满意云台山的投诉处理结果，也希望朋友去体验云台山服务。

三、客户投诉的原因

1. 对服务人员的服务态度不满

（1）不热情。花钱消费应当是愉悦的事情，如果看不到温馨的笑容，听不到热情温柔的话语，心里就不舒服；如果看到冷面孔、厌烦的面孔，听到恶语秽言，更是大伤自尊。如，当顾客不购买时，用带有蔑视甚至侮辱性的反激法，数落顾客如何穷，如何丢人等激将顾客购买；因挑拣商品次数过多，营销人员就把厌烦的情绪写到脸上等，这样更会导致客户的愤怒。

（2）不公平。服务尺度有差异，对熟人的服务态度、服务项目、方式、水准与陌生客户有明显差异，导致陌生客户的不满。更有甚者见了熟人则丢下客户去接待熟人等。

（3）不尊重客户。对客户视而不见，不应不送；与熟人谈笑放风声，晾晒客户久久等待；颐指气使，呼来喝去；传递账单和物品不是轻拿轻放且手到手，而是甩来甩去，似乎在给穷人施舍似的。

2. 对产品和服务质量不满

（1）功能缺失。缺乏产品说明书或不具备广告上承诺的功能。如电能产品的电压偏差过大。

（2）产品缺陷。产品有可见的内在或外在的缺陷。如电器产品外表硬伤，功能达不到等。

（3）承诺不兑现。承诺服务特别是附加服务没有满足客户。如没有附送商品、附送商品质量不好等。

（4）服务工作失误。由于服务人员的失误，导致服务设备、流程或技术差错，给客户带来不便和麻烦。如设备故障耽误客户时间等。

（5）特殊服务未满足。拒绝或拖延客户提出的非常规特殊服务。如老弱病残上门服务承诺等。

3. 客户自身的原因或误会

（1）客户自身修养或个性原因，如，易怒的客户、地痞类客户、批评家类的客户、反反复复的客户。

（2）购买时对产品或服务没弄清楚。

（3）对产品和服务承诺的误解。

（4）超出试用期后对产品和服务看法发生了变化。

四、产生投诉的过程和三种结果

1. 产生投诉的过程

前已述及，中国人的韧忍功底很深，一个客户投诉也是一件不容易决定的事情，要经过诸多思想斗争的阶段，是一个从量变到质变的过程。我们以电力行业和电信行业为例，来模拟这个过程。

第一阶段：申请用电，成功接火（购买手机）。

第二阶段：经常断电（经常掉线），客户内心产生潜在不满，抱怨产品与服务质量差。这是潜在抱怨阶段。如果营销人员的售后服务及时跟踪反馈并给予及时处理的话，抱怨就此消失。

第三阶段：如果上述故障没有人关注，一直在延续，这时客户就忍不住要对外界抱怨产品或服务。这是显在抱怨阶段。

第四阶段：由于断电致使机器停转、原材料报废、产品报废或者家用冰箱停运，食物变霉或其他损失；由于手机掉线，耽误了商业谈判、合同签订或重要商业信息。总之，造成了难以忽视的损失，这时客户想投诉。这是潜在投诉阶段。

第五阶段：上述过程一直无人问津，客户既没得到心理上的安慰，也没获得损失的补偿，一直处于心理郁闷、怨怒的状态，最后投诉。至此，才启动了投诉程序。可见，客户投诉真是万不得已，被"逼上梁山"之举。

由此可见，投诉的原因不在于客户而在于企业。如果在客户购买服务或产品后，有及时的令客户满意的跟踪服务，大多投诉就会消除于萌芽状态。同时也看出，一个客户投诉是一件不容易的复杂的心理过程。客户自己决定投诉为什么这么难？因为投诉耗时费力，耽误生活，争辩是非，心力交瘁且不说，还要考虑到和消费企业之间来日方长的关系，尤其是和垄断企业的关系，客户更是心有余悸。撇开法律关系不论，从这个角度说，营销企业不认真对待客户投诉，真是不通情理，天理不容。

2. 三种结果

（1）我赢了，你输了。有些企业与客户比输赢，自认为只要没有任何付出，投诉事件自生自灭，就是胜利。于是，对客户投诉，百般推脱，不了了之，客户心力交瘁，无力坚持，满腔愤怒，自认倒霉。企业没有任何支出——你赢了。另一方面，你却永远失去了客户。失去一个老客户，你有如下损失：①根据专家估计，开发新客户比服务老客户需要花 5 倍的时间、金钱与精力；②由于不良口碑效应，客户叛离会产生传染病，传染病一发散，可能会导致批量客户叛离。③丢失老客户等于丢失了一大笔利润。客户对企业的利润贡献取决于他在企业的消费时间。1 年、5 年、10 年，日积月累，客户对企业的利润贡献与时间成正比。同时老客户在不断地给企业传颂着良好的口碑。

出现客户投诉这种结果，真可谓目短期行为，鼠目寸光，殊不知企业和客户之间没有输赢之说，因为客服的重要理念就是尽管客户不能完全正确，但他永远是第一位的。所以，你赢了就是输了。

（2）我输了，你也输了。告上法庭，两败俱伤案例。"三株口服液"就是值得铭记的教训。常言道，一个巴掌拍不响。公众会说，没有一个好东西，好了不会打官司。甚至会因为一起官司，使一个企业轰然倒塌。

（3）我赢了，你也赢了。双赢的态度，双赢的处理，双赢的结果，是最理想的。营销方尽到了义务，接受了教训，改进了工作，提升了服务水平，留住了客户；消费方接受了处理，心满意足，继续支持营销方。双方处于新的一轮互动中。

>> **案例6-2**　某年的 6 月 21 日，某市供电公司因客户欠费，张冠李戴错停电。客户多次给公司打电话说明自己没有欠费，停错电了。但公司值班人员不明缘由就挂断电话，后来又把该投诉推给领导，该领导又让客户找另一位领导，打了一串电话，毫无结果。本来没欠费却被停电，又被推来搡去，无人理睬，能不怒火万丈？气急之下，客户诉诸媒体，进而引发裂变反应似的爆炸性曝光，轰动全国。该事件使企业形象严重受损，社会影响极为恶劣——这就是"6·21"事件。

评　析

这原本是一起错停电的小事，完全可以在客户服务的第一阶段得以化解，却因为相关工作人员的疏忽和不负责任而被曝光酿成难以挽回的不良后果。

该案发人深省，谁能说客户服务不是供电营销工作的重中之重？

3. 鉴于案例6-2供电服务人员应作的思考

(1) 换位思考，多给客户一点关心，工作多尽一份责任。当客户在第一时间打询问电话时，假如接话者不是简单地挂断电话，而是理解客户停电后的生活不便，意识到工作中的疏忽和遗漏，主动弄清欠费属实与否，积极为客户想办法联系恢复送电，那么就完全能够避免"6·21"事件。遗憾的是，某市供电公司这位第一个工作人员没能做到。在日常服务工作中，此类情况恐怕不乏存在，之所以未被曝光，实属侥幸。"6·21"的惨痛教训告诉客户服务人员，要牢记必须关注客户的每一个电话，诚恳地对待客户询问的每一个问题，弄清情况，答复明白，立马行动，处理妥当。

(2) 提高应对突发事件的能力，加强优质服务水平。供电工作面向千家万户，应该说，工作人员的失误，管理上的疏漏，在所难免。客户不满意或者误解，有的客户情绪还很激动，有时还引起新闻界的高度关注，这一切不可避免的要去面对，这就需要窗口人员有较强的综合素质，具备正确处理应变突发事件的能力。面对可能升级的事件，作为窗口人员一定要弄清楚客户反映问题的真实情况，做出中肯的说明，想尽一切办法稳定当事人的情绪，把来访咨询的问题和事情尽快处理好，决不允许听任事态扩大。"6·21"事件再次提醒我们，窗口人员应变突发事件的能力举足轻重。

(3) 把"首问负责制"落实到每名员工的行动中。供电企业全体员工应认真学习《电力监管条例》、《供电监管办法》以及国家电网公司和南方电网公司关于客户服务的制度规定，充分理解首问负责制的深刻内涵，无论是窗口人员还是生产人员都要严格按首问负责制的具体操作内容和实施要求执行，对"6·21"事件引以为戒，举一反三，防微杜渐；教育员工树立起"优质服务无小事，群众利益无小事"的服务意识，在日常工作中，无论是接听电话或者接待来访，真正做到把客户的问题当作自己的事情，积极为客户排忧解难，及时平息客户的不满情绪，巧妙地化解矛盾、解决问题。

(4) 强化员工服务意识，加强行风建设，强化内部管理。认真地查一查看一看，是否存在服务意识淡薄、值班纪律松懈、首问责任制执行无力、业务流程有缺陷、快速反应没建立起来等问题。对照查摆出来的问题，制订出相应弥补措施和处理对策。特别是要加强值班电话监管和"8小时"之后服务机制的改进和管理，建立健全客户停送电的快速反应机制，做到"服务链"有机衔接，形成闭环管理，24小时提供优质服务。要多开展有针对性的明察暗访活动，发现问题及时整改，对违规行为从严处理，进一步强化服务理念，规范服务流程，完善服务标准，提高客户满意度。

第二节　安抚客户的技巧与处理策略

安抚客户的情绪技巧与策略，在本节只能挂一漏万举例，在实际服务中的情形千差万别，没有统一的模式可效仿，更无万应灵丹般的妙招。扎实的专业知识、坚实的服务功底和赤诚的服务之心才是以不变应万变的法宝。

一、安抚客户情绪技巧

1. 两同感，三同步

感，就是感应。同感，就是同步感应。就是受到客户的表情、心情、关注点、语言、行为的影响而产生同步感应。这是安抚客户情绪最基本的功夫。

（1）表情同感。"邻有丧，春不相；里有殡，不巷歌"（《礼记·檀弓上》）说的是，邻居有丧事，即使春米也不要歌唱；邻里有殡殓之事，也不要在街巷歌唱。这就是表情同感。你的表情以客户的表情转移而转移。客户因产品或服务带来的烦恼一脸的心烦意乱，你乐呵呵的，在客户看来你是幸灾乐祸，自然会让客户火上加油。客户因产品造成人身伤害，你万不可面带微笑。

（2）心情同感。《论语》记载："子食于有丧者之侧，未尝饱也。"意思是说孔子在死者亲属旁边吃饭，从来没有吃饱过。他人丧亲，痛不欲生，让孔子产生了哀痛心情的同感而食不甘味。这就是心情同感。这就要善解人意，且有恻隐之心。客户感觉你和他同喜同悲，自然与你亲近。假如，客户因使用产品而导致亲属身亡而前来要求协商赔偿，你却依然麻木不仁，无丝毫哀悼之心，抚慰之情，这样协商处理的开端，绝不会产生圆满的结局。

（3）语言同步。不仅语气语调同步，更重要的是对客户的诉求陈述同步倾听、同步理解、同步回应。如果你落下了，或者反应不灵，客户就认为你是在装糊涂、在拖延。在客户诉求阶段你要跟随同步，不要超前，让客户言无不尽，获得他的全部信息，更有利于问题的解决。

（4）关注点同步。不要声东击西，更不要漫天过海，企图掩盖客户的关注点，应与客户的关注点同步。对产品或服务的事实一定要坦诚的认可，对诉求应合法合理合情的承诺。

（5）行动同步。在客户看来，任你千言万语，不如迈出一步。空头承诺是一个华丽的空礼盒。也就是说每一步骤必须有实质性行动，而不是只说不做。

2. 让客户痛快发泄

皮球的气越足跳腾的越高。一个投诉的客户就像一个气太足的皮球，必须让他自己放气，放干净了，瘪了就不跳了。这就容忍客户发泄，痛快的发泄，服务人员不仅不能阻止、干预他发泄，还要倾听他的发泄，不断回应他，鼓励他发泄。只有这样服务人员才能充分了解事实、原委，参透客户的诉求目的，做出有的放矢的对策。

3. 关怀、理解客户

掌握了客户的情况后，首先要关怀客户的健康和情绪，理解他的麻烦和苦恼。需要进入他（她）的感情世界，才能真正了解他、理解他。站到客户的立场上，换位思考，查找服务和产品的欠缺，是否侵犯了客户的经济利益。提醒自己，这是自己的工作，自己的职责，客户不是冲着服务人员来的，是冲着自己的利益，在你与客户协商处理过程中，从法律角度上打个比喻，你只是一个对象，但不是客体。

4. 表达立场，达成共识

掌握了事实原委以及客户的诉求底线后，要依据服务流程和制度规定，表达己方的立场。包括对事实的认可、过错的认定、制度的规定等，最后提出己方的处理意见，与客户磋商后达成共识。

二、处理投诉的策略

1. 不战而屈人之兵

孙子曰："是故百战百胜，非善之善者也；不战而屈人之兵，善之善者也。"意思是，所以百战百胜，虽然高明，但不是最高明的；不用武力进攻就能使敌人降服，才是高明中最高明的。在投诉处理中不要与客户对垒争执，企图明辨是非，一决胜负。这样结果往往是明胜暗败、小胜大败、短胜长败。不战而屈人之兵是在处理投诉中的一个总的策略。美国哲学家约翰·杜威指出："人类本质中最甚远的驱策力就是：希望具有重要性。"就是说一个人希望在别人的心理占有重要地位，一个人在他人心中的重要性主要体现在受到尊重。这就启示客户服务人员，服务工作中的不战而屈人之兵，如同战国时期的安抚招降策略，可以运用尊重、赞美、恭维、利益、结盟等很多战术。

2. 乘势借力

古代思想家荀子，在《劝学》中有这样几句警句："登高而招，臂非加长也，而见者远；顺风而呼，声非加疾也，而闻者彰；假舆马者，非利足也，而致千里；假舟楫者，非能水也，而绝江河。君子生非异也，善假于物也。"最后一句，点出了善于借助外力，借助客观条件的重要性。借势借力，在中华武林文化精粹中，已运用得炉火纯青，所以才能达到四两拨千斤的境界。势，居高临下的能量。如投诉人在服务人员亲属手下供职这就是一种客观的"势"。力，是指人与人之间关系的相互作用力。巧妙利用投诉人的人情关系，如你平时掌握的投诉人的肌肤之亲、血缘之亲、利益之"亲"、朋友关系、同事关系、上级关系等众多人情关系，"制造"一个投诉人"抹不下这个情面"或者"日后见到关系人不好意思"的局面。委婉巧妙的乘借这些"势"、"力"就会促使双方在平和的氛围中达成一致意见。

3. 黑白脸配合

《基业长青》的作者柯林斯，强调好的管理是阴阳相合的管理。即既有非常严格的规章制度和流程，又有非常好的发挥空间，是阴阳相合的。既执行规章流程，又让客户有人性化的感受。一个人不可能既充当春阳般温暖的慈母，却又充当声色俱厉的严父。怎样做到呢？中国自古以来就有一套老祖宗的智慧，就是一个扮黑脸，一个扮白脸。一个人对客户强调制度规章流程，一个则亲切、关怀，给客户温暖和安全感。如，台塑集团的王永庆和王永在兄弟俩，王永庆就是黑脸，黑得半死的黑脸，王永在则被人家称作"王大妈"，好的不得了，公司所有员工受了委屈，都会找王永在去诉苦。

客户服务中这种策略存在的基础是国人以受到法外施恩为有面子、有本事、有荣光；其存在的空间是"法"没有制定到事无巨细的程度，法外有空间，能让扮白脸的人给客户人情和"恩惠"。其次是即使有制度也执行不严格。在客户服务中的黑白脸策略的充当者，不是上下级关系，而是同事关系。俩人关系好，心有灵犀，信任度高，性格互补，不计较黑白角色。这样在一唱一和中逢凶化吉，使客户得到心理满足而平息纠纷。

4. 周瑜打黄盖

这种苦肉计是上级领导为了给客户"争气沾理"，抓住服务人员的"错误"，当着客户的面猛批服务人员，令其体无完肤，痛哭流涕，让现场客户为自己的投诉而令服务人员遭此痛批而深感内疚，很不好意思，就此妥协退让，放弃自己过分的要求，以表达对服务人员因自己投诉而受到冤屈的歉疚。

5. 上级权力

孔子说的"君子三畏""畏天命，畏大人，畏圣人之言。""畏大人"解读为"敬畏有道德的人"是不恰当的。因为圣人就是道德文章的典范，如此理解大人，就与圣人混为一谈了。孔子等级观念森严，应该解读为"敬畏地位高、有权力的人"。国人被官本位制度摧残了几千年，骨子里流淌着敬畏权力的基因。不给服务人员面子也会给领导大人面子，遇到前台服务人员难以了结的投诉纠纷，领导出场往往就会有面子，实际上就是领导卖面子，投诉人买账。这种买账是投诉人放长线钓大鱼——或许以后还会用到这位领导，蕴含了变相巴结的意思。

上级权力另一种意思显示领导大人素质高、水平高、善解人意、宽宏大量，就是和前台服务人员不一样！投诉人呢，争得了领导接见、安慰甚至道歉；领导呢，"屈尊"卖了面子，问题就迎刃而解，双方各取所需，都得到了心理上或者利益上的满足。

上级权力策略是在最有能力的一线服务人员出场也无法平息纠纷的场合才使用的，并非处理纠纷的常态策略。因此，注重给客服人员授权才是常态的、重要的。否则事事请示，不能做主，给客户的印象是处理投诉纠纷无法可依，无章可循，很不规范，管理混乱。美国玫凯琳化妆公司的创办人玛丽凯·阿什说："让人承担一定的责任，他会感到自己的重要性。但是，光让人承担责任，而不授予相应的权力，也会伤害他的自尊心。"一个能够独当一面的客服人员，必须具有相应的职权，才能更好地尽其职责。作为一线服务人员尽量用自己的智慧，行使自己的权力化解纠纷，少用上级权力策略。

6. 丢卒保车，息事宁人

丢卒保车，颇似民法中的紧急避险，即牺牲小的利益保护大的利益。在客户服务纠纷处理中，也必须牢记这个原则，否则会因小失大。如，客户的诉求不高，但影响面广，可能或引发社会舆论，污损公司形象，或者恰恰遇到公司上市等关键当口，这时候就应采取丢卒保车的策略，立马行动，舍弃经济利益，满足客户诉求，吃亏是福，息事宁人，维护公司形象，保障公司顺利设施战略计划。

7. 绵里藏针

恶人不打笑脸人。服务中应当始终保持亲切关怀的姿态，这是不容置疑的。在亲切服务的言行举止中，不显山水地告知客户有关法律法规、公司规章制度的硬性规定，让客户感觉到这温柔亲切中含有硬邦邦的东西。暗示客户，如果一味我行我素，坚持自己的主张和诉求，一旦来个"照章办事"，唯恐连目前的共识给客户带来的利益也会泡汤。至此，纠纷的解决或许会出现峰回路转的结局。

8. 统一战线

统一战线是共产党制胜的三大法宝之一。就广义而言，是指不同的社会政治力量（包括阶级、阶层、政党、集团乃至民族、国家等）在一定的历史条件下，为了实现一定的共同目标，在某些共同利益的基础上组成的松散的、内在的政治联盟。在客户服务中服务人员力图让客户看到与公司站在一起的利益前景，从而与客户结成统一战线。因其身份是客户，所以在产品和服务的销售、服务和纠纷处理时，会起到服务人员所起不到的作用。如，某电力客户代表俱乐部（协会）就是客户服务统一战线的一种组织形式。

9. 息事宁人策略

对前已述及的自身修养或个性原因的客户，如，易怒的客户、地痞类客户、批评家类的客户、反反复复的客户。对于这种素质的客户，要想平息投诉，息事宁人应采用下列措施：

（1）就事论事，话语不触及个人。客服人员在说话时始终不能触及个人，实际上客户不是冲着你而是冲着产品，冲着利益，表面上好似是冲着你，如果你情绪一不稳定就会把矛头指向客户本人，导致双方的人身攻击。脱离开就事论事的原则，事情会越来越糟。

（2）我是在解决问题。不断提醒自己，我的工作是解决问题，我不来当辩论家的，口头是非曲直不重要，重要的是解决了问题，处理投诉。

（3）先让客户做主。来个主随客便，尊重客户，重视他的诉求。"您要我怎么做会满意？"婉转地让他做主，给他选择权，让他在自尊满足的情况下亮出自己的底线。

（4）礼貌重复我能做到的。当客户坚持无理要求时，客服人员要不断重复提醒客户我能做什么，客户一般不会翻脸，大多会放弃坚持自己的诉求。万千不要说你不能做什么。杜绝"不行，不行！""绝对做不到！"之类的语言。这样会点燃客户爆发的导火索。

第三节　客户投诉防范与处理

"迨天之未阴雨，彻彼桑土，绸缪牖户。"（《诗经·豳风·鸱鸮》）从前述的投诉产生的步骤来讲，客户显然在抱怨后仍然得不到关注才会走上投诉之路，客服工作应未雨绸缪，前置防范，将抱怨融化在抱怨阶段，这样就减少了投诉。客户投诉是获取营销服务反馈情报的重要渠道。客户不投诉，也不能说明客户服务工作做得好。投诉不可怕，只要诚恳接受，认真对待，公平处理，立马行动，跟踪反馈，改进服务，大多会产生正面影响。

一、抱怨与融化

很多客户对产品和服务已经表现出显在的抱怨，但未必投诉你，如对客服人员说出自己的不满和烦恼，或者干脆去营业场所发泄一通，却并未提出修、换、退、赔的诉求。这时候必须引起足够重视，融化抱怨，就会消除投诉。

1. 抱怨及其意义

（1）抱怨。就是客户对产品或服务的不满和牢骚。抱怨是不可避免的，关键是如何在抱怨阶段融化客户的抱怨。

（2）客户的抱怨是珍贵的情报和成长的希望。客户将在产品使用过程中遇到的问题向服务人员倾诉，并不是给我们找麻烦，相反是为我们提供展现服务品质、树立企业形象、建立口碑效应的绝佳机会。因为有期望才会有抱怨。从这个角度理解，遭遇客户抱怨，说明客户对企业还抱有还希望，期待企业改进产品和服务，继续与企业一路同行。还说明企业的产品还是值得信赖的或者对企业的产品和服务有着更高的期望值，因此，他们才会有提出最强烈抱怨的行动。

一般说来，抱怨与期望相等。他抱怨的就是你的产品和服务与他的期望之间的差距。其中特定客户的期望包括：企业的产品和服务质量、对客户的承诺、不特定客户的口碑和特定客户的需求等。

2. 产生抱怨的种种原因

企业的产品和服务没有满足客户的期望值；他此前已经对其他某个人或某件事心存不满；你或者你的同事对他作了某种承诺而没有兑现；你或者你的同事你没有重视他，对他冷漠、粗鲁或不礼貌；公司的两个员工对他一个指东一个指西，让他无所适从；他觉得如果他嚷嚷抱怨就能迫使你满足他的要求；服务人员的服务行为缺乏专业素质训练等等，看上去不少是"鸡毛蒜皮"，其实服务行业面对形形色色千千万万的客户，仅仅是对"鸡毛蒜皮"较真的客户就大有人在。所以说，服务工作没有鸡毛蒜皮。

3. 如何融化客户的抱怨

树立客户永远是正确的观念，牢记自己代表的是公司形象，克制自己情绪，避免感情用事，将代表公司处理问题转化成个人恩怨。

在接受抱怨时，服务人员一定要态度真诚，应该想到自己是给客户带来满意的人。企业全体员工应有全员服务意识，客户不管对哪一个员工抱怨，都不应该对客户说："这不归我负责"、"这不关我的事"之类的话，不可与客户辩解，更不能教训客户。一定要在第一时间给抱怨客户发泄抱怨的时间、空间和对象。

（1）给客户倾吐的机会

抱怨者都喜欢面对温顺的、容量大的出气筒。遇到客户抱怨时，服务人员灵活运用被动、主动和赞同式聆听技巧，满足客户的发泄欲望。真诚地与客户保持目光接触，耐心倾听。让客户痛快淋漓，彻底泄气。同时，一线服务人员应当学会用眼睛去听。观察他的面部表情，注意他的声调变化。可以用"是的"、"我理解"等词语表白你在认真的听。

认同他的抱怨，回应客户所说的话。如果你没有反应，客户觉得不被关注而觉尴尬，情绪会更糟糕。即使客户对你的问题答非所问，你也要尝试找方法去认同他的话。还有的客户总喜欢抱怨，他们不一定对产品或服务不满，而可能是不满一些与此关系不大或者有意显示自己在该方面很专业。这时，你可以附和他的看法。你还可以通过使用不同的字眼重复顾客所说的话，来表明你的附和与认同。

（2）仔细记录客户抱怨要点

在倾听客户抱怨或投诉时，应该记录下客户反映的问题：发生了什么事；何时何地发生；客户购买产品或服务的时间；客户的损失；客户不满的原因；客户的使用方法；客户补救措施；购买产品或接受服务时客服人员是怎样向客户指导、讲解、承诺的；客户希望以何种方式解决问题；客户的联系方式等等与处理问题有关的事项。

记录客户反映的问题，除了表示对客户问题的重视之外，还有以下好处：防止遗忘，事后具有核对功能，核对你听的与客户所要求的有无不同的地方；日后工作中，可根据记录，检查是否满足了客户的需求；可避免日后如"当时已经交代了"、"没听到"之类的纷争。事关解决诉求的重要记录，最好给客户复述要点或者让其过目，最好签字，如果客户愿意的话。

（3）认同抱怨，融化抱怨

当客户抱怨或投诉时，最希望自己的意见能得到对方的同情、尊重和被理解。因此，当抱怨发生后，服务人员绝不可站在经销商或公司的角度去衡量事件，为自己和公司开脱，而是要站在客户的立场上，想想如果我是客户遇到麻烦的情绪和苦恼。客服人员站在客户的角度说话，会立即与客户拉近心理上的距离，融化客户的抱怨。

（4）立即行动，感谢客户

1）在认同抱怨之后，你要根据客户抱怨询问缘由并给出客观准确的答案。如，客户抱怨这个月的动力电价比上个月高了1角多钱，你需询问客户的工作时段，是否安装了峰谷表等，然后根据峰谷平电价给予客观正确的解释并告诉客户以后可以根据峰谷平电量和电价自己计算一下平均电价。千万不要指责客户不调查就抱怨，更不能指责客户无知。注意在询问客户使用方法时一定要注意技巧，不要让客户有被审问的感觉。

2）对客服人员做出奖罚分明的处理，特别对客户严重非礼和礼貌有加的服务人员做出公开的惩罚和奖励。对客服工作加以改进，消除问题不让它再次发生。

3）如果你没有处理权限，不要立即给客户答复，告诉客户"我已经记下了您的问题，待我咨询过有关部门后立即给您回复好吗？"然后立刻反馈，与公司的相关职能部门沟通协调解决意见，在取得确切的处理方案后再答复客户。

4）最后真诚感谢客户的长期惠顾，感谢提出宝贵意见，期待今后的日子里与本企业愉快的一路同行。

案例6-3 2010年8月的一天中午，某供电公司西城区营业厅来了一位男性客户，满头大汗，脸色愠怒。一位收费员认出了这位客户，他上个月办理为银行代收代扣交费方式，因为距离交费银行大约5千米，距离营业厅大约10千米。

于是，收费员提醒他去银行交费的快捷性和方便性。不料他有点生气的说："不去银行，就在这里交！"这令收费员莫名其妙，继续办理营业厅交费的客户手续。谁知该客户更急了，大声嚷道："你这是什么态度？我来的早，你为什么先给别人办理？我要投诉你！"

接到投诉，供电公司立即展开调查，原来是该客户先到银行排队，轮到他交费了，银行业务员说，微机处理问题暂停营业。于是他和业务员发生争执，心里十分窝火。转而到营业厅交费，又被晾到了一边，火上加油，怒而投诉。

评析

导致该起投诉源于收费员处理失当。看待客户脸色愠怒首先应问明缘由，给予和风细雨的同情和安慰，平息他的怒气；然后给予快捷而热情的服务；最后再提醒他，银行微机故障是偶然的，以后去银行交费还是快捷方便的，此时客户已心平气和，肯定是会接受的。

二、处理客户投诉的意义

1. 客户投诉分析

（1）投诉动机。即推动或者刺激客户实施投诉行为的念头或叫内心起因。这种情形往往是因为服务人员对客户怠慢服务，或对客户的态度冷漠、高傲、蔑视等，也许是客户个人脾性使然，致使客户内心气愤难平，借投诉发泄一通，一吐为快，未必非要某种明确的结果，尤其是没有具体的经济结果诉求。

（2）投诉目的。是客户通过投诉希望达到某种结果的心理态度，强调想要预期的结果。这种情形是由于怠于处理客户的抱怨或者处理适当，客户在利益上不能忽略，在心理上不能承受，要通过投诉对某服务人员进行处理或者明确提出修、换、退、赔的诉求。

2. 处理好客户投诉的意义

根据投诉的动机和目的分析，可以见出，处理好客户投诉不外做好两个方面的工作，安抚情绪，满足客户心理需求，给足客户面子，即精神上的满足；根据事实依据法规和制度规定，给予客户修、换、退、赔等经济上的补偿，满足客户的物质需求。

（1）增加客户对企业的忠诚度。前已述及，迅速解决投诉，82％的客户还会再回来，而且这些再回来的都是很铁了心的客户，对企业愈加忠诚。

（2）挽回信任，留住客户。有效处理投诉可以挽回客户对企业的信任使企业的良好口碑得到维护和巩固。如，海尔小小神童洗衣机返修率高，个别机器甚至修 3～4 次，但没有降低信誉。为什么呢？客户一个电话，服务人员就在承诺时间内到达现场，解决问题；福特召回了 10 万条有可能爆胎的轮胎，每条价值 1000 美元，没降品牌信誉，反升口碑。

（3）降低投诉率。有效地处理投诉可以将投诉带来的不良影响降至最低点，从而有效地维护企业的自身形象，降低投诉率。

（4）提升服务水准和企业形象。通过接受处理投诉，发现内外部管理的缺陷，接受教训，总结提高，改进服务，提升企业形象。

三、处理投诉的方法、步骤

客户服务偶尔也会失误，甚至较严重的失误，如果供电企业能够有快速响应的服务弥补失误的话，大多客户愿意原谅企业的失误，继续做企业的客户。

1. 迅速受理，决不拖延

且不说投诉，即使你到商店、银行等服务机构去办理业务，一旦遇到怠慢和拖延，你心里一定极不愉快。客户服务人员应有这样的"先入为主"的思维模式，即凡是客户投诉的产品和服务就一定存在问题。试想，客户本来就怨气十足甚至是怒火中烧，才来投诉的，你要是怠慢他甚至是否认他所反映的问题的存在，他心里一定会痛恨。基于此，应该迅速受理客户投诉，绝不拖延。遇到客户投诉要用平静的、肯定的声音，体谅客户，快速受理。这是平息客户怨气的第一步。你万万不可说出"这不关我的事""这样的事情我们不负责""我们公司从没发生过这样的事情""你先等着"。这些推脱、拒绝和延宕的话会进一步激怒客户。

2. 真情致歉，平息怨气

不可否认，顾客不完全是对的。同样不可否认：客户就是客户，服务就是服务。这句话简单地说明了你是给客户服务并解决问题的。解决问题远比争论谁对谁错更重要。客户在投诉的开始阶段大多是怒气冲天，这时千万不要火上浇油，进一步激怒客户。如果你能心平气和地切入解决问题轨道，就会缓解紧张气氛，双方都会觉得心里好受，也可以节省时间、精力和财力。

（1）耐心倾听，绝不争辩。服务人员首先要保持平和的心态，平和既是一种心境，也是一种风度和坚忍不拔的执着，它会带来一种温馨宁静的氛围。耐心倾听客户倾诉，坚决避免与其争辩。当好客户的出气筒，安抚客户，承认不足，平息怒气，使客户进入理智状态。在正常的情况下，客户服务人员要专心倾听客户的声音以便获得全面正确的信息。出现的情况就会比较复杂，尤其是带着怒气、坏脾气来到营业厅的客户，往往会让客户服务人员乱了阵脚：一般会有抵触情绪或者感到惊慌失措和害怕，找不到有效正确的方法与客户沟通会产生一些负面消极的情绪。面对这种情况，其一是先情感后事实，其二是做好充分的准备。前者是指要注意听出客户话语中"感情用事"的部分将之过滤出来，先关注客户的情感需要，再处理具体的事情，将正在生气的客户引导到解决问题的正常轨道上来。后者是指在比较棘手的情况下，要对眼前的情势有一个全面的估计和应变措施先稳定自己的心理，不受客户恶劣情绪影响再将客户带到休息区或专门设立的发泄室。其三让客户发泄心中的不满乃至愤怒，必要的时候还要边听边做记录。简要地重述问题的要点，以表示你在认真地听，对顾客抱怨的问题表示能够理解。学会坚持八个一点：耐心多一点、态度亲一点；话语柔一点、微笑甜一点；举止轻一点、动作快一点；承诺少一点、补偿多一点。这是旗开得胜的法宝。

（2）认同抱怨，平息怨气。首先从表情和语气上认同，表示出关心和同情；从情绪和心理上表示认同，理解客户遇到麻烦的情绪，真诚的表示歉意；在客观事实上认同，对于客户反映的产品和服务的缺陷和不足，要勇于承认，这是平息怨气的关键。但注意不是无视于事实和无原则的认同。如果你用诸如下列语言来推挡可能会招来更大的怨气："你好像没明白……""你肯定弄混了……""你本来应该……""我们不会…… 我们从没……我们不可能……""一定是你弄错了……"等。

（3）站在客户立场，将心比心。漠视客户的痛苦是处理客户投诉的大忌。理解、同情、承认过失是最好的润滑剂。切不可急于分清责任，企图降低投诉处理的成本，重要的是先站在客户立场上表示道歉，让客户感到你是善解人意的。客户不会对理解同情他的人发脾气的。

3. 纵横捭阖，澄清问题

《鬼谷子·捭阖第一》"即欲捭之贵周，即欲阖之贵密。"意思是如果采取开启的方法，最重要的是周详；如果采取闭合的方法，最重要的是缜密。在处理客户投诉澄清问题方面，所谓周详，就是在纵向上要全面掌握案情；所谓缜密，就是在横向上把握关键细节。

①纵，是弄清纵向时间和情节线索，掌握实情的来龙去脉有助于全面把握案情。②横，是抓住某个重要横断面的细节，搞清主要的细节问题，是处理投诉的关键。③捭，是开放。通过开放式提问，打开客户话语的闸门，给客户宣泄不满和委曲的时间和空间，以消解其心中积压的愤懑。借此之机，获取信息，掌握案件的全程和全局，以便完整全面地澄清问题。譬如，"你能说说事故的全过程吗？"，这是解决纵向问题的开放式提问；"发生事故时你都看到了什么现象？"这是掌握横向细节的开放式提问。④阖，是关闭。通过关闭式提问限定问题的回答，一般是为了找出横断面上的某个细节问题，找出关键的实质问题，不去涉猎其他问题。"断电常常发生在做饭时间段，对吗？"关闭时提问，限定回答时间段这个问题，也用于总结性提问找出某个关键问题。如，"您刚才说的是在贵州出差时，手机经常没信号，是这样吗？"

遇到使用开放和关闭提问客户不配合时，要反省自己使用的语气和句式是否"冒犯"了客户。如"你必须……"这句式会令大多客户恼火，还有"你本来应该……""你犯了个……错误。"都会让客户不由自主地产生防范或逆反心理。如果你改为如下句式"为了节约您的时间……""为了更快满足您的要求……""您……好吗？"客户就会愉快地给予你想得到的信息。服务人员是给客户带来满意的人。要让别人听取自己的意见，必须让你的话顺耳。在处理客户投诉的过程中，尊重客户，重视客户关心的问题，切忌恩赐或傲慢的态度，与客户一起妥善地找出解决问题的办法。

4. 探讨方法，解决问题

（1）快速纠错。快速纠错是真情道歉的延伸，也是投诉客户的期望。如，对一客户实施欠费停电，因工作疏忽却错停了另一客户的电。客户投诉后最重要的行动就是实施紧急复电措施纠正错误。对于这一类显而易见的错误，快速纠错行动，胜过千言万语和千恩万谢。许多客户听到"我尽可能……"后，会感到很生气，因为他不知道"尽可能"有多大的可能。但当他们听到"我会立即……"后，就会平静下来，因为你表达了你的服务意愿，以及你将要采取的行动计划，客户就会满意。

（2）维护客户利益。大多投诉不是显见的孰是孰非，需要弄清问题，商谈解决措施。但须记得对于大多客户而言，利益永远是他们最关心的事。所以记住、关心并维护客户的利益，而并非只陈述我们认为是最好的解决方案。

首先注意用建议的口吻，从低起点开始，（要有抬高的准备）提出公平的解决方案，说明这个方案的依据和对客户的利益。说明是讲道理，说服客户接受，而不是给客户摆制度、讲规定的，这都是你家内部的条条框框。当对方感到不满意时要表示理解，但不得简单的解释为"这是我们公司的规定。"这种解释会激怒客户，你要讲道理，客户不知道公司的规定，更不知道公司为什么这么规定？这种规定是否合理合法？又如，"我们一直都是这样做的。"难道说你公司一直这样做就一定是正确的吗？关键是客户要认可你的做法。有的没有耐心的服务人员会对犹豫不定的客户说："这是你的事，你自己做决定。"别忘了，你是解决问题的主导者，这种说法不负责任。再说客户犹豫期间正是最需要你点拨启发、最容易接受你的建议的时刻，你应该抓住这个机会，给客户公平合理的建议。

（3）探讨解决方法。采取必要行动：①怎么处理？修？换？退？赔？先让客户选择；②真正的优秀服务人员，给客户选择余地，分如下两步：了解客户想要的解决方案；提出"您认为怎么处理比较好？"如：有的客户的要求可能比我们预期的还要低些；③服务人员一定要态度非常真诚，并且要用迅速、有效、果断的处理方式，以换取客户的信任，在自己无法解决权限之外的，一定迅速反映给上级，以尽快给客户答复。

（4）迅速实施处理方案。只是体谅客户痛苦而不采取行动是一个空礼盒。客户会认为你在耍花样，没诚信。获得认同立马处理，给出解决方案后必须立即采取行动。客户希望立即见到行动，希望获得补偿。

（5）从服务角度解读"三十六计"。

1）笑里藏刀。中国俗语：恶人不打笑面人。一笑泯恩仇。西方有谚：肆虐的狂风撕扯不下行者的大衣，而温暖的太阳会让行者自己脱下。客户服务中的笑是真诚的微笑，是谦卑温和的态度。笑着批评容易接受；笑着拒绝容易被谅解。笑，蕴藏着不可估量的力量。藏刀，不是匿藏害人之凶器，而是先把解决问题的利器收起来，伺机而动。

2）反客为主。尊重客户，首先给客户选择权，把客户抬到主人的位置上，请教他怎样处理，摸清他的底线。这样做，客户的期望值或许比你预期得更低。

3）移花接木。绝不是推脱责任，而是巧妙地转移投诉者的聚焦点。让客户明白真正的责任人，不是他面前的人，而是另有其人。当肯德基被吃出苏丹红之后，肯德基在认错道歉的同时，以追根求源的态度，把货源乙方扯进了苏丹红事件，大加鼓噪。在公众的眼里，肯德基的货源一方成了苏丹红的源头，在移花接木的炒作中稀里糊涂成为肯德基的替罪羊。

4）调虎离山。俗话说，虎落平原被犬欺。老虎在山里才能称王。有些投诉客户就是要在人群密集的场合才会大声嚷嚷，喊冤叫屈，造成不良影响。到了人静的地方，或许会偃旗息鼓。及时将这样的客户带离客户云集的营业厅至大客户室等静雅之地，坐沙发、品名茶，在和谐的氛围中处理问题。

5）擒贼擒王。打蛇打头，擒贼擒王。群体投诉中，首先找出"王"，分析"王"代表的诉求的底线，集中火力擒住"王"，让代表人心悦诚服，其余的客户自然迎刃而解。

6）美人计。这里的美人计不是送上美女，迷乱客户的心窍，让他糊里糊涂就范。而是让客户喜欢的、愿意接受的员工登场。在长期的客户服务中，某些客户偏爱让某些服务人员解决问题。遇到这种情形，就让"美人"出场，满足客户的偏好，有助于问题顺畅解决。这里的"美人"就是客户喜欢的服务人员。

7）釜底抽薪。扬汤不能止沸，要止沸就要釜底抽薪。处理客户投诉最重要的步骤，就是切中要害，化解主要矛盾，解决实际问题。这才是客户最期待的。

因此，在处理客户投诉过程中，切忌使用如下"三十六计"。

1）瞒天过海。不着边际，东扯西拉，云里雾里，企图让客户不知所云，不得要领，蒙混过关。其实，聪明的客户任你妙计千条，他主意已定，那就是紧紧抓住他的经济利益不放。

2）偷梁换柱。明知客户的诉求，企图在沟通过程中诱导客户转移主题，偷换客户的问题和诉求，以其降低处理成本。

3）金蝉脱壳。无计可施，借故溜之大吉，逃之夭夭。这样的客服人员被客户视为无能之辈，为客户所鄙视，看不起。

4）走为上计。不负责任，一走了之，不再复返。客户久等，无人关注，顿生气恼。即使再次换人登场，客户也很鄙视公司的员工素质，大大损害公司形象。

5）空城计。服务人员使气脱身后，再也没人到场，将客户久久晾之，无人理会，唱起空城计。这种处理方式最令客户无奈和痛恨，往往会发生客户悻悻而去之前，有冲动的破坏行为。

5. 真诚致歉，感谢客户

当客户对供电企业提供的服务投诉时，应由被授权的员工及时向其道歉。此举虽小，但却能令客户深切地感知他们对供电企业的价值，并为重新赢得客户好感的后续工作铺平道路。这一步是给客户心里安慰，留住客户，与其和好如初的一个重要手段和技巧。客户服务人员需要说三句话来表达三层意思："再次为给您带来不便和麻烦表示歉意。""感谢您对我们的信任和惠顾。""我们会努力改进工作，真诚为您服务。"告知客户下一步会怎样改进工作并欢迎客户继续监督服务工作，提出宝贵意见和建议。

最后，对于还不熟悉的客户，重复一下你自己的姓名加深顾客的印象，并告诉顾客以后如何跟你联系，以体现主动服务。

6. 跟踪反馈，循环联系

为进一步缓解客户对服务失误的不满程度，在上述服务补救努力后，再进行跟踪观察。跟踪有多种形式，它可以是象征性补偿，几小时后的电话回访，也可以是几天后的一封带有再次道歉的慰问、征求意见的信函，采用什么方式，要因服务的类型和服务补救的情境而定，如象征性补偿。即使客户没有明确提出经济赔偿，如因供电服务给客户造成明显的精神或物质上的损失，也应以一种有形化的方式对客户进行补偿。这是一种勇于承担责任的态度，可以送个礼物（礼物价值视实际情况而定），当作象征性补偿的形式。如确因停错电，造成某居民客户冰箱内食品变质，可采用此办法取得客户的谅解：供电企业愿意为它的服务失误承担一定的赔偿责任，让失望的客户重新燃起希望。服务补救作为服务失误产生不利影响的缓冲器，应在客户服务中得以重视并得到推广运用。

如果说质量是产品竞争的基础，价格是产品竞争的核心，促销是产品竞争的条件，那么服务则是产品竞争的保证。供电企业只有牢固树立客户服务理念，制定有效的客户服务规划，把服务满意度列入经济指标，不断提升服务品位，追求更高目标，才能赢得客户满意，取得更好的效益。客户服务跟踪反馈调查的客户关系紧密度评价软指标包括很多方面，从客户的角度举例如下：

①我认为你们很在意我；②你们理解我的需要；③员工像接待客人一样接待我，我觉得对我很尊重；④在和你们交往时，我感到你们很亲切；⑤和你们发生业务关系，我觉得有保证；⑥和你们交往不是因为被迫（电力是垄断企业），而是愉快的这么做；⑦即使有另一家公司，我觉得也没有必要把业务转过去；⑧在需要帮助时，我愿意向你们求助；⑨我不会和你们的竞争公司（即使存在的话）建立业务关系；⑩和你们员工交往时我感到很愉快，就像和朋友在一起一样；⑪你们的事业是我生活中的一个不可或缺的重要组成部分……

》案例6-4 某月我家的电话费骤然升至平常的 5 倍，一位副局长没有首先承认错误的事实，答应电信客服给查找原因，而是劈头就问，是否是你的孩子拨打服务电话造成的？我真的火上浇油，因为那时候孩子还不会拨电话，这位领导不问不查，开口堵人嘴巴，令人怒火中烧。后来我掌握了一个重要的证据，我的话机作为主叫长话中有两个被叫我根本就不认识。电信这才道出实情：他的员工接我的号码拨打长途电话。这样的服务令我终生难忘。它给客户留下的是电信部门蛮不讲理、武断粗暴造成的烦恼和伤痛。

评 析

本案主观武断，身为局长不具备投诉处理的基本常识，首先寻找客户的错误，达到推卸责任的目的。经历了这次令人痛心的服务，我深深地体会到客户服务的重要性。一次刺伤客户内心情感的服务，足以让客户义无反顾地离开你。如果那时候别有选择的话，我会毅然决然地离开电信。

第四节 服务改进与提升

供电企业由于自然垄断，没有生命周期之虑。而中国大多数产品企业的平均生命周期不超过 5 年，超过 10 年的更少。经济专家诊断：这些企业的胜败通常不在产品上，在服务上！自然垄断的没有生命周期之虑的供电企业作为全社会关注的公益性企业，应该自我加压，担当服务社会的责任，改进客服质量，满足客户的服务需求。

一、提高员工队伍素质

精兵强将才能组成战无不胜、所向披靡的队伍。人员和技术是未来提升服务质量的关键。硬件随人的意志变化而变化，就是说有形的服务设施容易控制，而服务员工的思想则千差万别，难以控制。因此一支高素质的服务员工队伍，乃是提高服务品位，实现更高服务目标的基础的、决定性的力量。在改进选聘、培训、激励与保留服务员工的方法方面，要如兔起鸿飞，急起直追，摒弃传统的方式和标准，建立新的标准，崇尚新的理念，施行新的措施。必须充分认识到提升客户服务质量，将依赖于招聘高素质的员工；依赖用新的服务理念和方法对他们进行全面的培训；依赖于通过采取内部管理手段激励他们出色的工作。

前台就是一线，其服务人员的表现，是影响客户服务感觉的关键。因此供电企业应在全公司扩大招聘范围，招聘素质最好的人员，给予相应的较高的报酬。对他们进行素质培训后，给予充分的授权，以达到前台服务优质、方便、规范、真诚，流畅高效，亲切热情。应对突发性事件，不失时机，游刃有余。

《学会做自己的奶酪》一书中有一句名言："世界上没有完美的个人，只有完美的团队。"因为团队的凝聚力在于相同的理念，相同的目标，氛围和谐，互相帮助，行为协作，团结一致，自上而下，逐级带动。团队队员之间是互补互助，和谐一致，抱团打天下的多赢模式，与此同时，又让每个队员的价值得以充分的展示。

如同纤细的毫发拧成一股绳便可担千钧之力，团队精神无往而不胜。客户服务是一项系统工程，不是直接面向客户的几个窗口部门所能单独完成的，而是需要各个部门、每位员工之间密切配合、相互协调。服务表现的许多方面发生于后台、存在于客户的视线之外。后台服务人员（即非窗口服务员工）也需经过足够的培训，使其具备"前台"意识，变客户服务由"不是我的责任"为"这也是我的职责"。要增进团队精神和合作意识的培养，将优质服务工作体现在全体员工的追求中。通过全员、全过程、全方位的努力，通过尽心尽力做好本职工作，共同支撑起前台窗口的最佳服务形象，使客户感受到更快捷、更合理的"无断层"服务。

当前，由于人员招聘还存在人情招聘、关系招聘、业内招聘等不公平的用人现象，降低了电力员工队伍的整体素质。供电企业营销人员的素质和技能还比较单一，市场呼唤既懂客户服务，又会市场营销的复合型人才，应加快调整营销队伍的知识结构，加强培训，不断更新营销人员知识，实行竞争上岗，形成"岗位靠竞争，分配凭贡献"的竞争激励机制，真正把人才放到合适的位置上，以达到提升服务营销水平之目的。

▶▶ 案例6-5 9月下旬的一天，一位客户来到电力客户服务中心，一进门就冲着服务员小李大声叫嚷："你们必须把原来的电能表给我换回来，否则我就不交电费。"

小李马上有礼貌的迎上去，引导他到会客区坐下后，顺手倒了一杯热茶递上去说："不要急，慢慢说说你的问题，我们一定给予公平的处理。"原来该客户的电能表原为某供电所安装，9月初进行了换表。客户说，更换后的新表比原来的转的快得多。认定该表有问题，所以要求换回原来的电能表。小李解释说，你的旧电能表已经运行到期了，误差超出规定了，所以要更换。她又让另一服务员取来一块旧表和一块新表给该客户看，让他认定旧表和新表是否和他的两块一样。客户认定后，小李认真地给他解释说，你看旧表是 800 转/千瓦时，新表是 1200 转/千瓦时。就是说旧表转 1 圈，新表就要转 1 圈半。所以你看出明显转得快了。再说，你可以等到这月抄表收费后，比对一下换表前后两个月的电量。如果电能表真有问题，您可以申请校验，我们一定按规定办理，绝不让客户吃亏。

听了解释后，客户有些不好意思了。为给客户搭建一个阶梯，小李不失时机的感谢客户及时反映他发现的问题，并说这会有助于改进客户服务水平。客户微笑告辞了，小李微笑着将他送出服务大厅。事后回访，客户说电量比较均衡，不须重新校验了，并惭愧地说："我不懂，给你们添麻烦了，以后我会积极交费的。"

评 析 -------------▶

本案小李遇事冷静，以积极主动热情的态度接待了客户，倾听了投诉的原委，以专业知识解释了问题之所在。当客户自知理亏时，小李理解对方的心态搭建感谢的台阶。跟踪回访后，客户跟供电公司建立了忠诚关系。

二、转变客户服务理念

所谓服务理念，指人们从事服务活动的主导思想意识，它反映了人们对服务活动的理性认识。电力供不应求时，把电力营销服务归属到职业道德和精神文明的范畴，看成是企业对社会的一种奉献，缺乏改善服务的内在动力和远大目标。随着电力市场化改革脚步的加快、客户消费需求的变化，要求电力企业的营销服务逐步升级，"你用电，我用心"和"万家灯火，南网情深"已成为全新的市场经济型的客户服务理念。

供电企业转变服务理念，系统全面地掌握客户的购买倾向或服务需求，在服务过程中既当参与者又当责任者势在必行。树立"以客为尊，客户至上"、"人性化服务"、"用心服务"等新的客户为导向型服务理念。以客户需求为导向，从客户角度出发，以客户超满意为目的，使服务质量达到或超过客户期望的程度。

1. 与客户交朋友

客户的任何有关企业的言论和行为，哪怕只是一丝细微的行为，也会使企业获得极有价值的信息。企业应不断分析客户的言论和行为，注意客户变化的动向，掌握他们的需求，由此更好地为客户服务。

只有熟悉客户才能做出客户满意的服务对策。对企业来说，通过了解熟悉客户的行为和消费习惯是相当必要的。在客户服务管理中，要视客户为亲友，经常开展走访沟通活动。供电企业通过客户档案记录、客户服务系统、客户数据库等途径了解客户和客户群。熟悉客户名单、业务通信记录，记住他们的名字、身份，他们的优点和爱好，与他们结为朋友，完成供电企业与客户从"素昧平生"到"熟人朋友"的全过程。

2. 客户是水，企业是舟

唐代贤臣魏征说"水能载舟，亦能覆舟"。客户就像一片汪洋，企业就是一叶扁舟。尊重客户，与客户修好，客户就会托起并推进企业这叶扁舟破浪前进，否则就会舟覆人亡。尊重客户体现在对客户的欣赏、感谢和重视。欣赏客户就要赞美客户，赞美他们的优点和工作的积极性，让他们继续发扬光大；当客户如约交费，积极配合工作就千万不要忘记对客户表示感谢，让客户知道他们正在受到企业的重视，客户非常在意在这种精神上的满足，这是维系企业与客户感情的最好手段。

"客户永远是对的"是客户服务的真知灼见。视客户为企业的主宰和衣食父母，保证他们在接受服务时的安全权、知情权、选择权、公平权、被赔偿权和监督权；要向他们传递一种积极的信息，要客户知道我们企业很高兴他们选择了与我们的合作。即使个别客户，有个别不当言行，也应个别对待，不能影响对客户整体的根本看法。

3. 让客户超值满意

客户是理性的，他们的选择就是市场的天气预报，企业应不断努力来适应客户的不断变化。认真倾听客户的抱怨，分析客户不断变化的需求，满足客户对供电服务在可靠、规范和便捷上的更高的要求。供电服务营销应不断创新服务内容和手段，善于根据客户的偏好，满足个性化的需求，通过融入新颖的、有差别的服务要素以延伸其基本服务表现，提升客户对服务的满意度。

把主要精力放在营销服务上。在客户提出问题时能马上到位，提供全方位、多层次满足客户的需求，全过程全身心为客户提供方便，每一位客户都希望自己受到重视，得到优惠，并期望在出现问题时及时得到帮助。企业必须跟上需求，提供服务措施，让客户满意度达到最大。

4. 人性化服务

人性化服务是构建和谐社会的重要内容之一，做好人性化服务可以树立良好社会形象，让企业赢得更大的市场。

（1）人性化服务是一种战略，而非战术。它首先是一种服务观念，其次才是服务技巧。如果舍本逐末，人性化服务不会持久。

（2）服务不是指一手交钱一手交货的那一刻，而是贯通于服务人员内心的理念和一贯的行为。

（3）人性化服务的范围，不能局限在营业场所，还要延伸到客户端、现场，直至整个社会的各个角落。

（4）人性化服务不再是一句时髦的口号和表面的形式，具有具体的、本质的内容，需要融入到每一个服务人员的理念之中。

（5）实施人性化服务须积极换位思考、主动服务。人性化服务要求服务人员充分发挥主观能动性，挖掘内在潜力，时刻为客户着想，时刻围绕客户服务。在具体工作中，要想方设法为客户节省资金、节约时间，让客户感觉到方便、安全、愉悦……所以，作为一名服务人员，不仅要有一副温柔可亲的笑貌，还要有一双洞察人心的眼睛，要充分体贴和理解客户的痛苦，努力解决客户的困难和不便，做到善于发现客户的问题并及时解决。

（6）重新认识社会分工，服务是社会的需要，是每个人的需要。在当今的关系社会中，那些极不情愿、无奈走进服务岗位的人，心里就不踏实，没有铺下身段踏实工作的心态，骨子里没有服务意识，断然做不好服务工作。与被服务者吵架的服务者在中国比比皆是。鉴于此，在法治基础上，从教育培训入手，培养国民独立思考的能力，重新认识服务是社会分工的需要，是每个社会人生存的需要，也是社会发展的大趋势。给服务以全新的概念，实际上每个人做的每一项工作都是为他人服务，无非是直接与间接的区别。只有基于这样的认识，才能安心踏实地做好服务工作。

>> 案例6-6　　某供电公司为了在供电、社区和物业三方面联动，解决居民方方面面的用电困难，每个社区由居民推荐一名督导员，监督并协助供电服务人员履行电力服务承诺。每月在社区开展一次现场服务，解答客户的用电咨询、为客户提供技术支持；向客户赠送用电指导资料，提供内部线路故障检修、志愿者上门服务等。

　　建立优抚和弱势群体档案，对于老红军、老干部、孤寡老人、残疾人、特困家庭等开展上门服务和电话预约服务。同时向社区发放载有抄表员的详细联系方式的"供电服务连心卡"。还在社区内放置固定的信息发布板、便民箱等，利用多种形式与客户进行沟通，交流信息。每个月设定小区客户接待日，营销服务人员到联动小区为客户现场办理过户、更名代办银行委托扣费等业务。

评　析 -------->

　　本案供电公司通过现场服务日、客户接待日、发放联系卡等方式，针对不同群体，提供志愿者上门咨询、代办、维修等上门服务，体现了人性化服务，赢得了客户的忠诚。

三、制定客户服务战略规划

　　成功的服务性企业，必须有科学的客户服务规划。在美国，77%的服务性企业都有服务战略规划。仅仅开展一轮又一轮的短期的、零散的、表面的服务活动，能取得战术上频繁成功的短期效果，却隐藏着战略上失败的危机。客户服务规划要针对企业的环境状况，建立在科学的基础上。

　　1. 确定明确的服务目标和方针

　　国家电网公司提出的"优质、方便、规范、真诚"，南方电网公司提出的"诚信、便捷、精湛、优质，超越客户期待"作为供电企业的服务方针，也就是服务指南。各地各级供电企业应因地因时因具体情况而异有所变化，只要定位准确，应突出自己的优势和特点。在深入调查分析客户服务需求的基础上，根据企业能力状况，推出切实可行的供电服务标准。切忌全国一刀切，推行全面铺开、超越现实的服务标准。同时，服务标准不该一成不变，应根据企业的发展，按阶段作适当调整。

2. 构建适应本企业运行的客户服务组织体系

目前供电企业的"一部三中心"模式，即营销部、电费管理中心、电能计量中心和客户服务中心。在地市级供电企业也按此模式，尽量实现企业管理扁平化、专业化。

营销部的主要职责是监督指导，检查考核"三中心"的制度制定执行情况、营销计划指标完成情况和发展规划的制定，以及市场发展分析预测等工作。电费管理中心实现抄核收业务分离，对电费核算、发行、账务处理、资金归集实施自动化管理。加快电费资金归集速度，降低电费管理成本，提高电费风险监控和防范能力。

电能计量中心要提高计量技术和管理水平，做到计量准确，为准确的电费结算提高可靠准确的依据。规范管理并统一配送各种计量器具，及时鉴定，定期校验。

客户服务中心集业务受理、新装增容报装、咨询查询、故障报修、市场开拓、需求侧管理、用电检查、客户信息于一体，从客户报装开始，到完成送电的全过程。其后包括安全用电、用电变更、查询咨询、投诉处理等一口对外的部门。

四、强有力的技术支撑

谷歌公司发誓无论你要在网上找什么东西，都一定保证让你找得到——而且是在 0.2 秒的时间内。敢于甩出狂言般的承诺的底气是什么？那就是强有力的技术支撑让企业超额承诺和超额兑现！

如果常常停电，那还谈什么优质服务？供电企业的优质服务是建立在安全、稳定、可靠的电力供应基础上，这个基础需要强有力的技术支撑。要加强智能电网的建设，通过采用创新性产品和服务，利用数字技术提高电力系统的可靠性、安全性和效率，利用信息技术实现对电力系统运行、运行维护和规划的动态化，对各类资源和服务进行整合和重组；使用智能监测、控制、通信和自愈技术，有效整合发电方、用户的行为和行动，保证供用电连续、安全、经济，逐步建成电力流、信息流、业务流高度一体化融合现代化电网。在此基础上，加速提高配电自动化水平，以提高配网可靠性，保证客户的用电可靠率。客户服务中心要开发完善用电管理信息系统、电力负荷管理系统、远方自动抄表系统、银行代收费系统、配电地理信息系统和呼叫中心系统，使电力营销服务有一个技术现代化、信息电子化、管理规范流程化、各部门信息畅通共享的技术支持系统。

五、推动供电企业服务创新

高效、便捷是优质服务的基本含义。如果办理用电业务手续繁琐、信息查询手段落后、故障抢修行动迟缓，那么，无论企业员工的笑容多么灿烂、语言多么甜美、态度多么和蔼，也只能暂时平息客户的怨气与不满，而不能令客户真正满意。因此，必须推动供电企业服务创新。

1. 组织创新

"一部三中心"要树立以市场为中心，以客户需求为导向的服务意识，整合信息资源、服务资源，实现信息横向共享，将查询、咨询、报修、用电申请等与新装增容报装、电费管理流程有机地融合起来，建立客户服务体系和机制，进入常态运行，全面提升客户服务能力。

2. 业务流程创新

创新业务流程，简化工作程序，让服务更加方便、快捷，乃是服务营销的要义之所在。对凡是涉及用电客户的业务流程，都必须以方便客户而不是方便企业为原则，重新加以考虑，对每一项业务的每一个环节进行审视，使新的业务流程能够减少客户办理业务的手续和时间，提高办事效率。

3. 技术创新

从服务营销的角度来看，供电企业技术创新的方向主要有两个：一是保证电网安全、可靠、稳定运行；二是开发新的服务手段，提高服务质量。技术创新应该以客户为中心，以方便客户为出发点，而不仅仅是为方便供电企业自身，而企业往往容易忽视这一点。技术创新的关键是人才，供电企业应该遵循应用型人才与开发型人才并重的原则，大力推行科技发展，培养科技攻关队伍；其次是资金投入，供电企业应该加大在服务营销方面的资金投入，支持开展技术创新。

>> 案例6-7　2010年8月30日上午，位于某市店口镇的海亮股份有限公司动力科负责人收到了一封通过邮局投递的《客户服务信息单》，信息单上记录了海亮公司8月份的电量电费等详细情况。据了解，本月底前，某市475家用电容量在315千伏安及以上的大客户都将统一收到由邮局投递的电费清单。

通过邮局投递客户电费清单是浙江省某电力公司继大客户联络员制度之后推行的又一服务新举措。今年以来，某市供电局在定期走访客户活动中了解到，一些大客户对电费告知单接收不及时、栏目设计简单、电价政策不明白等颇有微词。某市供电公司经过对客户意见、建议和用电需求进行调研梳理后认为，用电大客户是经济发展的骨干，必须把解决他们的实际问题放在首位。给大客户服好务是保证电费及时足额回收，事关国家资金安全，有利于企业生产经营的举措。为此，某市供电公司专门设计了一份《客户服务信息单》，内容包括计费项目、电量、电价、金额等，使客户对当月电费一目了然。同时，增加了政策信息提示与建议两项内容，明确了客户的平均电价、力率、变压器利用率和三费率六时段电价的执行时间，提醒客户及时调整生产，加强管理，减少不必要的电费支出。

评析

本案供电公司以客户需求为导向，立即改进电费告知内容和送达方式，从客户的维护利益出发，增加了透明度，维护了客户的知情权。同时还为客户减少电量，节约成本支招。

第三篇

迨天之未阴雨，彻彼桑土，绸缪牖户。

——《诗经·豳风·鸱鸮》

电力客户服务风险防范

电力客户服务中存在各方面的风险，如电能质量风险、客户服务风险和法律法规风险。电力企业要正视电力客户服务现状，弄清各方面风险的来源，以法律法规规定为依据，以客户超满意为服务目标，在依法合规的基础上，强化服务意识，提高服务技能，创新服务方法，积极主动防范电力客户服务风险。

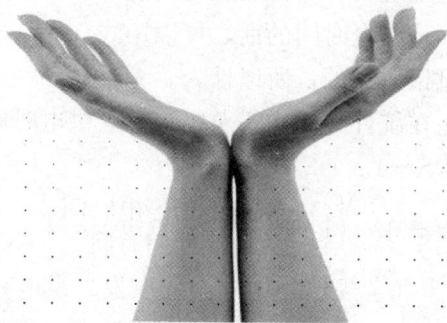

电能质量风险防范

电能质量纠纷主要包括高次谐波污染、电压波动幅度和供电可靠率等。如果电网被高次谐波污染，就会与对供电质量要求较高的客户发生纠纷，电压不合格纠纷比较少，供电可靠率纠纷则更为普遍。强化电能质量风险防范是做好服务营销的基础。

第一节　供电可靠率介绍

电力电能产品不同于有形产品，其连续供应的可靠性在使用价值中占有极大的比重。在生产生活中，如果没有供电可靠率的保证，即使其电压、频率和波形再好，也是没有意义的。不能满足客户的供电可靠率，轻则遭受投诉，重则索赔，管理好供电可靠率是客户服务的一项重要内容。

一、供电可靠率

1. 供电可靠率的概念及要求

供电可靠率是评价供电可靠性的主要指标。它可以基本反映一定的供电辖区在统计时间段供电系统对客户持续供电的能力。如果计入客户受外部影响停电时间和系统电源不足限电时间的话，可以用式（7-1）表示。因为这两种停电时间并非客户的过错造成的，所以计入。

供电可靠率，指在统计时间内，对客户有效供电时间总小时数与统计期间小时数之比，记作 $RS-1$。

$$RS-1=\left(1-\frac{用户平均停电时间}{统计期间时间}\right)\times100\% \qquad (7-1)$$

《电力法》第二十九条规定，供电企业在发、供电系统正常的情况下，应当连续向用户供电，不得中断。在电网运行非正常的情况下，则有诸多需要停电的情况。

《供电营业规则》第五十七条规定，供电企业应不断改善供电可靠性，减少设备检修和电力系统事故对用户的停电次数及每次停电持续时间。供用电设备计划检修应做到统一安排。供用电设备计划检修时，对 35 千伏及以上电压供电的用户的停电次数，每年不应超过一次；对 10 千伏供电的用户，每年不应超过三次。

《供电监管办法》第七条规定，电力监管机构对供电企业的供电质量实施监管。城市地区年供电可靠率不低于 99％，城市居民用户受电端电压合格率不低于 95％，10 千伏以上供电用户受电端电压合格率不低于 98％。

2. 影响供电可靠率的因素

供电系统设备先进、完好率高，即供电系统坚强，无疑会提高供电可靠率。除了供电系统硬件影响供电可靠率之外，主要因素是各类停电。供电企业实际生产经营中有几类停电，见表 7 - 1。

表 7 - 1   停 电 类 型

故障停电		内部故障停电
		外部故障停电
预安排停电	计划停电	检修停电
		施工停电
		用户申请停电
	临时停电	临时检修停电
		临时施工停电
		用户临时申请停电
	限电	系统电源不足限电
		供电网限电

尽管以上这些都是合理合法的停电，但是从客户服务的角度讲，供电企业在安排生产计划时不能只考虑己方的工作方便，还要考虑辖区的供电可靠率。同样在客户办理用电申请业务时，应根据客户的用电性质、等级和要求，尽到咨询服务职责，提高个体客户和辖区的供电可靠率。

二、提高供电可靠率技术和管理服务措施

采用先进科学的技术措施无疑是提高供电可靠率的一条有效途径。但由式（7 - 1）可见，保证可靠率不是一蹴而就的事情，而是日日月月连续考核的结果。供电企业要从让客户超满意的角度出发，提高整个供电营业区的供电可靠率。在制定实施生产计划、采取技术措施方面通盘考虑优化辖区的停送电调度方案。尽量减少停电时间，提高供电可靠率。服务好千家万户也是提高辖区供电可靠性的重要措施，因为个别用户的用电故障也会引发辖区供电系统的故障。

1. 提高供电可靠率技术措施

提高供电可靠率的技术措施有：①分析网架结构，增设线路断路器，增加分支线路，控制缩小停电范围；②专变客户高压侧装设负荷开关或跌落熔断器等，尽可能隔离专变客户故障；③低压架空线采用绝缘架空线或电缆等，减少放电和触电事故；④加强剩余电流动作保护器的安装运行与管理；⑤推广设备状态检修技术和带电作业技术，减少停电时间；⑥采用发电车，在局部停电或供电困难的情况下，利用发电车临时发电，保证客户供电；⑦装设线路故障寻址器，提高线路故障点监测精度，缩短故障查找时间，减少停电时间；⑧对于中低压电网结构复杂的，采用地理信息系统（GIS）技术管理电网，快捷、准确、实时提供电网信息和故障处理方案，提高电网运行的可靠性。

2. 提高供电可靠率管理服务措施

提高供电可靠率管理服务措施有：①加强电力设施运行检修管理，定期测试并分析设备运行状况，加强巡视，发现事故隐患，及时消除事故。②合理安排停电检修计划，考虑大客户的电力设施检修；提高检修质量，减少检修次数。③做好施工准备工作，优化施工方案，减少停电时间。④加强事故抢修管理，在故障发生时能够快速检测、定位和隔离故障，并指导作业人员快速确定停电原因，及时到位抢修，恢复供电；提高维修技术，保证抢修工具和材料的及时充足供应，缩短抢修时间。⑤建设坚强可靠的智能电网，提高抵抗自然灾害的能力，加强电力设施保护，防止意外事故断电。⑥做好客户服务工作，及时指导客户提高设备安全可靠性和安全用电，减少客户端事故。

>> 案例7-1 1999年5月，某市医学院建立了微生物实验室。该实验室需要有稳定的电源。为此，医学院与本市供电公司签订了供用电合同。合同对供电公司供电的频率、电压、间断供电时限等方面都作了特殊规定。到2002年，由于与医学院共用同一条电路的某建材公司经常违法用电，供电公司多次警告无效。2003年3月的一天，供电公司决定对建材公司进行停电，在停电前一小时通知医学院该线路停电。医学院微生物实验室在如此短的时间里无法找到

稳定的电源，结果造成微生物大量死亡，十多年的医学研究从此中断。供电公司的行为给医学院带来了近百万元的直接经济损失及其他不可挽回的损失。医学院要求供电公司赔偿一切损失，但供电公司却以维修供电设施为由，拒绝医学院的赔偿要求。于是，医学院诉至当地人民法院。

评析

本案供电公司在给建材公司停电之前，根本就没有考虑到医学院是他的重要用户，缺乏基本的服务意识，且其停电行为违反法律规定。如此停电行为，且不说重要客户，普通客户的供电可靠性也难以保证！《合同法》第一百八十条规定，供电人因供电设施计划检修、临时检修、依法限电或者用电人违法用电等原因，需要中断供电时，应当按照国家有关规定事先通知用电人。未事先通知用电人中断供电，造成用电人损失的，应当承担赔偿责任。关于供电人事先通知用电人义务，《电力供应与使用条例》规定，除另有约定外，在发电、供电系统正常运行的情况下，供电企业应当连续向用户供电。因供电设施计划检修需要停电时，供电企业应当提前7天通知用户或者进行公告；因供电设施临时检修需要停止供电时，供电企业应当提前24小时通知重要用户。《供电监管办法》第十三条规定，电力监管机构对供电企业实施停电、限电或者中止供电的情况进行监管。因供电设施临时检修需要停电的，供电企业应当提前24小时公告停电区域、停电线路、停电时间。本案中，供电公司为故意停电，仅仅提前了1小时通知医学院，而医学院用电有特殊要求，属于供电公司的重要用户，供电公司负有在停电前24小时通知的义务。因此，供电公司既没有按照合同约定安全供电，也没有按国家规定停止供电时提前24小时通知用户的规定执行，直接造成了医学院的损失，根据《合同法》第一百七十九、一百八十条规定，供电公司应当赔偿医学院因此所受到的一切损失。

启示

建材公司违法用电与医学院的损失没有法律上的因果关系，如果供电公司不停电，建材公司的违法用电不会给医学院造成直接经济损失，因此，医学院只能要求供电公司赔偿损失。建材公司违法用电直接损害了供电公司的经济利益，是导致供电公司停电的原因，供电公司赔偿医学院损失后，可以追究建材公司的违法用电行为，这是另外的诉讼纠纷。如上所述，供电公司在给建材公司停电以前没有依法履行通知义务，停电行为存在主观故意，停电行为与医学院的损失有事实和法律上的因果关系。因此，供电公司应当赔偿医学院的经济损失。

>> 案例 7-2　原告某制药公司系主要从事国家一类新药硫酸依替米星生产的制药企业。其于 2001 年 2 月向被告某省电力公司某州供电公司申请并选择近期正式用电容量为 630 千伏，主要用电设备为空调、生产设备等。但原告对其中供电要求一栏未填写内容，即未提出特殊要求。原告的申请经被告批准，原、被告双方于 2001 年 9 月 3 日签订了《高压单电源供电合同》，双方并对电力运行事故造成的损害的赔偿等相关内容作了约定。

2002 年 3 月 20 日下午 4 时 50 分起至 3 月 21 日凌晨 0 时 20 分，本市出现较大降雨天气，雨量达 11.7 毫米，并伴有大风，至 21 时 25 分最大风速达每秒 12.9 米。20 时 03 分原告所使用的供电线路民营 1 号线 133 断路器跳闸重合未成，引起断电。被告遂立即赶至现场进行察看和抢修，在抢修过程中被告临时在其他线路搭线调电，恢复民营 1 号线送电。3 月 21 日上午 7 时 48 分，线检员申请从 8 时 30 分至 14 时 30 分全线事故处理，经指挥中心同意后，上午 9 时 04 分进行民营 1 号线线路检修，中断了临时用电。中午 12 时许，经检修后被告恢复供电。在两次断电过程中原告正组织药品生产，由于这二次断电，原告投入生产的原料报废，造成了一定的经济损失。当日原告即向某州新区管委会投诉，要求解决赔偿事宜，因未能解决，原告遂向某州市天宁区人民法院提起诉讼。

原告诉称，我公司是主要从事国家一类新药硫酸依替米星生产的制药企业。因被告未事先通知，突然中断供电，违反了电力供应应当持续、不得中断的原则，按照《电力法》第 59 条第 2 款的规定，被告应当承担赔偿责任，赔偿因第二次中断供电造成的损失 380 000 元。

被告某省电力公司某州供电公司辩称，①原告所述的断电事故系不可抗力。不可抗力是一种客观情况，从发生到后果的消除是一个完整的过程，因此不可抗力的后果应延续到 3 月 21 日才完全排除。②被告采取的措施是紧急抢修。③即使是临时检修，被告也无需事先通知原告，因原告采用的是单电源，双方所签订的供用电合同中，确定原告的用电性质为 3 类负荷，属非重要用户，因此产生的后果与被告无关。④根据电力法规定，因不可抗力的原因造成的电力运行事故，电力企业不承担责任。即使是供电企业运行引起的事故也只能按用户停电时间内可能用电量的电度电费的 5 倍予以赔偿，且双方在合同中也已作了如此的约定。综上所述，被告从不可抗力的发生到排除，是恪尽职守、规范操作的，被告在主、客观方面不存在过错，要求驳回原告的赔偿请求。

某州市天宁区人民法院经审理认为，因本次事故系自然灾害引起的不可抗力导致被告某州供电公司不能履行合同，根据不可抗力的影响，可以免除被告的责任，因此被告不负赔偿责任；原告作为连续生产的企业，应当根据其用电的不可间断性，对用电作特殊的要求，或自身应当设置必要的保护措施，但其既未与被告作特殊约定，又无一定的保护措施，因此造成的损失应由其自身承担，故被告不承担赔偿责任。依据《合同法》第一百一十七条、《电力法》第二十八条、第三十条、第六十条第二款第（一）项的规定，判决驳回原告某制药有限公司的诉讼请求。

一审判决后，某制药有限公司未提出上诉。

评析

本案不可抗力和客户对用电没有作特殊要求的客观事实不可否认，但从优质服务的角度看，本案被告在办理用电申请和停电通知环节的服务还存在着不尽如人意之处。

首先，在客户申请用电时，被告应尽到咨询指导的职责，告知原告作为连续生产的企业，根据其用电的不可间断性，应对用电作特殊的要求，或自身应当设置必要的保护措施，对既未作特殊约定，又无一定的保护措施的原告即批准报装接电，是不负责任的营销行为。

其次，关于被告第二次断电前是否应该通知原告。电力负荷应根据其重要性和中断供电在政治上、经济上所造成的损失或影响程度，分为三级，即一级负荷、二级负荷、三级负荷。本案原、被告签订了《高压单电源供用电合同》，合同约定了本案原告为3类用电单位，即其用电负荷为三级。作为三级负荷用电单位的原告，其在未与供电单位对用电作特殊约定的前提下，只能属于一般用户。如属计划检修，则供电公司负有通知用户或进行公告的义务，如属临时检修，则应提前24小时通知重要用户。临时检修，作为一般用电用户的原告，《电力供应与使用条例》也并未强制规定供电方对其负有通知义务。从优质服务方面讲，本案被告如果知道第二次停电前，原告已经投料生产的话，即使是因不可抗力导致的继续抢修行为，条件允许的话，也不妨通知原告。

第二节 谐 波 污 染

近年来，我国企业大量地采用了硅整流及可控硅设备，这导致供电质量的严重降低。被这些高次谐波污染的电能输送客户，导致次品或废品，就会引发投诉或索赔诉讼。并且由这些设备所产生的高次谐波与供配电网络中的系统容抗与系统阻抗在一定参数条件下形成串联或并联谐振，还会导致系统中某些设备的损毁事故。

一、高次谐波

1. 高次谐波概念

供电系统谐波的定义是，对周期性非正弦电量进行傅立叶级数分解，除了得到与电网基波频率相同的分量，还得到一系列大于电网基波频率的分量，这部分电量称为谐波。谐波频率与基波频率的比值（$n = f_n / f_1$）称为谐波次数。波形是电能质量的指标之一。常见的谐波源有炼钢电弧炉、晶闸管变流设备供电的轧机、电力机车，以及化工整流器等。在计划体制下，电力局有用电监察权，可以督促用户采取措施进行谐波治理。当电力局转化为供电企业后，必须在送电前签订供用电合同并明确双方在谐波治理方面的权利和义务。否则，对于具有谐波源设备的较大用户，当其谐波超标时，往往对供电企业要求其整改的通知不予执行和配合，而供电企业对此类用户又不能轻易停电，使供电企业陷入被动境地。在常德市曾经发生过此类事故，由于某用户治理谐波不力，注入电网谐波超标，使另一工业用户产生大量次品，造成 50 万元的经济损失。

2. 谐波的危害

我国一直采用 50 赫兹交流供电制式，在稳压保护的过程中，很少考虑到谐波的危害。这样一来为谐波的产生和延续提供了条件，使得谐波相互作用，一方面损坏电器，另一方面消耗大量电能。如表 7 - 2 所示为 50 赫兹交流供电下的正序、负序和零序谐波的分类。

表 7 - 2 　　　　50 赫兹交流供电下的正序、负序和零序谐波的分类

谐波次数	2	3	4	5	6	7	8	9	10
频率（赫兹）	10	15	20	25	30	35	40	45	50
相序	−	0	+	−	0	+	−	0	+

正是由于各种谐波的存在，使 50 赫兹的正弦交流电发生波形畸变，影响了正常的工作。谐波危害主要在于：①在三相四线变压器中，3 次整数倍的谐

波代数叠加,感应到变压器一侧,造成线圈过热,同时使中线电流过大,发热直至烧坏。②在电动机运行过程中,谐波使交流电压波形严重失真,烧毁电动机。③在无功补偿电路中,谐波会形成谐振,烧坏电容柜。④在日常生活中,日光灯灯管被烧坏启辉器无法启动等情况都是由谐波造成的。除了对电路造成危害之外,谐波的存在,同时也影响继电保护和自动装置工作的可靠性。

3. 法律责任

任何电力用户,自报装接电开始,不管是否签订书面供用电协议,都与供电企业形成供用电合同关系,都要依法用电,不能违背法律、法规所规定的内容。

我国 1993 年颁布 GB/T 14549—1993《电能质量公用电网谐波》规定:注入公共连接点的谐波电流超过允许值的用户,必须安装电力谐波滤波器,以限制注入公用电网的谐波。低压电气及电子设备产生的谐波电流也不能超过限值。购置用电设备,要经过试验证实,符合该标准限值才允许接入配电系统中。《供电营业规则》第 5 章第 55 条也明确规定:电网公共连接点电压正弦波畸变率和用户注入电网的谐波电流不得超过国家标准 GB/T 14549 的规定。用户具有非线性阻抗特性的用电设备接入电网运行后所注入电网的谐波电流和引起公共连接点电压正弦波畸变超过标准时,用户必须采取措施予以消除。否则,供电企业可中止对其供电。

二、谐波污染治理服务措施

为了减少谐波的不良影响,供电企业必须把谐波管理纳入日常的生产管理中,建章立制,采取技术措施,强化客户服务,加强谐波监督管理。

1. 管理服务措施

(1)建立谐波监督管理体系,进行技术培训,开展谐波的测试、研究、分析工作。分析产生谐波的原因,制定切实可行的反事故措施。将谐波治理作为一项常态工作来抓,对发生谐波事故的原因坚持查不清不放过,防范措施不落实不放过。

(2)认真做好业扩、报装接电及现有非线性负荷谐波的设计、审查、统计工作,建立完善的技术资料档案。强化谐波检测仪器、仪表的检验和认证工作,积极推广治理谐波的新技术,帮助超标客户进行谐波治理。

2. 技术服务措施

(1)改造换流装置。整流设备是电网中主要的谐波源之一,通过改造换流装置,采取特殊的接线方式或将相数较少的换流变压器联结成等效的多相形式，增加换流器相数，或利用相互间有一定移相角的换流变压器，有效地消除较大的低次谐波。通过加大技术改造力度，既可节省大量资金，又能够达到抑制或降低谐波分量的理想效果。

（2）采用无功补偿装置。由于中频炼钢炉、电弧炉、电力机车、卷扬机、轧机等用电设备用电负荷不稳定，变动频率较高，不仅会产生较强的高次谐波，而且极易引起电网电压的波动和闪变，甚至造成系统三相严重的不平衡，严重影响电网的供电质量。应采取快速可变的电抗器或电容元件组合而成的动态无功补偿装置与谐波源并联，不仅可有效地减少谐波量，而且具有抑制电压波动、闪变，增加系统阻尼，提高系统功率因数，保证电网电压质量的功能。静补装置一次性投资较大，但是经济和社会效益较好。

（3）采用交流滤波装置。交流滤波装置能够有效地吸收谐波源所产生的谐波电流，降低谐波电压，它是抑制谐波污染的有效措施之一。它一般由电容器、电抗器、电阻器等根据一定技术要求组合而成，因其结构简单、运行可靠、维护方便、一次性投资较少等特点而得到广泛应用。

（4）采取技术措施加强电容器管理。通过改变电容器的串联电抗器或将电容器组的某支路改为滤波器，限制电容器的投入量，可有效地防止或减少并联电容器对谐波的放大作用，从而保证电容器的安全运行。

（5）采用高性能用电设备。通过采用高性能的用电设备，改善其谐波的保护性能，提高设备的抗谐波干扰能力，增加系统承受谐波的能力，减少谐波事故的发生。

>> 案例7-3　　2008年初，某市政府部门在招商引资中从上海引进了某炼钢厂项目，在为其提供优惠政策的同时，要求供电企业积极配合尽快上电。由于时间紧、任务重，负责为该厂提供配电装置的某电力器材厂按照厂方要求为其进行了图纸设计并提供相关产品。但令他们没有想到的是，炼钢厂的生产设备是电力谐波危害巨大的中频炼钢炉，由于没有安装滤波装置，对电网的安全运行存在极大危害，随后的纠纷也就发生了。

2008年7月，配电设备现场安装完成后不久，炼钢厂就投入了正常生产。但没几天，就有电话打到电力器材厂，原因是其两面电容柜全部烧毁，他们要求尽快更换。为了妥善处理这一事件，器材厂技术人员与电业公司生产技术部有关人员一同去了事故现场。只见两面电容柜已是面目全非，柜内所有电容器均被烧毁。经检查分析，电业公司生产技术部技术人员认为：电容柜的烧毁是由于用户使用的是中频炼钢炉，没有安装滤波装置，在运行过程中产生较大高次谐波，进而将用于无功补偿的所有电容器悉数烧毁。

他们提出了处理意见：①炼钢厂在明知自己的生产设备需要滤波装置却没安装的情况下开展生产，电容柜的烧毁是用户用电设备对电网注入的谐波电流超标所致，因此更换电容柜的费用由用户承担。②马上对炼钢厂予以停电，因为该炼钢设备还有可能对运行的变压器及其他用户造成危害。③用户要尽快加装谐波滤波装置，否则不予以送电。

但炼钢厂不服，他们指出：①炼钢厂本身使用中频炼钢炉的情况已经告诉了电力器材厂，由于厂方人员疏忽造成了设计上的缺陷，导致了这次事故的发生。②很有可能是电网本身携带谐波导致了这次事故，更换电容柜及加装滤波装置的费用应由供电企业承担，炼钢厂没有责任。③若供电企业给炼钢厂停电，炼钢厂就撤资。

在双方争执不下的情况下，这起纠纷最终由市政府出面，本着顾全大局的需要，电力器材厂牺牲自身利益，重新为炼钢厂安装了电容柜，滤波装置由炼钢厂负责购进。

评析

该案例中电容柜烧毁就是电力谐波危害的一种，当含有谐波的电压加在电容器两端时，谐波电流叠加在电容器的基波上，使电容器电流变大，温度升高，寿命缩短，引起电容器过负荷从而被烧毁。同时谐波又与电容一起在电网中造成电力谐波谐振，使故障加剧。

《供电营业规则》第五十五条规定，电网公共连接点电压正弦波畸变率和用户注入电网的谐波电流不得超过国家标准 GB/T 14549—1993 的规定。用户的非线性阻抗特性的用电设备接入电网运行所注入电网的谐波电流和引起公共连接点电压正弦波畸变率超过标准时，用户必须采取措施予以消除。否则，供电企业可中止对其供电。《供电监管办法》第七条规定，电力监管机构对供电企业的供电质量实施监管。供电企业应当审核用电设施产生谐波、冲击负荷的情况，按照国家有关规定拒绝不符合规定的用电设施接入电网。

从服务角度分析，首先，炼钢厂负有不可推卸的责任，在明知自己的生产设备对电网安全运行有极大危害的情况下，不仅没有安装滤波装置，还把电容柜烧毁的责任推给了供电企业，这显然是有悖于法理的。其次，《供电监管办法》第十二条规定，电力监管机构对供电企业向用户受电工程提供服务的情况实施监管。供电企业自身没能及时做好该用户报装接电时的设备谐波审查工作和设备入网运行后的谐波检测工作，致使谐波危害进入电网，并造成了客户设备的损坏，应当承担部分责任。发现用户受电设施存在严重威胁电力系统安全运行和人身安全的隐患时，应当通过技术指导服务，消除谐波污染，在隐患消除前不得送电。

第三节 电 压 质 量

电压质量不达标，既影响用电器的功能，损害用电器的寿命，也影响产品质量。如电压低了，照明设备亮度不足，降低电动机出力，且因电流增大，绕组发热，设备电流过载易烧坏。

一、电压质量参数

除了上述已经讨论过的谐波污染，通常客户端对电压的频率要求不苛刻，更注重电压偏差的要求。大多客户抱怨电压低，只有少数客户反映电压高。

《供电营业规则》第五十四条规定，在电力系统正常状况下，供电企业供到用户受电端的供电电压允许偏差为：①35千伏及以上电压供电的，电压正、负偏差的绝对值之和不超过额定值的10%；②10千伏及以下三相供电的，为额定值的±7%；③220伏单相供电的，为额定值的+7%，－10%。在电力系统非正常状况下，用户受电端的电压最大允许偏差不应超过额定值的±10%。用户用电功率因数达不到本规则第四十一条规定的，其受电端的电压偏差不受此限制。

《供电监管办法》第七条规定，电力监管机构对供电企业的供电质量实施监管。在电力系统正常的情况下，供电企业的供电质量应当符合下列规定：①向用户提供的电能质量符合国家标准或者电力行业标准；②城市地区年供电可靠率不低于99%，城市居民用户受电端电压合格率不低于95%，10千伏以上供电用户受电端电压合格率不低于98%。

二、客户反映电压高低的原因

在电源附近的客户一般会反映电压高，电源出口附近的电压高于额定电压。如10千伏/0.4千伏配变的侧出口电压为400伏而非380伏，因为考虑到至线路末端的压降。

大多远离电源的末端客户抱怨电压低。原因是供电半径大、线径小、线路老化、接头多、阻抗大、压降大造成的。其次，变压器容量小、过载运行、调压能力有限等也是电压低的原因。

三、电压监测、调整与服务

满足客户电压质量要求的方法就是进行实时电压监测，及时实施电压调整服务。

1. 电压监测

采用质量认可的电压监测设备，根据电监会《供电监管办法》第八条"电力监管机构对供电企业设置电压监测点的情况实施监管。供电企业应当按照下列规定选择电压监测点：

"（1）35 千伏专线供电用户和 110 千伏以上供电用户应当设置电压监测点；

"（2）35 千伏非专线供电用户或者 66 千伏供电用户、10（6、20）千伏供电用户，每 10000 千瓦负荷选择具有代表性的用户设置 1 个以上电压监测点，所选用户应当包括对供电质量有较高要求的重要电力用户和变电站 10（6、20）千伏母线所带具有代表性线路的末端用户；

"（3）低压供电用户，每百台配电变压器选择具有代表性的用户设置 1 个以上电压监测点，所选用户应当是重要电力用户和低压配电网的首末两端用户。

"供电企业应当于每年 3 月 31 日前将上一年度设置电压监测点的情况报送所在地电监会机构。供电企业应当按照国家有关规定选择、安装、校验电压监测装置，监测和统计用户电压情况。监测数据和统计数据应当及时、真实、完整。"

由上可见，我国电压监测只测试到 10（6）千伏，国外发达国家则测试到网络末端。就是说我国的电压监测要求低。从服务客户、满足客户需求出发，在供电辖区内的（380/220 伏）客户，每一定量（如 100 台）的变压器至少设置 2 个监测点，分别设置在具有代表性的低压干线末端和重要客户。

电压监测设备应采用自动记录型电压监测仪，并取得电科院的质量认可。运行中的电压监测仪应每天 24 小时不间断地进行监测统计记录，作为电压合格率的考核依据。

2. 常见电压调整服务技术措施

（1）并联电容器调压。利用并联电容器的投、退，改变无功功率在电抗上产生的电压降落的纵分量中的无功功率在电抗上产生的电压降分量的大小，从而达到调压的目的。

（2）合理选择无载调压变压器的分接头。双绕组变压器的高压绕组和三绕组变压器的高中压绕组一般都有若干个分接头可供选择，借以改变变压器的变比。如，有的有 3 个抽头，电压调整范围为 $\pm 5\% U_n$；有的有 5 个抽头，电压调整的范围为 $\pm 2 \times 2.5\% U_n$。其中对应于 U_n 的分接头为"主接头"。

（3）利用有载调压变压器调压。在负荷变化大的情况下，可带负荷随时改变分接头调压。其调压范围较大，一般为 $\pm 3 \times 2.5\% U_n$、$\pm 4 \times 2.0\% U_n$、$\pm 8 \times 2.5\% U_n$ 等。

（4）投、停线路或变压器调压。在不降低供电可靠性和不显著增加功率损失的情况下，改变电网的接线方式，如切除或者投入双回线中的一回线，切除或投入变电站中的一台或两台并联运行的变压器，以改变无功功率分布及电网参数。

对于低压电网可以通过增大线路的线径以减少电抗，缩小供电半径减小压降来提高客户的用电电压。对于电源出口附近和线路末端客户可以加装稳压器降、升电压。

任何技术服务措施，供电营销部门都要有投入或损失，采取何种措施，应权衡利弊，在保证安全、满足客户需求的前提下，尽量取得最大经济效益。

第八章

客户服务风险防范

由于市场营销意识欠缺，客户服务观念淡薄，对客户的消费要求和消费心理缺乏研究，实践中缺少开拓市场的气魄，一些供电企业在营销过程中对内对外存在不规范、不合格，甚至是违约违法的风险。有些供电公司对创建服务型企业在文件上、会议上、活动上下的功夫不小，但是在落实、检查、考核上缺乏得力措施，致使优质服务仅仅停留在环境美一点、态度好一点而已，缺乏核心的软实力。客户服务风险存在于业扩报装、维护维修和停送电等各个环节。

第一节 业务办理与营销服务风险

《2011 年供电监管报告》（三）指出，供电服务与国家标准仍有差距，未能完全兑现向社会所作出的公开承诺：用电业务流程办理不规范；用电业务办理超出规定时限，有的甚至存在造假现象；用户投诉处理不规范。从电监会的检查情况看，从业务办理的时限、流程到进入正常的供电营销的各个环节，都不同程度地存在问题。

一、服务态度不端正

当服务还没有形成习惯更没有进入潜意识时，客户服务处于评比检查紧一阵子、活动过后松一阵子的状态，客户服务人员服务态度不端正，没有真正认识到自己工作的职责和意义，习惯于靠领导、靠规定来解决客服中的问题，而不是以积极主动的主人公态度为客户服务。这样，在现场和窗口服务中，出现首先想到自己的工作方便，难免生、冷、硬，更谈不上人性化服务。

>> 案例8-1 某市的梅先生 2008 年在某市惠济一路购买了一套二手房，当

年 10 月装修入住后，发现电能表经常"吱吱"作响，向供电部门提出自行出钱换表未果，便一直将就着用。2009 年 12 月，某区供电营业所用电检查人员发现他家的电能表存在窃电现象，便责令他连补带罚交 2200 元后，再换新表，否则拉闸断电。次日，梅先生拿着房产证到某区供电营业所讨说法：自己才入住一年，有可能是前一住户在电表上动了手脚，而且自己还曾经要求出钱换表，是供电方不给换。供电营业所答复："我们只认表，不认人。"无可奈何，梅先生只好交了罚款。

评析

本案撇开是否窃电不论，客户发现电能表有问题申请自行出钱换表，应属供电营销的服务范围，却一直没有结果，这属于基本服务不到位。其次，"我们只认表，不认人。""我们"这样的客服也太冷漠生硬了吧？即使真的是窃电也应该给予合理合法的解释呀，"只认表"不是客服的作为，也是解决不了问题的。你的工作就是为人服务的，怎么应该"不认人"呢？

二、用电业务办理流程不规范

1. 办理业务的时限不规范

《供电监管办法》第十一条规定，"电力监管机构对供电企业办理用电业务的情况实施监管。供电企业办理用电业务的期限应当符合下列规定：（一）向用户提供供电方案的期限，自受理用户用电申请之日起，居民用户不超过 3 个工作日，其他低压供电用户不超过 8 个工作日，高压单电源供电用户不超过 20 个工作日，高压双电源供电用户不超过 45 个工作日。"国家电网公司新"三个十条"承诺，"装表接电期限：受电工程检验合格并办结相关手续后，居民客户 3 个工作日内送电，非居民客户 5 个工作日内送电。"实际操作中，存在不少超时限情况，既违反了法规规定，也没有兑现承诺，由此引起客户不满。

2. 办理业务流程不规范

国家电网公司员工服务"十个不准"规定："不准违反业务办理告知要求，造成客户重复往返。不准违反首问负责制，推诿、搪塞、怠慢客户。"国家电网公司调度交易服务"十项措施"规定："规范服务行为，公开服务流程，健全服务机制，进一步推进调度交易优质服务窗口建设。"有的供电公司营销人员权力与责任不清，不执行规范的业务流程，只考虑电力企业操作方便，不考虑客户是否方便，没有一口对外业务办理的方便性。部门之间推来搡去，使客户无所适从。甚至还有,电工代办、隐瞒真相、买卖户号、从中作假牟利的现象存在。

>> 案例8-2   2008年5月,某单电源低压动力客户找到市供电公司营业厅,申请办理用电业务,服务人员说要求自费安装预付费电能表,大约投资4500元。客户说自己用电量不大,而且从来也没有拖欠过电费,不同意安装预付费电能表,安装普通三相动力电能计量表即可。客服人员说,你的要求我们说了不算,你要去问问乡镇电管部领导。乡镇电管部领导说你问问供电公司营销部领导吧。两家领导推诿扯皮,用电申请搁置了4个月,客户的机械加工业务一直没有开工。9月,该客户找到辖区的供电所反映了如上情况,所长当机立断答应立即给予办理,并叫来管片电工询问了电源容量情况后,跟电工说抓紧时间安排用电。

评 析 - - - - - - ->

首先,该公司强制安装预付电费计量装置是错误的;其次,用电申请走流程而不是某领导的专权;再次,业务办理推诿扯皮,按照《供电监管办法》的规定,理论上应该29天解决(答复方案+审核资料+受电工程中间检查+受电工程竣工检查+装表接电=8+8+3+5+5=29天)的业务,拖到4个月才给予解决。如此服务客户会满意吗?

三、营销管理不规范

1. 业务办理流程存在造假现象

业务办理流程是办理业务的程序规范,是在长期业务实践中不断摸索、修正、完善、提高中形成的。遵循流程办理业务对于供电方而言,及时准确,便于管理,对于客户则方便快捷,省事省力。一旦打破流程,就会秩序大乱,麻烦多多,甚至引发诉讼。

>> 案例8-3   2006年6月,栗某以电能表不准,电力线路损耗过大为由申请电能表检验,经检验电能表误差在正常范围。2006年11月22日,栗某提出申请,要求更换电能表,并递交了换表申请和身份证复印件。11月29日,供电公司领取一只新的30(100)A计量表。11月30日,安排换表。12月1日,客户服务室走流程挂表,归档。但在传递书面材料时,工作人员在甲种杂项工作单上签署的日期为11月22日。原因是为了让工作单的日期不超时限,

把日期统一填写到 11 月 22 日。客户见实际挂表，归档日期与工作单上不符，拒绝签字。并且自 2006 年 12 月份开始拒缴部分电费。因为粟某公司的电能表 11 月份抄表时间是 21 日，换表的时候是 29 日，拆除的旧表上面记录了 21～29 日的客户用电量。但是从业扩工作单来看，客户的旧表在 22 日便已经拆了下来，装上了新表，那么按照推理，拆除的旧表上只能记录一天的电量，客户对旧表表码不予认可，甚至法院在判决的时候对表码也不予认可，都是于法有据的。这就是倒签工作单引发的不必要的损失。

评析

本案客户于 2006 年 11 月 22 日书面提交申请，要求更换电能表，工作人员签流程单时没有按照实际发生时间填写，换表工作 2006 年 11 月 29 日才开始做，并于当日做完，但工作人员工作单上签署的换表装表日期却是 2006 年 11 月 22 日，这就导致了实际换表日期与记录日期的不一致。本案基本事实反映出公司工作人员对在接受客户申请、处理业扩工作单时不严格执行公司制度，应付工作，倒签流程单，以致引发诉讼。

增强服务意识、提高服务质量，供电企业难免要对客户做出高标准的承诺，要兑现承诺，各个供电公司就要制定相应的考核制度对员工的营销行为加以约束。当有的营销人员没有按承诺完成业务时，为了逃避内部考核，就改写流程时间顺序——造假。由此可见，营销人员缺乏服务意识，造假完全是为了应付考核——承诺服务是被迫的。

2. 其他营销环节的违规现象

营销人员为完成电费回收率，垫付电费、预收电费、加收电费、打白条收电费现象时有发生；拆换电能表不提前通知客户，剥夺了客户的签字权引发诉讼，法院不认可电工单方面的签字；电工盗卖动力客户的用电户号从中牟利。因为申请用电的流程不畅，个别新客户不愿意走流程，宁愿找电工"买"个户号。管片电工深谙此道，对于客户不用电超过 6 个月的，不予办理销户手续，而是中介转卖牟利。

案例8-4　某个体企业李某因电工换表实际时间与表单记录时间不同，未在工作单上签字，并拒交部分电费，被供电公司告上法庭。要求被告偿还未交部分电费。其用电情况如表 8-1 所示。

客户李某在 2006 年 12 月 25 日前缴电费 3000 元，余款拒不缴纳，12 月

25 日供电公司发出催费通知，称其累计欠电费 1750.20 元，通知送达后李某又缴纳 250.20 元，累计已交 3250.20 元，供电公司电工为其开具收条"预收电费 3250.20 元"，落款日期为 2006 年 12 月 28 日。欠 1500 元，李某不再缴纳。

表 8-1   抄 表 用 电 情 况

抄表 月份	起码（千瓦时） 与日期	止码（千瓦时） 与日期	电量 （千瓦时）	电费 （元）	合计电量 （千瓦时）	合计电费 （元）
2006 年 12 月份	（旧表） 32400 11 月 22 日	34708 11 月 30 日	2308			
	（新表）9	5000	4991		7299	4750.20
2007 年 1 月份	5000	14717	9717	6323.80		
2007 年 2 月份	14717	18088	3371	2193.80		

2007 年 1 月 28 日李某交 4700 元整，欠 1623.80 元，当日，供电公司为催费将本月欠费加上月欠费 1500.00，催费通知签署累计欠费 3123.80 元，签署日期实际为 28 日，但习惯性地签署为 1 月 25 日（注：该供电公司统一制作催费通知单，催费日期为每月的 25 日）。2007 年 2 月份电费未交。客户李某从 2006 年 12 月至 2007 年 2 月份累计欠电费为 5317.60 元。经催费李某拒绝缴纳，供电公司于 2007 年 2 月 1 日上午 12 时对李某实施停电。

2007 年 2 月 2 日李某起诉要求：①责令履行合同，立即恢复供电。②返还多收原告电费 3000 元。③一切诉讼费用由被告承担。一审法院采用简单的加减法裁判案件，认为供电公司通知用户其累计欠费金额时间在前，收取客户缴纳费用在后，且两次收取金额均大于通知欠费金额，理应认定客户不仅不欠电费还多交了电费，而供电公司提供的电费发票是供电方的单方行为，不予认可。因此，一审法院于 2007 年 7 月 12 日依据《民法通则》第九十二条、《合同法》第一百零七条判令某供电公司立即恢复送电，返还多收电费 3076.2 元。

评 析 ------►

本案综合反映了该公司在客户服务方面存在如下问题。

（1）办理业务不规范。本案客户拒绝交费的起因是电工换表实际时间与表单记录时间不同（倒签工作单所致），且客户未在工作单上签字。反映了供电公司要求客户签字执行不严格，导致客户拒交部分电费，引起不必要的损失。还存在一个内部管理问题，就是倒签工作单是为了应对客户服务不超出承诺时限。这也从另一个角度上反映了电工对客户服务的认识和态度。

（2）办理业务不遵守流程。本案第一次通知欠费时间为 12 月 25 日，称其累计欠电费 1750.20 元。开具收条"预收电费 3250.20 元"，落款日期为 2006 年 12 月 28 日。第二次催费通知签署累计欠费 3123.80 元，签署日期实际为 28 日，但习惯性地签署为 1 月 25 日。而收到李某的交款 4700 元整的时间为 2007 年 1 月 28 日。这样，供电公司就"多收"李某 3250.2－1750.2＋4700－3123.8＝3076.2（元）。都是欠费通知在前（25 日），缴费证据在后（28 日），判决多收费合乎逻辑。

本案反映了制作催费通知不按照实际催收时间填写日期，导致催费日期与收款日期差错。比如本案中供电公司实际制作并送达催费通知的时间是 2006 年 12 月 28 日，电工收取最后一笔客户交纳电费的时间是 12 月 28 日，制作催费通知的时候电工将客户应缴费用减去当天收取的金额，填写了客户累计欠费金额，但是，却将催费通知时间填成了 12 月 25 日，这给产生纠纷埋下了隐患。

（3）收费业务不规范。不按规定开具收据——打白条。制作催费通知不严谨的同时，电工还出现了财务明令禁止的"收费打白条"现象。并且，所打白条落款时间与催费通知落款时间相对照，形成了对公司明显不利的书面证据。电工制作收条时，弄混了收取欠费和预收费的概念，引发了不必要的纠纷。例如上面所说的"12 月 25 日"催费通知填写的客户累计欠费"1750.20 元"，供电公司为客户开具收条"预收电费 3250.20 元"，落款日期为 2006 年 12 月 28 日。这直接导致电工实际收取的"客户欠费"变成了"客户预交电费"。

如此不负责任的"服务"，不仅给供电公司带来经济损失，也损害了供电企业形象，令客户鄙视。

四、业务审核、中间检查与竣工检查把关不严

有些难以查出的窃电原因的案例，就是在客户受电工程的中间检查过程中供电方的营销人员疏于甚至是不予检查造成的。如客户预埋跨越计量装置的分支线路窃电。还有对客户申请用电而疏于设备审查和安全用电审查等，造成客户设备产生高次谐波污染电网或者对本来应该架设双回路或者应自备保安电源

的客户抬手放行,最终造成安全事故。

>> 案例8-5   2010年7月,正值用电高峰期。一天,某供电分公司用电检查人员发现某台区的线损异常高,经查,发现该台区内某洗浴中心有重大窃电嫌疑。但是,当他们前往现场检查时,却没有发现任何异常。正在一筹莫展之际,洗浴中心卫生间内的一幅画引起了用电检查人员的注意。他们凭借多年工作经验和智慧,断定这幅与卫生间格格不入的名画一定另有隐情。经敲击,他们发现画后面的墙体有空洞,凿开后,两块利用双电源窃电的电能表赫然出现在眼前,但是窃电用的电缆却不见踪影。为收集证据,经过7个小时的努力,检查人员才将隐藏在地下1.5米深的电缆挖出来。此时,之前还在狡辩的洗浴中心老板顿时哑口无言,立即承认了窃电行为。此次行动共追补电费及违约使用电费25万余元。

评析

悬挂名画象征着客户的高雅品位,孰曾想到其背后竟然隐藏着鸡鸣狗盗的勾当!隐藏在地下1.5米深、对于窃电用的电缆,用一般的电磁感应原理制造的仪器都很难测试出来。

启示

本案隐藏在地下1.5米深、用于窃电的电缆是否是客户在受电工程施工过程中故意所为?如果这样,供电公司的中间检查和竣工检查是否省略了或流于形式?该案提醒供电企业中间检查和竣工检查一定要尽职尽责,以免不法客户为以后违约用电或窃电埋下伏笔。当时的不负责任使后来的用电检查难上加难。

五、用电业务档案、信息管理不规范

客户申请用电业务档案、后来的用电变更业务和其他信息管理跟不上、不共享,或者共享缺乏制度制约,或者信息数据不准确或者违反《信息披露制度》,上报信息存在造假现象等。这样既会使内部管理缺乏依据而造成混乱,也会导致客户投诉、诉讼时己方证据缺失或者受到电监会或其派出机构的处罚。如,变压器减容后不足基本电费仍然收基本电费,势必造成电费纠纷;还有变压器暂停等也涉及基本电费收取问题等。如果这些档案信息管理跟不上就会在客户服务过程中产生纠纷。

六、用户投诉处理不规范

对用户投诉事件的分类、定性不准确，归口不正确，受理、处理不规范，不尽如人意。如，对投诉客户指东指西、推来操去，让客户无所适从，哪来的首问负责制？一口对外制度仅仅是口头功夫。对投诉实体处理不是照章办事而是无章可循，拖延时间，迟迟进入不了实质性解决问题的程序。这种不同程度的人治现象，导致纠纷激化。

>> **案例8-6**　某市嘉园小区有300多户业主的电能表电子计数失灵，即使欠费也不会跳闸断电。今年11月3日，电力公司更换了这批电能表，要求业主按电能表的机械计数交电费，有的二手房业主入住刚一年需要补交1万多千瓦时电的电费。

"电能表出现故障，是电力公司的责任，凭什么要将损失转嫁给我们业主？"部分业主如此质疑，由此引发业主和电力公司间的纠纷。电能表出现故障导致的欠费，究竟该由谁来埋单？部分客户提出质疑。

某客户说："我是几天前刚买的这套房子，办手续交接时，电能表显示一切正常，我还按照显示数字补交给原业主300多元电费，怎么才几天就欠下这么多钱？又为什么要偷偷更换电能表呢？"工作人员解释称，更换电能表是因为她家的电能表电子计数失灵，即使欠费也不会断电。该客户当即表示，她没有义务为前业主埋单。

另一客户也是嘉园的一名业主。同日，电力公司也更换了他家的电能表，并给了他一张换表完工联络单，上面显示，从某年10月小区入住开始，他家共用了15862千瓦时电，除去已交过费的3000多千瓦时电，他还要补交12000多千瓦时电的电费。如果按现在的电价计算，他要交将近6000元钱的电费。得知是电能表出现故障导致被索巨额电费时，该客户气愤地说："电能表出现故障，是电力公司的责任，凭什么要将损失转嫁给我们业主？"他认为，他才入住一年，家中的电器不可能用了1万多千瓦时电，其中很大一部分是前房主用的，让他全额支付这些电费显然不合理。

对此，该小区的其他客户也表示，自己是从原业主手中买的二手房，交易时不知道电能表有故障，并且自己之前是定时交费续卡的，不应该为原业主埋单。

在业主的各种质疑声中，电力公司设在小区服务站的工作人员针对电能表出现故障一事做如下解释：被拆换的电能表都是一批二等电能表，质量上虽然达到国家要求的标准，但确实不如现在换的一等电能表。这批电能表在运行一段时间后电子部分可能失效，造成少扣减或不扣减已用电量。此外，就出现故障的电能表如何统计电费一事，工作人员解释说："被更换的电能表属机电式电能表，同时有机械计数和电子计数两种运行方式。根据计量原理及国家颁布的有关检定规程，客户的实际用电量由机械计数部分计量，再由光电转换装置转换到电子部分，电子部分据此扣减已用电量。但是现在的电子部分已经坏了，就只能按机械计数来计量。"

有客户反映：小区开发商在没有销售前装修用的是工业用电，并且是通过每户电能表的。因为这个电能表有两个计数方式，一是机械计数，二是电子计数，开发商用电时只有机械表在计数，电子部分是不显示的。开发商欠的这部分工业用电费用，电力公司显然无法收回，所以，电力公司就是想把在开发商那里的损失尽量让咱们来弥补。"

评析

首先电能表出现故障，电力公司把责任完全推给了业主，他们本身有无责任？发现电能表出现故障，电力公司应该立刻与用电客户积极联系，协商更换电能表，不应该擅自更换，否则，这在程序上缺少公平。

其次，电力公司应该能出示一份证明关于电能表质量检测的报告，以证明电能表的机械部分质量是合格的，否则，电力公司就不能让用户承担过高且不明的用电费。

再次，电力公司为什么等到电能表坏了，电费积重难返的时候才发现、才处理？电力公司就前面客户的用电或者开发商用电，应当通过其他途径追要，而不应当抓住后来的客户来垫背。

本案的所谓服务完全站在供电公司一方的利益上，而完全忽视了客户的利益。

案例8-7 某市胶辊厂向某供电公司提出用电申请，供电公司批准用电申请，胶辊厂交纳所需费用45750元。全部受电工程完工后，供电公司立即到胶辊厂验收送电，但由于胶辊厂邻居阻挠未能送电。后来供电公司又多次前去送电（其中一次由乡司法所协助），均由于胶辊厂邻居采取各种手段进行阻挠，在长达半年的时间里始终未能送成电。

某市胶辊厂遂向该市某市区人民法院起诉，要求供电公司赔偿因未送电而造成的经济损失281403.96元。

原告主张及其理由：胶辊厂认为供电公司不积极采取措施，排除妨碍，未按双方约定送电，造成经济损失应予以赔偿。

被告主张及其理由：供电公司则主张不能按时送电是由于胶辊厂邻居强行阻挠所致，不能由供电公司承担责任，并应追加胶辊厂邻居为第三人参加诉讼。

法院追加了胶辊厂邻居为诉讼第三人。

法院经审理查明，在事件的发生过程中，供电公司先后多次前往送电，但终因胶辊厂邻居阻挠未能送成电，应当说供电公司在主观上不存在拒绝送电的故意，客观上也不存在拒绝供电的行为，显然供电公司已积极履行对用户供电的义务，没有过错。

那么，造成迟迟不能送电的过错方究竟是谁？是第三人，即胶辊厂邻居，其阻挠是不能送电或通电的唯一原因。依据《电力法》第六十条和《电力供应与使用条例》第四十三条规定，因用户或者第三人的过错给供电企业或者其他用户造成损害的，该用户或者第三人应当依法承担赔偿责任。法院作出判决：本案为第三方责任，即由胶辊厂邻居对其阻挠供电公司送电的行为造成胶辊厂经济损失承担赔偿责任。

评析

本案供电公司，仅仅以邻居阻挠而不能履行送电义务，也不能完全免除责任，毕竟客户是与供电公司签订的供用电合同，当供电公司不能履行合同时，应当积极主动依法排除妨害，穷尽自己的救济途径，履行供电合同义务，仅仅以邻居阻挠为由，没有穷尽己方的救济途径，不足以构成完全免责。《电力法》第七十条第（二）项规定，扰乱电力生产企业、变电站、电力调度机构和供电企业的秩序，致使生产、工作和营业不能正常进行的，应当给予治安管理处罚，由公安机关依照治安管理处罚条例的有关规定予以处罚，构成犯罪的，依法追究刑事责任。对胶辊厂邻居的非法阻挠行为不但要追究民事赔偿责任，还应视情节轻重、后果及影响严重程度，给予治安处罚乃至追究刑事责任，以保证正常的供用电秩序。

第二节　电力设施维修维护风险

电力营销的最大特点就是产品对输送设备的依赖性。就是说电力电能必须以位置固定的完好无损的电力设施为载体才能到达客户端。否则，除了不能完成产品的交付，还存在人身触电等高度危险。而有形产则可以运用多种可以移动的运输工具来搬运。从这个角度讲，电力设施的维护维修比其他行业显得更加重要。《2011年供电监管报告》指出未能完全兑现向社会所作出的公开承诺的方面有故障抢修管理不规范，抢修到达现场时间超时限等。

一、供用电设施的维护维修

1. 维护维修问题

电力设施维护维修是指民事主体的民事维护管理，是指物之所有人（延伸至使用人、受托人）依据民事法律的有关原则和规定对该物实施的管理；其目的在于使该物保持正常的功能和价值，并防止物对他人造成伤害；管理的方式和内容上，具有微观性、日常性、主动性、直接性和细致性，保证电力设施安全可靠运行的维护管理特点。因管理不善而产生对他人侵权的民事后果，一般以协商、调解或民事诉讼的方式解决，并以经济赔偿为主要责任承担形式。

>> **案例8-8** 原告某医院诉称：2002年9月14日，患者贺某因患"进展期食道癌"和"肺结核"到原告处治疗。9月28日7时30分，原告聘请专家为患者施行手术治疗，按照手术方案确定的步骤，欲行吻合术时，发现患者主动脉弓下活动性出血，即施行钳夹止血术，进行至次日凌晨零时38分时，被告突然停止供电，致使手术被迫中断，造成患者失血性休克。经原告全力抢救，患者仍于2时50分死于失血性休克。在卫生行政主管部门的主持下，原告与患者家属以及被告共同协商处理善后事宜，被告拒绝承担突然中断供电给原告造成的损失。原告遂本着人道主义精神，与患者家属就患者死亡的善后事宜达成补偿协议。原、被告间存在供用电合同法律关系，被告负有向用户提供优质、安全、正常运行的电力的义务，被告突然停电，致原告正在进行的手术被迫中断，导致患者失血性休克死亡的后果，与被告突然停止供电存在法律上的因果关系，被告依法应承担给原告造成的相关经济损失。为此，原告要求法院依法判决被告赔偿因突然中断供电造成的经济损失47527.43元及其他损失1000.00元，赔偿名誉损失2000.00元，并承担本案全部诉讼费3290.00元。

被告某电力公司辩称：2002年9月29日凌晨零时42分，因用电负荷突降，致电力系统瓦解而中断供电。被告速与电站联系，于零时50分恢复供电。停电原因是发电系统运行不正常，发生电力故障所致，非管理不当所致。依照《电力法》第六十条的有关规定，依法应归责于不可抗力，故被告不应承担赔偿责任；原、被告间虽存在事实上的供用电合同关系，但至今未明确约定双方权利义务关系，违约责任无从谈起，更谈不上赔偿原告损失的问题；原告明知被告电力供应严重不足，且双方亦未建立特殊供用电关系。原告要做一长达5小时的手术，应当预见手术中有可能出现断电情形，在术前做好充分准备——即突然断电应急措施。遗憾的是原告没有做到。因此，造成患者死亡纯属原告医疗事故责任，与被告电力系统出现故障导致停电无必然因果关系。被告不应承担任何赔偿责任，请求依法驳回原告的诉讼请求。

　　县法院认为：原告在为患者施行手术救治过程中，被告突然中断供电，致使原告手术被迫中断，造成患者死亡。原告诉请法院判决被告突然中断供电所造成的相关损失，是一起供用电合同纠纷。尽管原告诉前在卫生行政主管部门的主持下，与患者家属就医患纠纷协商达成一致协议，但对所造成的损害结果，并不影响原告要求被告赔偿因停电给原告造成的相关经济损失。被告向原告提供电力服务，原告向被告支付电费的事实，表明原、被告间存在事实上的供用电合同关系，被告负有向原告优质、安全、连续供应电力的义务。不论原告是否与被告建立特殊供用电关系，除法定不可抗力事由或因原告自身过错造成的电力运行事故外，被告均应依法承担相应赔偿责任。审理中还查明，被告突然中断供电系负荷突降，电压突增，断电器跳闸引起电力运行事故所致，根本原因是电力运行设备落后，被告无力更新。被告以突然中断供电系不可抗力抗辩显然不符合法定不可抗力事由的构成要件。我国法律规定：不可抗力是指不能预见、不能避免并不能克服的客观情况。引发本案电力运行事故的根本原因，系电力运行设备落后，造成落后电力设备仍然运行的原因是被告无力更新。就被告自身电力系统出现电力运行事故而言，原告不负有任何过错责任。根据《供电营业规则》第十一条第三款之规定："有重要负荷的用户在取得供电企业供给的保安电源的同时，还应有非电性质的应急措施，以满足安全的需要。"原告作为一重要负荷用户单位，理所当然地应备有非电性质的应急措施。原告对在施行救治手术中无非电应急措施，造成患者失血性休克死亡的结果，负有主要责任。但与被告突然中断供电的违约责任相比，过错责任显然又是次要的。因此，原告被迫中断正在进行中的手术造成患者死亡，与被告突然中断供电的行为之间存在法律上的因果关系，并非不可预见的不可抗力事由，依法应承担相应赔偿责任。审理中，被告以患者死因不明提出质疑，认为造成患者死亡是原告的医疗事故责任，与被告停电无任何关系，拒绝承担相应民事赔偿责任。从医患关系上讲，对患者死因提出质疑，只能是医患关系的一方当事人，其目的是为进一步明确医患纠纷的责任性质。从举证责任上讲，原、被告间是因供用电合同关系引起的损害赔偿纠纷，被告应当提出电力运行事故是不可抗力或原告自身原因造成的证明材料。否则，被告提出的免责事由，依法不能成立。原告提起的其他损失的诉请，因无相关证据佐证，依法不予支持。原告要求被告赔偿名誉侵权损失的诉请，不符合名誉侵权的构成要件，被告提出患者死亡纯系原告的医疗事故责任，意在规避法律责任，主观上无贬损原告名誉的过错，客观上未给原告名誉造成损害后果，原告的社会评价也未必因此而降低，故不支持此诉请，依法予以驳回。审理中，因原、被告双方分歧意见较大，致调解程序不能进行。依照《合同法》第一百二十条、第一百八十条和《电力法》第二十八条、第二十九条、第五十九条第二款之规定判决：

一、因停电造成患者贺某失血性休克死亡的医患纠纷责任，原告医院已先行赔付患者家属医疗费 17527.43，死亡补偿金 30000.00 元，由原告自行负担 26140.09 元，被告某电力公司赔偿 21387.34 元，在本判决生效后十五日内履行完毕。二、驳回原告其他诉讼请求。

评析

尽管法院判决基本正确，但本案是电力运行事故引起的停电，应引用《电力法》第六十条第一款，"电力运行事故给用户或者第三人造成损害的，电力企业应当依法承担赔偿责任。"作为判案的主要依据，因为本案非停电通知义务履行不当纠纷，而是电力运行事故纠纷案件。

启示

本案被告给医院造成的经济损失，电力公司理应承担相应违约赔偿责任。电力公司与医院已建立多年供用电合同关系，明知医院有别于普通用户，早就应该督促医院自备断电应急措施，同时更新电力运行设备，为客户提供优质、安全、可靠的电力。

由此看来优质服务除了责任心，还需不断更新设备，拥有坚强的电力网络。

2. 巡视维护问题

供电企业没有完好的设备，谈何优质服务？电力设施维护管理是民事上的维护管理，疏于管理或管理不善发生事故造成他人损害，已经不是客户服务的优劣问题，而是要承担民事责任的。供电企业在电力设施维护管理中经常出现的问题，一是没有按照运行规程要求进行经常性管理，不能及时发现安全隐患；二是发现问题没有及时进行整改，使安全隐患长期存在；三是在管理维护的区域中存在一些电力设施被漏检的遗忘角落。诸如，对停止使用的电力设施、废弃电力设施往往处于无人管理状态而引发事故。

>> 案例8-9　因高压线上存在鸟窝，导致某村突然断电近6个小时，该村梁某、夏某承包的虹鳟鱼鱼池内的供氧设施也因断电不能正常运行，11000斤虹鳟鱼大批死亡。为此，二人诉至法院请求电力公司赔偿虹鳟鱼、水泵损失共计168600元。县人民法院判决电力公司赔偿梁某、夏某经济损失20400元。

梁某、夏某诉称，2005年，其二人合伙租赁某村经济合作社所建的标准化养殖小区，养殖虹鳟鱼。3月22日晚上11点，因村内高压线缺相，造成养殖小区断电，直至次日凌晨4时40分，才恢复供电。此次断电造成为虹鳟鱼供氧的设备停止运转，11000斤虹鳟鱼缺氧死亡，三台水泵烧毁，共计损失168600元。其二人认为电力公司没有尽到对其负责的电线保养维修义务，才使高压线上存在鸟窝，造成该村电线突然短相，遂起诉至法院要求电力公司赔偿经济损失。电力公司辩称，其与梁某、夏某没有直接的供用电合同关系，且由于其二人的用电设备缺少缺相保护，导致水泵电机烧毁，才使鱼池断电，故应自行承担责任。其二人并没有向我公司提出特殊的供电质量要求，而且在事发后也没有第一时间向供电所报修。虽然高压缺相事实发生，但是本案的高压缺相属于正常的、无法避免的缺相运行，故供电公司不应承担任何法律责任。

法院经审理后认为，梁某、夏某在使用鱼池过程中，向供电人电力公司交纳电费并使用电力，双方形成事实上的供用电合同关系。本案中，梁某、夏某使用的水泵没有安装缺相保护器，也没有向电力公司提出明确的特殊用电质量要求，故其二人应当对自己的经济损失承担主要责任。但电力公司曾多次发现供电高压线路上存在鸟窝，未能及时排除，故对于梁某、夏某的经济损失应当承担次要责任，在责任范围内赔偿原告的经济损失。故此，法院做出上述判决。

评析

如果送配电线路缺相运行（一相断路，两相运行），星形接法的用电设备因为加在运行相的电压降低，而功率不变，导致电流增大；角形接法的用电设备，由于线路两相运行，用电设备阻抗不平衡（一路单相，一路为两相串联），而致一相电流增大，总之，都会因电流增大导致用电设备（如异步电机）烧毁。在供用电法规、安全和技术规章中没有强制性规定用户一定要安装缺相保护设备。因此，因线路运行故障而导致两相运行，系供电部门怠于巡视，未能及时发现并清除隐患所致，给用户造成损失，供电部门应当承担责任。

启 示 - - - - - - - - - - ➤

不仅鸟窝会造成事故，如果线下有高杆竹木，输电线弧垂过大在夏天会造成混连短路，输电线弧垂过小易造成冬季覆冰拉断；电杆或拉线被人为破坏；线路与建筑物、构筑物不符合安全距离，在大风天都可能造成停电等，这是运行事故，不是不可抗力，供电部门要承担责任。因此供电部门要勤于对供电设施巡视，发现隐患，及时清除，确保供电设备完好，为客户供应优质、安全、可靠的电力。

二、供用电设施产权归属

《物权法》为了保护个人物权，规定了个人与国家、集体财产享有同等的被保护权。这其中包括，除去无因管理的情形别人无权管理他人的财产。但是在客户服务中，却往往成了推诿服务责任的理由。

1. 供电设施产权不清的客户

有些商铺的用电，特别是那些房地产开发企业在新建住宅小区时没有按照规划先行建设配套变配电设施的，商户租用的商铺的供电设施产权不清。如果商户的供电设施发生故障，就会出现物业管理与供电企业两家互相推诿扯皮两不管现象。作为非供电专业的商户而言，没有维修能力，只有无奈。

（1）客户与小区管理处之间存在着物业管理合同关系。商铺客户作为小区业主，通过小区业主委员会与小区管理处（物业管理公司）订立物业管理合同，将小区的保安、清洁卫生、绿化、电梯维修等物业管理服务工作交由小区管理处承担。商铺客户与小区管理处之间的责权利在物业管理合同中应有明确约定。供用电设施也属于小区公共设施，其维修保养本应属于小区管理处负责。但是，供用电设施是公共事业设施，其维护责任国家法律法规有专门规定，应遵从。如《物业管理条例》第五十二条规定，供水、供电、供气、供热、通讯、有线电视等单位，应当依法承担物业管理区域内相关管线和设施设备维修、养护的责任。

（2）商铺客户与供电所之间存在着供用电合同关系。供电公司向其正常供电，商铺客户也按规定按时交纳费用。由此，就供用电合同关系而言，供电公司以小区供电设施未移交为由而拒绝维修于法无据，也是没有道理的，其行为已违反了国家的强制性规定。

（3）供电企业应向用户提供普遍性、无歧视、公平性的用电服务。《供电监管办法》第十条第二款规定，供电企业应当按照国家规定履行电力社会普遍服务义务，依法保障任何人能够按照国家规定的价格获得最基本的供电服务。至于商户商铺的供电设施产权不清晰，这不是商户的过错。作为用电客户，享有连续、安全、可靠用电的权利，当其权利无法实现的时候，撇开其他任何理由，供电企业应当为商户提供维修服务。

2.供电设施产权属于客户

关于供电设施产权属于客户的设备上发生事故的抢修服务，有的认为超出了供电服务承诺的范围，不存在供电企业超过供电服务承诺中抢修时限的问题，并阐述了如下理由。

电力行业为了提升企业形象，打造企业品牌，通过多种渠道和各种形式发布了社会承诺服务。从供电服务产生的背景和要求来看，对于非供电企业产权的设施进行维修，显然是供电企业表明自愿承担社会责任的单方意愿。有的省电力公司做出的供电服务承诺中曾附带说明遇有国家法律法规和政策的变化、不可抗力、外力破坏、紧急避险等意外情形，经过努力不能完全做到上述承诺时，敬请客户原谅。这种承诺显然不是合同中的要约和承诺，因此，不构成供用电合同的权利义务，不能成为供用电合同的补充条款。

在履行供电服务承诺过程中，从法律角度分析，用户拨打报修电话，只是启动供电企业履行服务承诺的程序，用户告知故障时间、地点、状况等，要求供电企业维修，并不是希望与供电企业订立服务合同。用户没有提出服务对价，不具备服务合同的主要条款，没有一旦供电企业答应就会受到约束的意思。

供电企业接听电话答复抢修，是履行服务承诺的手续和程序，并不以签订服务合同为目的。此外，供电服务承诺的范围是针对供电企业自身的设施，对于用户的设施及安装质量、使用年限、操作权限等，供电企业不可能做出承诺。同时，供电服务承诺到达事故现场，未对维修结果做出承诺，即不承担故障后果责任。如果因供电设施的原因，造成人身、财产方面的损失只能通过供用电合同关系或侵权关系来处理。以上观点有待于商榷。

但是从客户服务方面来讲，当客户发生断电故障时，无法判断故障产权归属，或者当客户报修故障时，如果供电方查清故障设施属于客户一方就可以拒绝赶赴现场维修吗？显然不是。

物权法规定的物的维护维修应由物权人实施，他人所有的物，未经许可不得实施维护维修，其目的是保护财产权人的财产权。在电力客户服务方面，《供电监管办法》的规定以及国家电网公司和南方电网公司的服务承诺均未提及以产权分界点作为服务承诺范围的分界点。

《供电监管办法》第十四条规定，电力监管机构对供电企业处理供电故障的情况实施监管。供电企业应当建立完善的报修服务制度，公开报修电话，保持电话畅通，24 小时受理供电故障报修。供电企业应当迅速组织人员处理供电故障，尽快恢复正常供电。供电企业工作人员到达现场抢修的时限，自接到报修之时起，城区范围不超过 60 分钟，农村地区不超过 120 分钟，边远、交通不便地区不超过 240 分钟。因天气、交通等特殊原因无法在规定时限内到达现场的，应当向用户做出解释。

显而易见，《供电监管办法》的该条规定并未指明故障产权归属，就是接到故障报修就要及时维修。还有《合同法》第一百八十一条规定："因自然灾害等原因断电，供电人应当按照国家有关规定及时抢修。未及时抢修，造成用电人损失的，应当承担损害赔偿责任。"这里也没有明确产权问题。

看来抢修服务与产权无关。

案例8-10 2008 年 9 月 20 日 21 时许，某市遭遇强雷暴和短时强降雨。原告刘某经营养殖的虾塘配电房遭雷击起火断电。21 点 15 分、25 分，刘某通过 95598 电力抢修服务报修电话，要求被告电力公司尽快抢修，恢复供电。21 点 30 分，被告供电公司回电并承诺一会儿就到。在等候抢修期间，原告刘某组织人力在虾塘内投入增氧剂。23 时许，被告的抢修人员才赶到现场。故障排除后，大量南美白对虾已经死亡。原告认为，被告接到抢修电话，违反供电服务承诺，未能及时赶到现场，是导致大量南美白对虾死亡的主要原因，要求被告赔偿各项损失 94 万元。

被告称，事故设备产权属于客户，不属于供电服务承诺的对象范围，其次，从开始承诺至到达现场用了 90 分钟，没有超过"农村地区 90 分钟"的承诺。

法院审理后认为，发生事故的设备产权归客户所有，且事故是由恶劣天气引起的，被告供电公司没有任何违约行为，原告的损失不能得到赔偿。

评 析

本案法院以产权归属为由判决被告不承担任何责任，掩盖了被告服务承诺不兑现应承担的责任。其次，承诺到达现场的时间应当从接到抢修电话时算起，而不是从被告承诺开始计算。设若接到电话数小时才承诺到达现场的时间，难道应当从数小时后才开始计算吗？岂不荒唐？

3. 建立规范的有偿维修制度

供电公司作为盈利性企业，劳务服务获得对价报酬也是天经地义的。否则，不符合市场和经济规律，有失公平，也会流失国家资产。如何解决产权归客户的电力设施故障维修抢修？要解决这个问题并不困难，供电企业应当建立规范的维修制度，根据物价行政部门核准的价格收费，实行规范的有偿服务。让任何客户报修有门路、有保证，心里有依靠、有希望。对于供电设施发生事故的商户而言，这时候并不在乎花钱，他苦于维修无门，影响生意，耽误赚钱。供电企业在此时以客户供电设施非自己的产权为由拒绝服务，有悖于供电企业"人民电业为人民"的核心价值观和"优质、方便、规范、真诚"的服务方针。何谓方便？时时处处为客户着想，服务时限零距离；何谓真诚？比客户的需要做得更好。这种拒绝维修的行为也食言了对社会广大客户"始于客户需要，终于客户满意"的承诺。

供电公司既是企业也是公用事业，有偿服务是对供电企业服务成本的合理合法的补偿，有利于企业的健康正常发展。如山东电力对于客户资产供用电设施的正常维护和事故抢修实行有偿服务，在"权责分明、合理合法、公开透明、因地制宜、规范管理"的原则下，对有偿服务作了详细规定。

①明确有偿服务范围：以产权分界点为基础，严格按照产权归属，界定有偿服务范围。②公开有偿服务收费项目：材料费、交通（运输）费、工时费、管理费、税费等。③收费公平、公正、公开、透明。④客户自愿原则：客户可以自己维修或者委托有资质的其他单位维修，供电企业不能强行服务。

三、抢修管理

1. 法律法规的相关规定

《电力法》第二十八条规定，供电企业应当保证供给用户的供电质量符合国家标准。对公用供电设施引起的供电质量问题，应当及时处理。第六十条规定，因电力运行事故给用户或者第三人造成损害的，电力企业应当依法承担赔偿责任。电力运行事故由下列原因之一造成的，电力企业不承担赔偿责任：（一）不可抗力；（二）用户自身的过错。因用户或者第三人的过错给电力企业或者其他用户造成损害的，该用户或者第三人应当依法承担赔偿责任。

《电力供应与使用条例》第二十条规定，供电方式应当按照安全、可靠、经济、合理和便于管理的原则，由电力供应与使用双方根据国家有关规定以及电网规划、用电需求和当地供电条件等因素协商确定。

在公用供电设施未到达的地区，供电企业可以委托有供电能力的单位就近供电。非经供电企业委托，任何单位不得擅自向外供电。

《供电营业规则》第五十七条规定，供电企业应不断改善供电可靠性，减少设备检修和电力系统事故对用户的停电次数及每次停电持续时间。供用电设备计划检修应做到统一安排。供用电设备计划检修时，对 35 千伏及以上电压供电的用户的停电次数，每年不应超过一次；对 10 千伏供电的用户，每年不应超过三次。

电监会《供电监督办法》第七条规定，电力监管机构对供电企业的供电质量实施监管。在电力系统正常的情况下，供电企业的供电质量应当符合下列规定：

（一）向用户提供的电能质量符合国家标准或者电力行业标准；

（二）城市地区年供电可靠率不低于99%，城市居民用户受电端电压合格率不低于95%，10 千伏以上供电用户受电端电压合格率不低于98%；

（三）农村地区年供电可靠率和农村居民用户受电端电压合格率符合派出机构的规定。派出机构有关农村地区年供电可靠率和农村居民用户受电端电压合格率的规定，应当报电监会备案。

供电企业应当审核用电设施产生谐波、冲击负荷的情况，按照国家有关规定拒绝不符合规定的用电设施接入电网。用电设施产生谐波、冲击负荷影响供电质量或者干扰电力系统安全运行的，供电企业应当及时告知用户采取有效措施予以消除；用户不采取措施或者采取措施不力，产生的谐波、冲击负荷仍超过国家标准的，供电企业可以按照国家有关规定拒绝其接入电网或者中止供电。

比较国家电网公司供电服务"十项承诺"：城市地区：供电可靠率不低于99.90%，居民客户端电压合格率不低于96%；农村地区：供电可靠率和居民客户端电压合格率，经国家电网公司核定后，由各省（自治区、直辖市）电力公司公布承诺指标。计算供电可靠率全年时间为 8760 小时，供电可靠率99%，意味着，每年停电累计停电时间不超过 87.6 小时（大约三天半）。

>> 案例 8-11 　被告供电公司与原告李某（养鸡专业户业主）是供用电合同法律关系。2005 年 7 月 1 日 14 时许，第三人某建安公司的吊车在原告养鸡场附

近不慎将供原告用电的电杆撞断，第三人为防止损失扩大，于当天下午便自己准备了电杆将新电杆埋好，第二天经供电公司同意对供电设施进行了抢修，并与 2005 年 7 月 2 日晚 8 时 30 分恢复了供电。另有原告提供的书证证实，在停电事故发生的当天下午，原告李某也曾向供电公司拨打了报案电话，但电话没人接。就此事故的损失及有关专业性问题，法院委托了市兽医卫生监督检验所进行了鉴定，鉴定结论为：①由于停电时间过长，部分鸡患有热射病；②患病原因是因停电不能通风，但鸡仍可采食饮水；通风设计不合理，进风口与出风口不应在同一面墙上；采取紧急措施不利，如打开后窗通风即可避免损失；③在 2005 年 10 月 22 日，经现场调查，原告饲养鸡的存栏数为 1315 只，日产蛋量为 125 斤（含破蛋、软皮蛋），平均蛋重为 63.5 克。原告因停电造成的鸡的产蛋损失应为 7052 元，死亡鸡的损失为 1860 元，药费损失 795 元。原告要求供电公司赔偿其损失，遂起诉到法院。

原告李某诉称，2005 年 7 月 1 日下午两点钟左右，第三人某建安公司的吊车将自己养鸡场附近的电杆撞断，造成养鸡场断电，原告于当日下午用电话向供电公司报案，但电话没人接，直到 7 月 2 日上午 10 时左右，供电公司才到现场，且没有及时抢修。此项事故虽然是由第三人引起，但供电公司未按供用电合同中的义务及时抢修恢复供电，即使恢复供电也是由第三人抢修完成的，此次事故造成停电 30 余小时，直接导致原告鸡舍不能用电通风，鸡舍温度过高，鸡不能正常采食饮水，使鸡出现疾病、产蛋率下降等后果，损失达 6 万元，原告主张本次损失主要应由被告供电公司承担，第三人应承担连带责任。

被告供电公司辩称，此事故非供电公司造成，是第三人即某建安公司造成的。依照《电力法》第六十条第三款规定应由用户或者第三人应当依法承担赔偿责任，本案应由第三人即某建安公司承担赔偿责任。第三人某建安公司辩称，此停电事故虽然由自己造成，但在停电后，原告应积极采取开窗通风的补救措施，原告就扩大的损失部分无权要求赔偿。原告要求赔偿的请求数额过高，不应予以支持。

法院经审理认为，原告要求被告供电公司承担违反供用电合同义务的违约之请求，在事实上缺乏证据，在法律上没有依据，因为《电力法》第六十条第三款规定，因用户或者第三人的过错给电力企业或者其他用户造成损害的，该用户或者第三人应当依法承担赔偿责任。而原告的损失系由第三人撞断电杆造成的停电所致，故此责任应由第三人承担。根据本案鉴定结论，原告的损失系第三人撞断电杆和原告没有及时采取相应措施，加之原告鸡舍的通风口设计不合理，就此损失原告应承担主要责任，第三人应承担次要责任。依照《民法通则》第一百零六条第二款、一百三十一条、一百三十四条第一款第7项和《电力法》第六十条第三款之规定，判决如下：一、对原告李某要求被告供电公司赔偿损失的诉讼请求不予支持；二、第三人某建安公司赔偿原告李某经济损失3882.80元（于判决生效后10内给付）。诉讼费3125.10元，第三人某建安公司承担1250.04元，原告承担1875.06元。

评　析

本案最终由第三人某建安公司和原告承担了各自的责任并履行了各自的义务。在本案中采用的是单一的诉讼方式，开始原告只是状告供电企业，在庭审中供电公司提出与本案有利害关系的某建安公司应到庭参加诉讼，为顺利解决这一纠纷打下了良好的基础。

本案虽然根据《电力法》第六十条第三款应由第三者责任人建安公司赔偿损失，但是从优质服务的角度而言，供电公司的表现不及格。首先事故报告电话无人接听，其次对事故处理作壁上观，没有积极协助责任人加速抢修事故，也是停电时间过长的原因之一。《供电监管办法》没有规定说，第三人责任时供电公司就不用给用户抢修。并且其第十四条规定，电力监管机构对供电企业处理供电故障的情况实施监管。供电企业应当建立完善的报修服务制度，公开报修电话，保持电话畅通，24小时受理供电故障报修。供电企业应当迅速组织人员处理供电故障，尽快恢复正常供电。供电企业工作人员到达现场抢修的时限，自接到报修之时起，城区范围不超过60分钟，农村地区不超过120分钟，边远、交通不便地区不超过240分钟。因天气、交通等特殊原因无法在规定时限内到达现场的，应当向用户做出解释。因此，从专业与公益企业角度上讲，供电公司应当积极参与抢修并指导抢修。

2. 电力事故抢修贵在迅速

抢修服务纠纷主要有到达事故现场不及时，到达现场后因为产权不属于供电部门拒绝抢修，由于供电公司的管理或技术原因使得抢修拖延，等等。关于到达现场的时限，国家电网公司的"三个十条"承诺，提供24小时电力故障报修服务。供电抢修人员到达现场的时间一般不超过：城区范围45分钟，农村地区90分钟，特殊边远地区2小时。电监会2010年1月1日实施的《供电监管办法》第十四条规定，电力监管机构对供电企业处理供电故障的情况实施监管。供电企业应当建立完善的报修服务制度，公开报修电话，保持电话畅通，24小时受理供电故障报修。供电企业应当迅速组织人员处理供电故障，尽快恢复正常供电。供电企业工作人员到达现场抢修的时限，自接到报修之时起，城区范围不超过60分钟，农村地区不超过120分钟，边远、交通不便地区不超过240分钟。因天气、交通等特殊原因无法在规定时限内到达现场的，应当向用户做出解释。

关于抢修服务，供电企业应当严格遵守电监会、国家电网公司或南方电网公司的抢修规定，不能因为内部管理原因贻误事故抢修，给客户带来不便和损失；在抢修队伍的技能素质要求上，要高于一般维修员工，效仿香港中华电力，培育锻炼一支或几支"万能泰斗"高效抢修铁军，具有较高的综合技术技能，呼之即来，来之能战，战之能胜，能够在最短的时间内排除故障，为客户复电。

案例 8-12　被告某县供电公司与原告某县化工公司是供用电合同关系。2008年7月25日下午3时，县城一供电线路被雷电击中，导致县城大面积停电。因县供电公司线路班工人全部下乡作业，次日上午，受损线路才被修复。此次停电造成县化工公司经济损失10.6万元。县化工公司遂诉至县法院，要求县供电公司赔偿因此造成的一切损失。

原告主张及其理由，认为县供电公司未能及时修复线路，造成经济损失应予以赔偿。

被告主张及其理由，认为线路损坏由雷击所致，属不可抗力，应予免责。

经过审理，县法院一审判决被告县供电公司赔偿原告县化工公司10.6万元。县供电公司不服提起上诉，市中级人民法院审理后裁定："驳回上诉，维持原判"。

评析

该案县供电公司败诉，承担了全部赔偿责任。法院的判决有失偏颇。县供电公司线路班工人全部下乡作业，拖延了事故抢修的时间给化工厂造成了损失，供电公司应该承担部分责任。因为《合同法》规定，因自然灾害等原因断电后，供电人应当按照国家有关规定及时抢修。未及时抢修，造成用电人损失的，应当承担损害赔偿责任。

本案供电公司虽然不能以不可抗力为由主张完全免责，但是不应该承担全部责任。除非供电公司与化工厂约定：即使雷击和狂风也要保障供电。电力法律法规有关于临时抢修规定就应当包括雷击事故，所以，该案属于不可抗力情形。

何谓故意延误电力设施抢修？专业法律、民事与合同法均没有明确的界定。《供电监管办法》"供电企业应当迅速组织人员处理供电故障，尽快恢复正常供电"之规定也是没有量化事故抢修的时限，因事故原因千变万化也不能量化。

启 示

供电公司只要根据国家电网公司"三个十条"和《供电监督办法》的时限规定按时到达现场，就是兑现了承诺，因为对于维修时限没有量化，也不能量化，只是尽速修好而已。但本案中，没有及时赶到现场就是违约，供电公司应当承担一定的责任。

四、第三人过错损毁电力设施的抢修

不管从电力法还是民法角度讲，第三人过错损毁了电力设施皆应向设备产权人承担损害赔偿责任。但是这里有一个更重要的问题是，电力设施的损毁和弃置涉及高度危险物引起的二次事故问题。就是说遇到这种情形，供电企业是否应当积极进行维修或者抢修？答案是肯定的。

1. 第三人应当承担民事责任

恢复原状，赔偿损失，是承担民事责任的方式。《民法通则》第一百一十七条第二款规定，"损坏国家的、集体的财产或者他人财产的，应当恢复原状或者折价赔偿。"根据《侵权责任法》第十五条规定，财产损害的责任人承担方式有恢复原状和赔偿损失。损坏他人财产的是侵犯他人财产权，应当承担恢复原状的维修责任，不能维修的，则应按价赔偿损失。但是，当电力设施被损坏，已经造成停电事故，供电企业应及时维修。关于赔偿问题，在恢复供电以后供电企业可以根据侵权关系向第三人即致害人追偿维修费用和由此造成的少供电量等损失赔偿。

2. 供电企业应当积极抢修

如果是普通的财物损害，受害人完全可以坐以待修，维修是致害人应承担的责任。但是在供用电关系上，以上民法规定并不完全适用。就是说，即使是因第三人责任给供电企业的供电设施造成了损害，供电企业也不应被动地等待致害人维修，应当立即赶赴现场进行维修，没有任何理由拖延，更没有任何理由拒绝维修。

3. 供电企业应当积极抢修的法律分析

（1）非专业人员不得从事电气作业。一般情况下，致害人并非具有资格的电气作业人员，除非另请有资格专业人员，否则无权直接进行维修。《电工进网作业许可证管理办法》（电监会 15 号令）第四条规定，"未取得电工进网作业许可证或者电工进网作业许可证未注册的人员，不得进网作业。"

（2）供电企业公用、垄断性质。《电力法》第二十五条规定，供电企业在批准的供电营业区内向用户供电。供电营业区的划分，应当考虑电网的结构和供电合理性等因素，一个供电营业区内只设立一个供电营业机构。根据供用电的自然属性，供电企业是公用的具有自然垄断属性的企业，就供电设施损坏维修而言，在没有其他有资质的单位和有资格的个人维修的情况下，非供电企业莫属。

（3）连续安全供电。连续安全供电是供电方义不容辞的义务。《电力法》第二十九条规定，"供电企业在发电、供电系统正常的情况下，应当连续向用户供电，不得中断。"《合同法》第一百七十九条规定，"供电人应当按照国家规定的供电质量标准和约定安全供电。"《供电监管办法》第七条规定，电力监管机构对供电企业的供电质量实施监管。在电力系统正常的情况下，供电企业的供电质量应当符合下列规定：城市地区年供电可靠率不低于 99%，城市居民用户受电端电压合格率不低于 95%，10 千伏以上供电用户受电端电压合格率不低于 98%。因此，供电企业不得弃置危险的事故电力线不予维修，而应积极抢修，保障用户的连续安全供电。

（4）迅速抢修。尽速复电是供电企业的硬性义务，从供电事故抢修的角度，供电企业对由第三人致损的供电设施亦应尽速抢修。《供电监管办法》第十四条规定，"电力监管机构对供电企业处理供电故障的情况实施监管。供电企业应当建立完善的报修服务制度，公开报修电话，保持电话畅通，24 小时受理供电故障报修。供电企业应当迅速组织人员处理供电故障，尽快恢复正常供电。"《合同法》第一百八十一条规定，"因自然灾害等原因断电，供电人应当按照国家有关规定及时抢修。未及时抢修，造成用电人损失的，应当承担损害赔偿责任。"这里的"等原因"是兜底式规定，不能排除第三人过错导致的事故。《电力法》第六十条第三款是赔偿责任分担而不是抢修责任分担。

（5）弃置高度危险物致人损害承担无过错责任。《侵权责任法》第七十四条规定，"遗失、抛弃高度危险物造成他人损害的，由所有人承担侵权责任。所有人将高度危险物交由他人管理的，由管理人承担侵权责任；所有人有过错的，与管理人承担连带责任。"弃置高度危险的事故电力线不予抢修，所有人显然具备主观故意的过错，即使是非永久性弃置高度危险的电力线，一旦发生触电事故，当按照《侵权责任法》第七十四条承担侵权责任。

>> **案例8-13** 2006年7月30日上午11时许，某乡某村在修通村水泥路拓宽路面放炮时，飞起的碎石将被告电力公司所有的位于村峡口处的10千伏高压线打断。该高压线被打断后，乡政府在施工现场的领导和村委会的领导及时打电话向乡电管员、镇供电所作了汇报，请求他们组织人员进行抢修，但乡电管员及镇供电所没有及时赶到现场进行抢修。之后，乡通村水泥路建设指挥部、村委会决定自己抢修被打断的高压电线，安排罗某和原告杨某上杆维修，安排村民黄某到村闸刀处看守，并请村电管员吕某断开电源。当日下午14时许，村电管员吕某给黄某示范如何开、合闸，就在示范合闸的瞬间导致正在81号电杆上进行接线作业的原告杨某触电，双臂受伤。原告虽经及时抢救得以保住性命，但致双臂截肢，构成一级伤残，完全丧失了劳动能力。原告提起诉讼，要求被告乡政府、村委会和县供电公司赔偿各种经济损失共1355651.90元。

原告认为，被告乡政府和村委会组织修通村水泥路放炮时，将被告县电力公司的高压线打断，负责水泥路建设的乡政府干部给乡电管员打电话要求前来抢修，乡电管员推托不来，后又和被告县电力公司的镇供电所联系，仍无人来抢修。被告村委会即安排原告连接被打断的高压线，在连接高压电线的过程中，原告被高压电打伤，致使双臂截肢，构成一级伤残。三被告应当承担赔偿责任。

法院审理认为：被告县电力公司作为电力设施的产权人，在属于自己所有的高压电线在修建通村水泥路时被打断，乡政府和村委会电话联系请求抢修后，不积极采取行之有效的措施进行抢修，导致原告方触电受伤事故的发生，应承担相应的赔偿责任。被告乡政府作为通村水泥路建设的组织、指挥者，安全管理意识不强，在高压电线附近实施爆破，明知有可能破坏电力设施，但不采取任何安全防范措施，在高压电线被打断，存在重大安全隐患的情况下和村委会一起组织不具备任何专业资质的村民私自上杆接线，导致原告触电受伤事故的发生，应承担一定的赔偿责任。被告村委会作为通村水泥路的产权人和受益人，在施工中，忽视安全管理，在高压线附近爆破作业，未采取任何安全防范措施，在高压线被放炮的飞石打断后，私自违规组织村民自行接线，导致原告触电事故的发生，应承担一定的赔偿责任。原告自己作为完全民事行为能力人，明知高压电线作业具有高度的危险，非专业人员不得进行操作，但听信乡政府、村委会安排上杆连接高压线，导致自己触电严重受伤，自己应承担相应的责任。对于已发生的住院医疗费，已分别由三被告付清。原告属一级伤残，完全丧失劳动能力，精神上受到极大伤害，结合案情和本地经济状况，原告主张 5 万元的精神抚慰金合理，法院应予支持。赔偿总数额 535226.90 元。被告县电力公司承担 25％的责任，被告乡政府承担 30％的责任，被告村委会承担 35％的责任，原告自己承担 10％的责任较为合适。依据《中华人民共和国民法通则》第一百一十九条、一百二十三条，《最高人民法院关于审理触电人身损害赔偿案件若干问题的解释》第二条、第四条，《最高人民法院关于审理人身损害赔偿案件适用法律若干问题的解释》第十七条、十八条、二十条、二十一条、二十二条、二十三条、二十四条、二十五条、二十六条、二十八条之规定，判决如下：被告县电力公司赔偿原告杨某经济损失 133807.00 元；被告乡政府赔偿原告杨某经济损失 160568.00 元；被告村委会赔偿原告杨某经济损失 187330.00 元。以上给付内容，三被告在本判决生效之日起三十日内履行完毕。

评　析

　　本案乡政府和村委会未经批准擅自在高压线路保护区内从事爆破作业，不采取任何保护措施，致使高压线被打断的行为，系法律、行政法规所禁止的行为及其应承担的责任。政府通村公路施工队在电力设施附近无防护措施爆破炸断高压线路在前，线路产权人怠于抢修在后，导致施工队与村委会作出自行抢修的愚蠢而鲁莽的决定，再加上杨某这样的无知又听话的臣民，于是，上演了致杨某一级伤残的悲剧。

　　这是一起多米诺骨牌式的悲剧，抽掉其中的任何一块骨牌，悲剧将立即停止。如果没有违法施工炸断高压线，如果没有供电企业怠于抢修，如果受害人不是那么听话……但是作为产权人的供电公司，不管是从事故抢修，优质服务抑或是紧急处置高度危险物的各个角度，都应该闻风而动，立即赶赴现场处理事故，没有任何可以怠慢延宕的理由。《供电监管办法》第十四条规定，供电企业应当迅速组织人员处理供电故障，尽快恢复正常供电。供电企业工作人员到达现场抢修的时限，自接到报修之时起，城区范围不超过 60 分钟，农村地区不超过 120 分钟。《侵权责任法》第七十四条规定，"遗失、抛弃高度危险物造成他人损害的，由所有人承担侵权责任。"断落的高压线属于危险物，怠于抢修，就是抛弃不管的行为。因为非专业人员没有资质抢修高压设施，非高压线产权人莫属。

第三节 停送电风险

在供用电过程中，停送电是不可或缺的操作，从客户服务的角度来说，停送电服务既要符合法律规定，又要站在客户的立场上，做到停电服务要安全经济——在尽量减少客户经济损失的情况下，确保客户、操作人员的人身安全和客户的设备和财产安全；送电服务要尽速快捷——尽量缩短维修时间，迅速恢复送电。《2011 供电监管报告》指出，仍然存在供电服务与国家标准仍有差距，未能完全兑现向社会所作出的公开承诺的现象：即存在未按规定程序实施停电；有序用电方案报批、执行不严格的现象。

一、停送电种类

在供电营销过程中，所有停电的情形不下十几种，仅是用电变更中的减容、迁址、两改、三暂、四户中除了两改不必停电，其余业务需要停电：客户六个月不用电要停电；临时用电到期不申请长期用电要停电；客户的用电设备功率属于冲击负荷、不对称负荷、功率因数不达标、或者产生高次谐波限期整改不达标要停电；计划检修、临时检修、事故抢修要停电；还有停电催费；行使不安抗辩权停电；行使解除合同权利停电，等等。

以上停电，除了销户业务几乎都要涉及送电。

以上各种停电操作都有法规规章的规定。

二、停送电服务

1. 停送电通知义务

停送电不仅涉及客户的生产和经济效益，还涉及安全生产问题，因此法律法规对停送电有着明确的规定，尤其是停电通知更为重要。除了一切不可预知的情形，如不可抗力和意外事件，因供电方主观原因操作的停电都应该告知客户。对于重要客户更是如此，只是对于不同用电等级的客户通知方式不同。

关系到国民经济命脉及人民生命财产安全的客户，或者会因停电及突然停电造成很大损失的客户，如冶炼、医院、重要的军政机关等，是一类负荷客户。次之者，即一般工业用电属于二类客户。尽管二类客户不必保证高度的供电可靠性，但是作为供电方应当了解或掌握本营业区的客户的生产方式和性质。在停送电或限电操作时，根据生产实际区别对待，尽量减少客户的损失。

2. 关于停电通知的法律规定

《电力法》第二十九条第一款规定，因供电设施检修、依法限电或者用户违法用电等原因，需要中断供电时，供电企业应当按照国家有关规定事先通知用户。

《合同法》第一百八十条规定，供电人因供电设施计划检修、临时检修、依法限电或者用电人违法用电等原因，需要中断供电时，应当按照国家有关规定事先通知用电人。未事先通知用电人中断供电，造成用电人损失的，应当承担损害赔偿责任。

《电力供应与使用条例》第二十八条规定，除本条例另有规定外，在发电、供电系统正常运行的情况下，供电企业应当连续向用户供电；因故需要停止供电时，应当按照下列要求事先通知用户或者进行公告：①因供电设施计划检修需要停电时，供电企业应当提前 7 天通知用户或者进行公告；②因供电设施临时检修需要停止供电时，供电企业应当提前 24 小时通知重要用户；③因发电、供电系统发生故障需要停电、限电时，供电企业应当按照事先确定的限电序位进行停电或者限电。引起停电或者限电的原因消除后，供电企业应当尽快恢复供电。

《供电营业规则》第六十七条规定，除因故中止供电外，供电企业需对用户停止供电时，应按下列程序办理停电手续：①应将停电的用户、原因、时间报本单位负责人批准。批准权限和程序由省电网经营企业制定；②在停电前三至七天内，将停电通知书送达用户，对重要用户的停电，应将停电通知书报送同级电力管理部门；③在停电前 30 分钟，将停电时间再通知用户一次，方可在通知规定时间实施停电。第六十八条规定，因故需要中止供电时，供电企业应按下列要求事先通知用户或进行公告：①因供电设施计划检修需要停电时，应提前七天通知用户或进行公告；②因供电设施临时检修需要停止供电时，应当提前 24 小时通知重要用户或进行公告；③发供电系统发生故障需要停电、限电或者计划限、停电时，供电企业应按确定的限电序位进行停电或限电。但限电序位应事前公告用户。

《供电监管办法》第十三条规定，电力监管机构对供电企业实施停电、限电或者中止供电的情况进行监管。在电力系统正常的情况下，供电企业应当连续向用户供电。需要停电或者限电的，应当符合下列规定：①因供电设施计划检修需要停电的，供电企业应当提前 7 日公告停电区域、停电线路、停电时间；②因供电设施临时检修需要停电的，供电企业应当提前 24 小时公告停电区域、停电线路、停电时间；③因电网发生故障或者电力供需紧张等原因需要停电、限电的，供电企业应当按照所在地人民政府批准的有序用电方案或者事故应急处置方案执行。引起停电或者限电的原因消除后，供电企业应当尽快恢复正常供电。供电企业对用户中止供电应当按照国家有关规定执行。供电企业对重要电力用户实施停电、限电、中止供电或者恢复供电，应当按照国家有关规定执行。

由上述规定可以见出，停电通知的特点：严格性，即使给违法用电客户停电也要通知；广泛性，即临时、计划检修都要通知；规范性，即停电的区域、线路、时间区间以及程序的不可逾越性。由是可见，除去窃电、不可抗力和紧急避险之外，其他种类停电（恢复送电）的通知义务是不能免除的。在停送电客户服务中，既要依法停送电，又要履行客服承诺，让客户满意。

3. 停送电服务的注意事项

（1）停电。停电不是一停了之，而是要从服务的角度，考虑客户的如下实际情况：①除非必要情况，如窃电和紧急避险等，尽量不要当场停电，应给客户一定的准备时间；②在通知停电之前，要结合客户的生产时间和生产性质做好停送计划，尽量减少客户的经济损失；③对于大容量客户停电要与客户操作人员配合好，严格按照"两票三制"实施停电操作，保证安全生产；④停电前应与客户一同做好计量表计记录，以免计量纠纷。

（2）送电。①事关安全的送电要按照计划及时通知客户；②尽量按原计划及时恢复送电；③杜绝无故拖延送电。

◆◆ 案例8-14 某商户声称在没有接到停电催费通知的情况下，于 2000 年 10 月 17 日上午 11 时被断电，使其无法正常营业，导致损失 6000 元，诉求供电公司赔偿。

法庭上，供电公司提供了依法停电催费的证据：催费人员在 2000 年 8 月 2 日电话通知客户的房东朱某，明确提出欠费金额为 42731.79 元，交费期限至 2000 年 8 月 31 日的电话录音；房东朱某签收的 2000 年 8 月 10、20 日、31 日下达的交费通知书和限期交费通知书副联；2000 年 10 月 17 日上午 10 时通知朱某做好停电准备。

法院认定，供电公司在交费通知、停电催费通知和停电前通知都做得合法到位，因此驳回原告的赔偿诉求，判决生效 10 日内偿还供电公司电费 42731.79 元，电费违约金 1495 元。

供电公司的停电通知义务必须履行到位，从交费、催费到停电前再次通知不要逾越时限，更不能省略。本案 8 月 2 日通知交费截止日为 8 月 31 日，根据《电力供应与使用条例》第三十九条规定，10 月 1 日就可以给朱某停电，本案推迟了 16 天才停电；中间又下达了催费和限期交费通知；10 月 8 日就下达了停电通知，远远放宽了 9 天时间，10 月 17 日上午 10 点又一次提前 1 个小时通知朱某做停电准备。由上观之，整个交费、催费和停电过程，供电公司时限上都做得超前，通知义务履行完美无缺。其次，每一次通知，都留下了扎实的证据，或录音或书面。在如此确凿的证据面前，原告只有认错服输的份儿。不过在实践中，完全可以将催费与停电通知合二为一为催费停电通知书，首先是催费，说明催费数额和违约金数额、限期交费的截至日期、逾期交费的后果——停止供电。当然要根据客户逾期交费一个月计算好提前通知日期。

▶▶ 案例8-15　某不夜城欠费 1800 元，上门催费发现已经易主他人，且联系不上原产权人和新产权人。催费员将限期交费通知留置看门人，看门人不予签字。次月 10 日，催费人员将催费通知贴在门上，仍不见交费。在随后贴停电通知时，发现催费通知没有了。再后来，采取了停电措施。果然，次日新产权人就到供电公司质问，未接到通知就被停电，电费又不是他欠的，要求赔偿损失。

供电公司和客户说明，我们之间没有供用电合同关系，供电公司向原产权人依法行使催费停电的权利并无不当，拒绝赔偿。后来，供电公司从优质服务角度出发，作出让步，和新客户达成协议：原户所欠电费和违约金当日缴清，免交复电费。

该案结果比较圆满，但在说明理由时应该引用《供电营业规则》第二十九条用户更名或过户（依法变更用户名称或居民用户房屋变更户主），应持有关证明向供电企业提出申请。供电企业应按下列规定办理：①在用电地址、用电容量、用电类别不变条件下，允许办理更名或过户；②原用户应与供电企业结清债务，才能解除原供用电关系；③不申请办理过户手续而私自过户者，新用户应承担原用户所负债务。经供电企业检查发现用户私自过户时，供电企业应通知该户补办手续，必要时可中止供电。

三、停送电服务纠纷处理

交电费时，客户方会强调没有接到供电方的交费通知，因为停电造成损失时，客户方同样也会强调没有接到供电方的停电通知，进而，诉请供电方赔偿由此造成的损失。由是观之，大多纠纷起于停电。通知贯穿供电过程的各个环节，通知至关重要。当然对于二类及以下负荷客户的临时性停电通知往往不是法律法规所明确规定的，但是从优质服务的角度讲，供电方处于为客户着想，维护客户利益的目的，积极主动，通知客户做好准备，尽量减低因停电造成的损失，减少纠纷。

供电营销过程中，有关私自过户的纠纷屡见不鲜，原因在于私自过户、欠费不交导致停电。关于这方面的宣传也是供电服务内容之一，供电企业在日常客服中，应主动向客户宣传合同法和电力法，主动要求客户执行《供电营业规则》第二十九条关于过户的规定，以免日后发生新户与原户、供电企业的电费纠纷和停电纠纷。日常营运过程中发现有私自过户现象也应提醒原户和新户一同到供电公司营业厅办理过户手续。过户在法律上应如何定性？

过户系依过户双方当事人之间的合同行为而发生，其基本特征和要求完全符合供用电合同权利义务的概括转让，供用电合同为双务合同，如有有效的供用电合同存在，原用电人与第三人达成合同承受的合意，需经供电企业同意。《合同法》规定，"当事人一方经对方同意，可以将自己在合同中的权利和义务一并转让给第三人。"该条款即是关于合同权利和义务概括转让的规定。私自进行用电过户，是指客户未经供电企业同意，将其供用电合同的权利义务一并转让给第三人。用电权的过户，实际上是合同的主体变更，属于《合同法》第八十九条规定的合同权利义务一并转让的情形。依照《合同法》规定，一并转让合同权利义务的，须经对方当事人同意。用电客户私自过户，将原合同的权利义务转移给新的用电人，未经供电企业同意的，不发生合同权利义务转移的效力，一旦出现合同纠纷，原客户仍须承担法律责任。

《供电营业规则》第二十九条规定，用户更名或过户（依法变更用户名称或居民用户房屋变更户主），应持有关证明向供电企业提出申请。供电企业应按下列规定办理：①在用电地址、用电容量、用电类别不变条件下，允许办理更名或过户；②原用户应与供电企业结清债务，才能解除原供用电关系；③不申请办理过户手续而私自过户者，新用户应承担原用户所负债务。经供电企业检查发现用户私自过户时，供电企业应通知该户补办手续，必要时可中止供电。

>> 案例 8-16　2008 年 5 月，钱某在某商城购买了一处店面，并于当月同当地供电企业签订了低压供用电合同。2009 年 10 月，钱某将店面转售给黄某。房屋买卖合同中约定，用电户头无偿过户给黄某，过户后产生的电费由黄某支付。2009 年 11 月，该店面欠电费达 6800 元，供电公司向钱某送达了中止供电通知书，之后，该店面欠费仍未交纳。12 月，供电企业对该店面中止供电。后来，黄某一纸诉状将供电企业告上法院，同时将钱某列为第三人，认为供电企业没有通知就中止供电，违反了《电力法》的规定。同时，他指出这 6800 元电费中有5000 元是钱某用的，都由自己负担不公平，要求法院判决供电企业恢复供电。

经过审理，法院认为，实际用电人黄某并没有会同原用电人钱某到供电企业办理过户手续，其用电仍是以原用电人钱某的名义，黄某同供电企业无供用电合同关系，在拖欠电费的情况下，原用电人仍有按照国家规定和合同约定及时交纳电费的义务，经催告用电人在合理期限内仍不交纳电费的，依据《合同法》规定，供电企业可以依照规定程序中止供电。

后经法院调解，钱某同意支付其 2009 年 10 月以前所用电电费，黄某亦同意支付过户后所用电电费，同时黄某和钱某来到供电企业营业场所办理了过户手续，供电企业恢复对该店面的供电。

评　析

过户为用电营业业务处理的一种常见类型，原用电人将自己的户头转让给新用电人，过户后，由新用电人在原用电人的用电地址上，以原用电类别、用电容量和受电电压用电。过户不改变合同原有的权利义务内容，仅发生合同主体的变化，过户涉及原供用电合同当事人双方之间的权利义务关系，转让人与受让人之间的关系。

本案中，私自过户的实际用电人黄某并没有会同原用电人钱某到供电企业办理用电过户手续，并未通知供电企业并经供电企业同意，该行为对供电企业不发生效力，不产生合同转让的法律效果。其用电仍是以原用电人的名义，黄某同供电企业无供用电合同关系。那么，实际用电人黄某并非供用电合同当事人，依据合同相对性原理，合同关系只能发生在特定的当事人之间，只有合同当事人一方能够向另一方基于合同提出要求或提起诉讼，作为合同当事人以外的第三人黄某无权向供电企业主张合同债权，供电企业对其也无任何合同义务和责任。

供电企业追讨私自过户拖欠电费的救济途径有：同原用电人及实际用电人

协商解决纠纷；可向人民法院提起民事诉讼，案由为供用电合同纠纷，以原用电人为被告，以实际用电人为第三人，这样有利于法院查清事实，明确相关主体的责任；对私自过户的用电人发生电费拖欠的，供电公司可依法中止供电。

实际用电人为了避免供电企业依法中止供电导致经济损失扩大，自愿以原用电人名义，为原用电人先行交纳所欠电费，然后再向原用电人追讨，或者交纳本来就是自己用电而发生的电费，这属实际用电人对自己民事权利的自行处置，是其意思自治的体现，市场经济是充分尊重主体的自由和权利的，因此供电企业收取此类电费并不违反合同法及其他相关法律规定。

>> 案例 8-17　某电信公司根本没欠费，可是当地供电公司却多次上门催收电费。催收无果后，供电公司索性给其发来一张停电通知单，再不交纳欠费，就要对其进行停电。后来，某电信公司了解到欠费的电能表属电信广场发射基站所有，是该公司 3 年前申请使用的。不过，去年 2 月，该公司就把这只电能表转让给当地联通公司使用，只是没有到供电企业办理过户手续。

今年 7 月初，供电公司抄表员发现该电能表有 912 千瓦时剩余电量，户名是某电信公司，于是就找到该公司要求其交纳 607.24 元电费。电信公司提出，联通公司目前在使用这只电能表，应由联通公司交纳欠费。抄表员又来到联通公司，该公司负责人却说，去年 "5·12" 地震后，他们就停止使用这个基站了，这笔电费是 "5·12" 地震前电信公司使用时形成的，也不愿交纳欠费。电信公司和联通公司双方互相推诿，抄表员多次催收无果后，只好向原申请用电单位某电信公司发出停电通知。

本案中，由于特殊原因，地震后基站被损坏，电信公司、联通公司都不再继续使用这只电能表。在供电企业找到双方协商，要求他们交纳欠费时，双方都不愿意交纳。根据《供电营业规则》规定，原申请用电单位电信公司与供电公司签订的《供用电合同》仍然有效，这只电能表发生的费用应该由电信公司交纳，因为电信公司将基站转让给联通公司使用时，并没有到供电企业办理过户手续，责任在电信公司。对此，电信公司很不理解，经去当地律师事务所咨询，了解相关电力法律、法规规定后，就接受了供电企业的处理，主动交纳了所欠电费。

评析

新客户在没有与供电企业签订合同的情况下就用电，是在原客户有合法用电权的基础上形成的，私自过户意味着新客户同意使用原客户的受电设施用电，就应该预料到使用原客户受电设施用电的风险，由于电力是特殊商品，根据《供电营业规则》第二十九条规定，不申请办理过户手续而私自过户者，新客户应承担原客户所负债务。供电企业发现客户私自过户时，应通知其补办相关手续，必要时可中止供电。因此，私自进行用电过户，发生债务纠纷的，供电企业既可以向原客户主张债权，也可向新客户主张债权。

四、停电管理与优质服务

在优质服务方面，供电企业应帮助指导客户解决生产、生活中的安全用电问题。如对于事关客户生产急用而客户又无法解决的私拉乱接问题，供电企业应该给予技术上协助、指导、处理，而不是仅仅下发《安全隐患限期整改通知书》。如在水果、蔬菜大棚区，海产品养殖区等的客户遇到用电困难，无力自行解决的，应及时给予业务指导或帮助他们架设规范的线路，彻底根除安全隐患。

>> **案例8-18**　2010年4月的一天，某区供电所用电检查人员在例行巡视中发现，村里的葡萄种植户当中有不少私拉乱接线路的违规现象。村民们用几根细细的竹竿当电杆，从住处拉电线穿越乡间小路到大棚，稍有海风吹过，这些竹电杆就摇来晃去，十分危险。区供电所并未简单行事，下发《安全隐患限期整改通知书》，而是考虑眼下正值葡萄生长旺季，停电会影响产量，造成种植户的经济损失，也违背优质服务规范，影响供用电关系的和谐。为此，区供电所所长带领用电检查人员和抄表人员一同前往村委会了解情况，统计用电总容量，勘测线路走向，本着安全、经济、实用的原则预算费用，当场制定出供电方案，立即组织施工，消除了安全隐患，送上了安全电。葡萄种植户非常满意，深表感谢。

评　析

本案区供电所优质服务值得称颂和借鉴，他们没有无视客户生产经营的实际，没有通过简单的通知消除安全隐患或强制拆除私拉乱接的线路，而是想客户所想，急客户所急，从实际出发，同时解决了私拉乱接和客户用电的困难，实现了供用电服务双赢。

案例8-18提醒供电营销人员，面对可以给予停电整改，也可以给予帮助的情况，帮助客户不仅增加了电量销售，同时更赢得了客户的心，展现了供电方的优质服务的高风亮节。

优质服务，才是解决问题的上上之策。

第九章

名言警句 ▪▪▪▪▪▪▪▪▪▪▪▪▪▪
　　只要法律不再有力量，一切合法
的东西也都不会再有力量。
　　　　　　　　——法国卢梭

法 律 风 险 防 范

　　风险蕴含着成功的机会，也包含着失败的可能。企业要求回报越大，承担
的风险就越大。风险防范不是消除风险，而是预先明确风险之所在，建立应对
风险的机制。供电服务不同于其他行业服务，除了与其他行业一样受到民商、
经济等法律的约束，还要受到电力行业的法律法规和规章的约束，在法律风险
防范方面难度更大。因此，供电企业员工应当熟知与企业相关的法律法规，依
法经营，照章办事，化险为夷。

第一节　电力法律风险防范

　　电力法律风险主要表现在供用电合同签订与管理、停送电服务、电费电
价、业扩报装与受电工程收费等方面。主要风险原因是法律层面上执法不严，
管理层面上把关不严。

一、电力法律与其他法律的冲突风险

　　《电力法》与其配套法规规章如《电力供应与使用条例》、《用电检查管理
办法》、《居民用户家用电器损坏处理办法》、《供电营业规则》均为1996年开
始实施的，迄今已有十八个年头了。在这漫长的过程中已有其他法律法规出台
实施，有的则与之冲突。这样在适用电力法律法规时难免遭遇法律风险。

　　1. 买者为卖者的"秤"埋单

　　电能计量装置由消费者"埋单"被社会上称之谓"卖菜人强行将秤搭售给
买菜人"。实际上，电力法律法规没有体现出客户投资购买电能表的条款，这
只是多年来供用电关系的一个惯性的延续。

消费者都认为作为计量仪器的电能表应由供电企业付费，他们认为，如果电能表由消费者付费，所有权应归消费者，在消费者搬家之时，供电企业理应提供移表服务或退回电能表价款或负责安装新的电能表。

2. 电能表要由供电企业负责校验

对于这一规定部分消费者也提出异议，认为隶属于供电企业的检验机构无论其资质多高，但其身份并非第三方，消费者就有理由予以质疑。有消费者还指出，当消费者提出电能表校验要求时，供电企业应允许消费者选择法定第三方计量部门对电能表校验，以确保公正性。

3. 违约金有点离谱

每日按欠费总额的千分之一计算违约金的规定早已经过时。对于供用电合同中规定的"用电人未按期交清电费的，应承担违约责任并交纳违约金，违约金从逾期之日起计算至交纳日止，每日按欠费总额的千分之一计算。经供电方催告，用电方仍未付清电费的，供电方可依法按规定程序中止供电。"也不符合《合同法》的规定。

1999年颁布的《合同法》已取消了法定违约金，目前各行业违约金标准参照银行的违约金，为每日万分之三至每日万分之五，而供电企业规定的每日千分之一的违约金显然大大高于银行的违约金。如果供电企业按每日千分之一收取违约金，消费者可以向法院起诉，要求执行银行违约金收取标准。

4. 索赔时限太苛刻

《居民家用电器损坏处理办法》第七条规定，"从家用电器损坏之日起七日内，受害居民用户未向供电企业投诉并提出索赔要求的，即视为受害者已自动放弃索赔权。超过七日的，供电企业不再负责其赔偿"这一条款过于苛刻，远远低于法律规定损害赔偿的索赔时限，许多消费者因实际情况而无法在如此短的时间内投诉。

《民法通则》第一百三十五条规定，向人民法院请求保护民事权利的诉讼时效期间为二年，法律另有规定的除外。

第一百三十六条规定，下列的诉讼时效期间为一年：

（一）身体受到伤害要求赔偿的；

（二）出售质量不合格的商品未声明的（过电压电能为不合格产品）。

《消费者权益保护法》第三十条规定，人民法院应当采取措施，方便消费者提起诉讼。对符合《中华人民共和国民事诉讼法》起诉条件的消费者权益争议，必须受理，及时审理。

依据上述诉讼时效的规定，《居民家用电器损坏处理办法》规定"超过七日的，供电企业不再负责其赔偿"显然是难以立足的。如果苦苦坚持"七日"之规定，必定承担败诉的风险。

二、业扩报装与受电工程收费不规范

由于申请用电的业扩工程是向当地供电企业申请的，且一个县（区、市）只有一家供电企业，电力承装（修试）业务处于垄断地位。所以在交易时，客户根本没有讨价还价的余地，只有接受。同时由于供电企业为独家经营，在业扩工程设备的选择上，客户为了讨好供电企业，往往选择供电企业提供或指定的设备，哪怕价格比别的企业高，以免以后受到不公平的待遇。供电企业则认为，电力行业是一个技术密集的企业，产、供、销同时完成，如果在接电的方式、选择设备及设备安装、业扩报装上，供电企业不把关，将影响电网安全。有些供电企业还明确必须选择供电多经企业的设备和施工，否则不给予安装。不少电力用户认为，当用户选择非供电企业所属单位设计、施工时，会遇到重重困难，会出现许多意料不到的问题。

《电力法》第二十六条规定，供电营业区内的供电营业机构，对本营业区内的用户有按照国家规定供电的义务；不得违反国家规定对其营业区内申请用电的单位和个人拒绝供电。《国家电网公司业扩报装工作规范（试行）》（国家电网营销〔2010〕1247号）第三条规定，业扩报装工作坚持"一口对外、便捷高效、三不指定（不准为客户指定设计、施工、供货单位）、办事公开"的原则。通过集约化、精细化管理和技术进步，以营销技术支持系统对业扩报装实行全过程闭环管理，实现业扩报装工作程序标准化、业务流程规范化，简化用电手续，缩短业扩报装周期，提高服务质量和服务效率。第四条规定，从事业扩报装工作人员必须遵守《供电服务规范》和《国家电网公司员工服务"十个不准"》等规定。

尽管有如上的法律规定和行业制度约束，对于客户或第三人施工的受电工程，在竣工验收时以设备、工艺、材料等不合格等理由变相拖延送电的情况还时有发生。

三、电力社会普遍服务不均衡

《供电监管办法》第十条规定，电力监管机构对供电企业履行电力社会普遍服务义务的情况实施监管。供电企业应当按照国家规定履行电力社会普遍服务义务，依法保障任何人能够按照国家规定的价格获得最基本的供电服务，即电力社会普遍服务应当具备普遍性、无歧视、公平性。

实际上这一规定迄今也没有实现。如物业小区（下称小区），尤其是没有实行一户一表的，供电纠纷频发，历来为社会所诟病，为客户所讨厌，投诉颇多。如电价高；停电不按章法；设备损毁断电，物管与供电公司互相扯皮，无人维修；额外分担供电设施电损等。从转供电角度说，被转供户（物业小区居民）应该与直供户享有同等权利，当然包括客户服务。《物业管理条例》第四十五条也规定，物业管理区域内，供水、供电、供气、供热、通讯、有线电视等单位应当向最终用户收取有关费用。物业管理企业接受委托代收前款费用的，不得向业主收取手续费等额外费用。第五十二条规定，供水、供电、供气、供热、通讯、有线电视等单位，应当依法承担物业管理区域内相关管线和设施设备维修、养护的责任。不过在这里还牵涉到《物业管理条例》第二十七条，业主依法享有的物业共用部位、共用设施设备的所有权或者使用权，建设单位不得擅自处分。同样，供电部门也无权处分。而且牵涉到以后的维修维护费用问题。

▶▶ **案例9-1** 2009 年 8 月 14 号晚上，某公司三栋家属楼一百多户居民突然遭遇停电，好不恼人。

8 月 15 日一大早，公司家属楼的住户们纷纷来到院子里乘凉，由于电停了一个晚上，他们本来不宽敞的住房里已是燥热难耐。住在这里的居民大部分都是老年人，他们更是难以忍受。

小区居民："我们这么大岁数了，让我们摸着黑上摸着黑下。"

这里的三栋家属楼从建成以来用的就是某厂的转供电，三个月前该厂便在该小区里贴了电改通知单，要对该小区里所有电网进行改造，更换电能表，并向每户居民收取800 元的改造费用。楼道的墙壁上已经铺了新电线，崭新的电表箱已经安装到了墙上。

小区居民："现在的电网虽然进行了改造，但是电费价格却没有改变。八百块钱买一块表，还是八毛六一度电，谁愿意啊！"

由于电费价格太高的缘故，大部分居民拒绝交费，电网改造也就被中断。同时改造过程中出现的线路故障造成了小区长达一夜停电无人管，这让居民们感到难以理解。

小区居民："这不该是强制性的，不该这样搞。"

目前城镇居民的电费物价部门规定的是每度五角七分，而车城路佳运公司所在的小区要收取每度八角六分的电费，那么，这到底是什么原因造成的？

对于居民反映的高价电费问题，现场安装线路的该厂装备部的工作人员作出了解释说："我们厂里的工业用电就是七毛三，我们这个电价是厂里定的。"

居民："关键我们不是工业用电，我们是居民用电。"

该厂工作人员："这个是政府来补贴，我们厂里不可能来补贴你，是不是？"

该小区的居民认为，虽然使用的是该厂的转供电，但是电费收取应该合理化，八角六分的费用到底是由哪些部分组成，该厂也并没有给居民作出公示。

该厂工作人员："每年有多少消耗，变压器也是用多少年就报废了，二三十万的东西，各方面都有损耗，我们实际上并没有在电上赚你的钱。你说电贵，那是政府的事情，与我们厂里没关系，我们厂里没有义务来扶贫。"

该事件最后由市物价局价管科科长顾某出面解释："转供电要发生一些电损、线损，所以该小区没有实行五毛七的电价。可能在这个基础上加了一部分线损、电损。电损、线损是客观存在的，但是对居民来说应该公开账本，把这个账算清楚。如果居民认为在这个核算过程中有虚假现象，可以拨打我们12398进行价格投诉。"

评析

《供电监管办法》第十条规定，供电企业应当按照国家规定履行电力社会普遍服务，依法保障任何人能够按照国家规定的价格获得最基本的供电服务。本案车城路佳运公司和隆达公司等三栋家属楼的一百多户居民的电价高，还要交改造费，被强制停电等。他们没有享受到电力社会普遍服务，是不公平的。《供电监管办法》第六条规定，供电企业应当加强供电设施建设，具有能够满足其供电区域内用电需求的供电能力，保障供电设施的正常运行。作为该营业区的供电公司应当进行配电网投资建设，延伸直接供电服务范围，向该小区终端用户按居民照明电价收取电费——让这一百多户居民享有普遍性、无歧视、公平性的服务。

从转供电角度分析，这是违反规章规定的。《供电营业规则》第十四条规定，用户不得自行转供电。在公用供电设施尚未到达的地区，供电企业征得该地区有供电能力的直供用户同意，可采用委托方式向其附近的用户转供电力，但不得委托重要的国防军工用户转供电。委托转供电应遵守下列规定：①供电企业与委托转供户（以下简称转供户）应就转供范围、转供容量、转供期限、转供费用、转供用电指标、计量方式、电费计算、转供电设施建设、产权划分、运行维护、调度通信、违约责任等事项签订协议。②转供区域内用户（以下简称被转供户），视同供电企业的直供户，与直供户享有同样的用电权利，其一切用电事宜按直供户的规定办理。③向被转供户供电的公用线路与变压器的损耗电量应由供电企业负担，不得摊入被转供户用电量中。比对一下，目前没有实施一户一表的小区供用电管理模式，有悖于转供电的有关规定。其最本质的差异在于小区居民不管在电费电价还是供电服务方面均没有享受到直供客户的待遇。电力社会普遍服务，本来具有普遍性、无歧视和公平性，可是对于该小区而言，虽与外边的世界仅一墙之隔却遥在天涯。

四、供用电合同签订与管理不规范

1. 合同缺失重要条款

误认为某些问题有法规或规章的明文规定，为了省事或者让合同更有权威性而援用法规规章条文或者在合同中没有约定详细条款，导致营销纠纷。突出表现在电费违约金等问题上。

电费违约金实际上就是由于客户违反交纳电费时限约定而承担的违约金，也就是电费滞纳违约金。《合同法》第一百一十四条第一款规定，"当事人可以约定一方违约时应当根据违约情况向对方支付一定数额的违约金，也可以约定因违约产生的损失赔偿额的计算方法。"用电客户不按时缴纳电费，违反供用电合同约定，应当缴纳电费违约金。《电力供用与使用条例》第三十九条规定，违反本条例第二十七条规定，逾期未交付电费的，供电企业可以从逾期之日起，每日按照电费总额的千分之一至千分之三加收违约金，具体比例由供用电双方在供用电合同中约定；《供电营业规则》第九十八条规定，用户在供电企业规定的期限内未交清电费时，应承担电费滞纳的违约责任。电费违约金从逾期之日起计算至交纳日止。每日电费违约金按下列规定计算：①居民用户每日按欠费总额的千分之一计算；②其他用户：a. 当年欠费部分，每日按欠费总额的千分之二计算；b. 跨年度欠费部分，每日按欠费总额的千分之三计算；电费违约金收取总额按日累加计收，总额不足 1 元者按 1 元收取。由上见出，电费违约金有别于行政处罚法中滞纳金，前者为拖欠电费应承担的违反合同约定的责任，后者是迟延缴纳处罚金应该承担的行政处罚责任，前者是约定的，没有惩罚性，而后者是法定的，带有惩罚性。尽管《电力供用与使用条例》和《供电营业规则》均对电费滞纳金做了明确的规定，但是《合同法》并没有规定法定违约金制度。《合同法》第一百一十四条规定，"当事人可以约定一方违约时，应当根据违约情况向对方支付一定数额的违约金，也可以约定因违约产生的损失的计算方法"，即违约金是当事人约定的。如果在供用电合同中双方没有约定违约金，法院将不会支持供电企业援用《供电营业规则》每日1‰～3‰的规定，而是会按照普通债权来处理，按照实际损失来计算。

≫ 案例9-2　　上诉人某棉纺公司为与被上诉人某热电公司供用电合同纠纷一案，不服原审法院民事判决，向最高人民法院提起上诉。

原审法院查明：①2005年10月17日，针对热电公司关于双方发生的往来款项的询证函，棉纺公司回函认可截止2005年9月底，棉纺公司共欠热电公司电费款23 184 719.63元。②热电公司根据《电力供应与使用条例》，按日3‰的滞纳金比例制作了《棉纺公司截至2005年9月欠电费滞纳金明细表》。

原审法院经审理认为：热电公司与棉纺公司之间虽然没有签订书面供用电合同，但热电公司按照相关法律规定常年为棉纺公司供电，对此棉纺公司予以认可，根据《合同法》第三十六条规定，法律行政法规规定或者当事人约定采用书面形式订立的合同，当事人未采用书面形式但一方已经履行主要义务，对方接受的，该合同成立。故可以认定热电公司与棉纺公司已形成事实上的供用电合同关系。棉纺公司理应按照国家供用电的统一定价标准向热电公司支付电费。庭审中，棉纺公司对尚欠热电公司电费23 184 719.63元予以确认，故热电公司要求棉纺公司支付所欠的供用电款的主张成立，该院对此予以支持。按照《电力供应与使用条例》第二十七条规定，用户应当按照国家批准的电价，并按照规定的期限、方式或者合同约定的办法，交付电费；第三十九条规定，违反本条例第二十七条规定，逾期未交付电费的，供电企业可以从逾期之日起，每日按照电费总额的千分之一至千分之三加收违约金，具体比例由供用电双方在供用电合同中约定。鉴于双方没有形成书面供用电合同，没有证据证明双方之间形成关于逾期交付电费违约金的书面或口头约定，故热电公司要求棉纺公司按照条例的最高比例支付违约金没有合同依据，棉纺公司认为热电公司收取滞纳金没有合同依据的反驳理由成立，该院予以支持。但因棉纺公司逾期不支付电费给热电公司造成了一定的经济损失，应当予以赔偿。双方对一方违约后损失赔偿额的计算方法亦未作出约定，该损失额可按照逾期支付电费其资金占用期间中国人民银行同期贷款利率分段计取。据此，该院依照《合同法》第三十六条和第一百零七条、《电力供应与使用条例》第二十七条和第三十九条之规定，判决：一、棉纺公司向热电公司支付欠付电费款23 184 719.63元。二、棉纺公司向热电公司支付欠付电费期间的利息损失（按中国人民银行同期贷款利率分段计息，至还清本息之日止）。一审案件受理费 195 979.56 元，棉纺公司负担 90%，即 176 381.6 元，热电公司负担 10%，即 19 597.96 元；保全费 186 489.56 元由棉纺公司负担。

棉纺公司不服上述民事判决，向最高人民法院提起上诉称：棉纺公司拖欠热电公司电费 23 184 719.63 元属实。造成拖欠的原因是电费基数太大，并非棉纺公司故意违约。棉纺公司自 2005 年 2 月至 8 月相继向热电公司支付电费 1035 万余元，通过股权转让、出让土地使用权、依法转让资产等方式，累计为热电公司盘活资金 4447 万元。棉纺公司没有对热电公司造成损失，反而对热电公司做出了贡献。热电公司至今未中断与棉纺公司的供用电关系，正说明了这一点。棉纺公司一直是支付电费本金。对是否支付滞纳金或者利息，双方没有合同（含口头）约定。原审判决棉纺公司支付利息不当。棉纺公司是一家国有大中型企业，固定资产上千万，职工 5000 余人，不可能转移资产。热电公司申请财产保全不符合法律规定。棉纺公司不应承担诉讼保全费。综上，请求撤销原判第二项，撤销原判关于诉讼费和保全费由棉纺公司负担的内容；请求判令二审诉讼费用由热电公司承担。

被上诉人热电公司答辩称：因棉纺公司不交电费，导致热电公司的资金不能及时回收，只能靠向银行贷款购买煤和燃料来维持电力生产，由此给热电公司造成的经济损失是显而易见的。在棉纺公司拖欠巨额电费的情况下，热电公司之所以不中断供电，完全是出于国家照顾国有困难企业所作出的行为。对于棉纺公司提出的其为热电公司做出了贡献，与事实不符。棉纺公司拖欠电费已经影响到了热电公司正常的生产经营。原审判决正确。请求维持原判，驳回上诉。

本院经二审审理，除对原审查明的事实予以确认外，还查明：2003 年以前，热电公司的子公司与棉纺公司签订过供用电合同，合同中约定有滞纳金的内容。2005 年 11 月以来，热电公司与棉纺公司也签有供用电合同，其中约定了滞纳金的内容。仅本案所涉的 2003 年至 2005 年 10 月期间双方没有签订书面供用电合同，也未对滞纳金的处罚标准进行口头约定。但对此间双方客观上存在的供用电关系，以及棉纺公司欠电费 23 184 719.63 元的事实，双方均无异议。至于棉纺公司所称其通过股权转让、出让土地使用权、依法转让资产等方式为热电公司盘活资产的问题，与本案不具有关联性。

本院经审理认为，热电公司与棉纺公司对 2003 年至 2005 年期间双方客观上存在着供用电关系，以及棉纺公司拖欠热电公司电费 23 184 719.63 元的事实均予以确认。基于上述事实,根据《合同法》第一百八十二条和《电力供应与使用条例》第二十七条规定,用电人棉纺公司理应偿还其所拖欠供电人热电公司的电费 23 184 719.63 元。关于拖欠电费应否支付违约金的问题。《合同法》第一百八十二条规定:"用电人应当按照国家有关规定和当事人的约定及时交付电费。用电人逾期不交付电费的,应当按照约定支付违约金……"。《电力供用与使用条例》第三十九条规定:"违反本条例第二十七条规定,逾期未交付电费的,供电企业可以从逾期之日起,每日按照电费总额的千分之一至千分之三加收违约金,具体比例由供电双方在供用电合同中约定……"。上述法律、法规中虽有对用电人违约供电人可向其收取违约金的规定,但因该条款不是法律、法规强制性规定,用电人违约是否处以违约金以及违约金收取比例的确定,完全取决于供用电合同当事人双方的意愿。因此,在本案当事人双方没有签订书面供用电合同,对是否收取违约金以及违约金的收取比例也没有口头约定的情况下,热电公司向棉纺公司主张收取违约金,显然没有法律和事实依据。但因棉纺公司拖欠巨额电费,已导致热电公司资金无法及时收回,靠向银行贷款购买原材料来维持电力生产。而银行贷款存在着法定利息,必须要向银行支付。故在本案当事人双方没有书面合同,对违约金的收取比例以及损失的计算方法也没有口头约定的情况下,原审法院参照拖欠银行贷款的违约金计算标准,判决棉纺公司向热电公司赔偿的损失额按照逾期支付电费其资金占用期间中国人民银行同期贷款利率分段计算,是符合客观实际的,体现了权利义务对等和公平原则,本院应当予以维持。棉纺公司上诉主张其不应承担所欠电费利息,理由不足,本院不予支持。至于诉讼费和保全费的负担问题,因上述费用的负担体现着当事人双方在民事诉讼中的胜败以及各方责任的承担,因此,原判棉纺公司负担90%一审案件受理费和诉讼保全费,并无不当。

综上,原判事实清楚,适用法律正确,应当予以维持。本院依照《中华人民共和国民事诉讼法》第一百五十三条第一款第(一)项规定,判决如下:驳回上诉,维持原判。一审案件受理费 195 979.56 元和保全费 186 489.56 元,按照一审判决执行;二审案件受理费 195 979.56 元,由上诉人棉纺公司负担。本判决为终审判决。

评 析

《合同法》第一百八十二条和《电力供应与使用条例》第三十九条都强调"约定违约金",就是说法律、法规中虽有对用电人违约供电人可向其收取违约金的规定,但因该条款不是法律、法规强制性规定,用电人违约是否处以违约金以及违约金收取比例的确定，完全取决于供用电合同当事人双方的意愿。本案当事人双方在 2003 年至 2005 年 10 月期间没有签订书面供用电合同，对是否收取违约金以及违约金的收取比例也没有口头约定的情况下，收取电费违约金当然没有法律和合同依据。因此，高院和最高院参照拖欠银行贷款的违约金计算标准做出上述判决。

评　析

①没有合同约定，法院不会主动地参照《电力供应与使用条例》、《供电营业规则》支持供电企业 2‰～3‰ 电费违约金的诉求。甚至有的法院根本就不予计算客户占用供电公司资金的损失。如，某县级市供电公司，一直没有与某私营工业客户签订合同，因此该客户多次拖欠电费而拒不交纳电费违约金，依法实施停电后供电公司反而败诉。该客户尝到"甜头"，坚持不与供电公司签订供用电合同。这种情况供电公司应该给客户发出签订合同的律师函，依据民事法律和合同法规定，协商签订合同，再拒签供用电合同的话，就公证供电方的提请签订供用电合同的法律行为和过程，客户拒签，就中止供用电关系。②即使签订了供用电合同，没有约定具体的电费违约金计算方法的，法院也不会参照《电力供应与使用条例》和《供电营业规则》规定的比例判决。

启　示

是否收取电费违约金，怎样计算，具体比例是多少，在供用电合同中都要约定清楚。否则，就不会得到法律保护。

2. 供用电合同管理缺陷

忽视对供用电合同的管理不仅是工作的失职，也是对客户的服务不周。主要表现在合同的动态管理跟不上，导致双方无法核对确认合同修改后双方的权利和义务而引起纠纷。包括产权明晰、维护维修责任划分和民事责任的承担等。

（1）缺失专门的供用电合同管理机构

由于合同本身的特征，决定了合同不同于企业内部的生产人事、财务等管理工作，已超越了企业自身的界限，使之成为一种受法律规范和调整的社会关系。目前，大多供电企业的供用电合同由营销部门签订并管理。但是，营销部门没有专门机构和专责人来管理合同。所谓的管理，也就是整理归档仅供查阅而已。再者供用电合同涉及大量的法律和供用电专业问题，应该有专门机构和专责人来管理，譬如，企业法律事务（顾问）部门、合同管理委员会等。

（2）缺乏归口分类分级管理机制

供电企业的合同管理，没有归口分类分级管理机制。现在普遍存在一种错误的观念，就是供用电合同的管理与履行就是用电营销部门的事，没有形成供电企业各部门的配合，共同履行合同义务的机制。目前还没有专门的人员和部门对供用电实行归口管理、分类管理和过程管理。合同管理应采取企业法律顾问部门或营销机构内部的专门机构统一归口管理和各业务部门、各单位分口管理的模式。作为企业合同的统一管理部门，对企业合同的签订和履行负有监督、检查和指导的职责。具体操作上，对合同实行分级、划块管理，各业务部门和所属各单位作为合同次级管理单位，负责本部门、本单位的合同签订和履行，并向法律顾问部门或营销机构内部的专门机构定期汇报有关合同的执行情况。

（3）忽视过程管理

①忽视自身全面履行供用电合同义务和及时主张供电企业的权利。有些供电企业在签订供用电合同后，即将合同束之高阁，应付各类检查和考核评比活动。如在停电通知、故障检修、计量收费、电能质量等方面撇开合同约定，自行其道，导致客户投诉甚至诉讼，而在另一方面，当客户违反合同条款，如发生拖欠电费、违章用电、盗窃电等违约行为，都不及时按有关法律程序进行诉讼，给企业造成难以挽回的损失。②不能实时记载合同变更、履行情况。供用电合同一般为长期合同，由于跨时久远，往往在法律依据（如法律的废止、补充、修改）、当事人的身份（如合并、分立、改制等）、重要的基础事实（如电力设施的拆除、新建、产权分界点的偏移等），均可能发生变化。又如，常见的用电变更业务，如不作相应变更，显然不能准确反映当前的实际情况（如电度电费和基本电费的变化），不利于合同的正确履行和责任的清晰认定。③不注意取证。"以事实为依据"是我国的重要司法原则，但法律上的"事实"并不等于客观事实，它是指以证据支撑、并为法庭认可的事实。当用电方违反合同，如窃电、违约用电，供电方的用电检查人员或者抄收人员不经取证，即施以停电、剪线、查封、拆表等措施。此举就有败诉的风险，因为你手中还没有证明用电方违反合同的证据。④有关基础资料保管不善。按照《电力供应与使用条例》、《供电营业规则》规定，双方在用电的报装、勘察、设计、安装、验收过程中，会形成一系列技术资料，它们事实上是供用电合同的附件，应当一并保存；一旦散失，往往于供电方不利。如工业客户变压器烧毁，导致停产，损失严重，遂起诉供电公司称，变压器质量不合格要求赔偿损失。供电方通过

内部调查得知变压器为有资质、信誉好的厂家所生产,烧毁的原因是客户过载造成的。但该变压器是供电所安装,无法找到原始的设备资料和安装验收资料,无奈承担了部分赔偿责任。

(4) 供用电合同的履行监督

首先,没有对合同实行动态的不间断的跟踪管理,对每一家合同做出实时的履行情况评估,这样合同与实际就会发生脱节;其次,对于怠于履行供用电合同的情况,没有向企业内部相关部门发出提醒;再次,对合同双方的没有完全履行合同义务缺乏监督,没有根据合同履行实际情况,提出相应的解决措施。这样,就造成隐患的积累、纠纷的加剧。

(5) 合同变更和履行

在供电营销过程中应实时将客户履行合同的情况和用电变更情况,反馈给合同管理人员做实时记录。用电变更包括:减容、暂换、暂停、迁址、仪表、暂拆、过户、分户、并户、销户、改压和改类。营销服务不仅仅是对客户要求的变更给予快捷、方便的服务,也包括对这些变更的记录存档,以便通过合同管理软件统计查询到客户最新的用电情况资信,减少与客户的纠纷。合同履行包括用电安全、设备安全、按时足额缴费情况、是否有违章用电、窃电等情况;变更主要就是指用电变更。供电营销服务过程中往往忽视对上述合同的动态管理。

>> 案例9-3　某市原告邓某诉称,2005 年 8 月 23 日下午 5 时许,与同伴一起到某市老汽车站玩,他们沿着侧房楼梯爬上房顶,又爬上主房顶,发现房顶的变压器围栏的门已经破烂且没有锁,他就进去玩耍。发现高压户头挺好玩,上前触摸被电击伤,致右前臂被截肢。现诉求被告老车站和供电公司赔偿医疗、护理、营养、交通、伤残补助、残疾抚慰金等共 271 691.34 元。

法院经审理认定,2005 年 8 月 23 日下午 5 时许,原告与伙伴跑到老车站房顶的变压器台区内玩耍,在触摸变压器南边相高压桩头接线处时被电击伤,造成右前臂、右小腿肌肉坏死。经某医院治疗,右前臂现已截肢。经某法医鉴定,原告丧失劳动能力 70%。两被告应当承担赔偿责任。供电方辩称,该变压器确属 20 世纪 90 年代供电公司为扶持老车站投资安装的,但是 2001 年已经将变压器产权移交给老车站,管理、维护的义务自然就转移给老车站。故我公司不承担原告的任何责任。

老车站辩称:①原告父母未尽到监护职责,应当承担责任。②原告接触的

10千伏变压器系供电公司为扶持老车站投资安装的,产权归供电公司。供电公司辩称产权移交没有证据,该变压器一直由供电公司管理。

因该变压器产权移交的资料查找不到,供电公司无法提供产权归属老车站的证明。

法院认为:原告系不满10周岁的未成年人,属无民事行为能力,其法定代理人未尽到监护职责,对事故的发生应负一定责任,承担原告医疗费、交通费、住院期间的生活补助费、营养费以及伤残补助费的10%。被告老车站是该变压器的受益人,变压器设施围栏破坏无门锁,应负事故的主要责任,承担原告损失的90%。被告供电公司承认该变压器为其投资安装又不能举证变压器的产权移交,视为事故变压器的所有人,与老车站承担连带清偿责任。

评析

本案是一起高压电致人损害赔偿案,受害人又是无民事行为能力人,变压器所有人应当承担无过错责任。原本公司不是产权人,但是因合同管理工作失职,变压器产权变更的重大事项没有实时记入供用电合同,而被认为仍然是产权人,被判承担连带清偿责任,实属咎由自取。

启示

供电公司要加强供用电合同的科学管理,保持合同常态实时管理。合同管理是更重要的客户服务。合同内容改变,及时记录入档,妥善保管,有案可稽。不要使合同成为束之高阁的死合同,避免因合同未作及时变更、记录,导致举证不能而背上冤枉债。

第二节 经济法律风险防范

在供电营销服务中除了受到电力法律法规的约束之外,还蕴涵着触犯反垄断法、反不正当竞争法、招标法、自然资源法、环保法、劳动法、公司法等法律的风险。本节将讨论供电营销服务与上述法律的关联和风险防范。

一、供电营销服务与反垄断法

《反垄断法》规定了三种应当禁止的垄断行为:一是垄断协议,二是滥用市场支配地位,三是具有或者可能排除竞争效果的经营者集中。电网企业最有可能出现垄断嫌疑的是第二种类型,即滥用市场支配地位。

《电力法》第二十五条规定,供电企业在批准的供电营业区内向用户供电。

供电营业区的划分，应当考虑电网的结构和供电合理性等因素。一个供电营业区内只设立一个供电营业机构。如，一个县（区、市）只有一家供电企业。实际上，不仅在供电方面，与电力相关的承装（修试）业务也几乎处于垄断地位。在招投标操作中，为了保住各自的市场份额，某些供电企业间形成不成文的约定，各自分割市场，互不介入对方市场。为应对招投标，采用虚假投标制。由外区域的企业以不是本区域的企业名义参与招投标，不论中标者是谁，一律由本区域内供电企业施工（为实际中标者）。这种行为不仅是垄断协议问题，还涉嫌违反《招投标法》。

在电网建设和电能营销过程中，由于自然垄断的特性，形成了不同程度的买方市场和卖方市场。买方市场就是买方占有优势的市场，同样，卖方市场就是卖方占有优势的市场。在不同时期，电网企业都有可能成为这两种市场的主体，利用独特的市场支配地位，从事《反垄断法》禁止的滥用市场支配地位的垄断行为。何为"市场支配地位"？《反垄断法》第十七条第二款界定为"本法所称市场支配地位，是指经营者在相关市场内具有能够控制商品价格、数量或者其他交易条件，或者能够阻碍、影响其他经营者进入相关市场能力的市场地位。"

1. 供电企业的垄断行为

《反垄断法》第十七条第一款规定，"禁止具有市场支配地位的经营者从事下列滥用市场支配地位的行为：（一）以不公平的高价销售商品或者以不公平的低价购买商品；（二）没有正当理由，以低于成本的价格销售商品；（三）没有正当理由，拒绝与交易相对人进行交易；（四）没有正当理由，限定交易相对人只能与其进行交易或者只能与其指定的经营者进行交易；（五）没有正当理由搭售商品，或者在交易时附加其他不合理的交易条件；（六）没有正当理由，对条件相同的交易相对人在交易价格等交易条件上实行差别待遇；（七）国务院反垄断执法机构认定的其他滥用市场支配地位的行为。"除去其中的第（七）种"国务院反垄断执法机构认定的其他滥用市场支配地位的行为"弹性规定外，实质上只有6种。对电网企业而言，其销售商品的唯一种类就是"电能"，而根据《价格法》第十八条和《电力法》第三十五条等规定，销售电价又实行政府定价。所以，6种在禁止行为之第（一）种"以不公平的高价销售商品"和第（二）种"没有正当理由，以低于成本的价格销售商品"，基本不会出现。因为销售电价是政府定价，所以，无论价格高低，公平与否，多数情况下都和电网企业无关。

（1）"以不公平的低价购买商品"。该行为主要发生在电网建设的设备、器具、材料等物资的采购过程中。基于产品的用途和特征，部分厂家的设备，如铁塔、特种变压器、避雷器、互感器等，主要销往电网企业，此时，电网企业是典型的买方市场。在这种情况下，电网企业有时可会利用自身的垄断地位，提高要求，指定价格，以不公平的低价购买商品，涉嫌垄断行为。

（2）"没有正当理由，拒绝与交易相对人进行交易"。该行为既可能发生在买方市场环境下，也可能发生在卖方市场的环境下。前者如在电网建设中，电网企业无任何理由，限制采购某特种变压器厂的电器设备。后者，如对于某用户的申请用电行为不予受理，导致该用户在该供电营业区内无法正常用电。对于后者，由于申请用电的业扩工程是向当地供电企业申请的，且一个县（区、市）只有一家供电企业，电力承装（安装）业务，完全处于垄断地位。所以在交易时，客户根本没有讨价还价的余地，只有接受。电网企业实质上负有强制缔约义务，除《反垄断法》予以规制外，《电力法》、《合同法》、《供电监管办法》等法律法规也有规定。《电力法》第二十六条第一款规定，"供电营业区内的供电营业机构，对本营业区内的用户有按照国家规定供电的义务；不得违反国家规定对其营业区内申请用电的单位和个人拒绝供电。"《电力法》第二十八条，供电企业应当保证供给用户的供电质量符合国家标准。对公用供电设施引起的供电质量问题，应当及时处理。用户对供电质量有特殊要求的，供电企业应当根据其必要性和电网的可能，提供相应的电力。《供电监管办法》第十八条规定，"供电企业不得从事下列行为：（一）无正当理由拒绝用户用电申请。"

（3）"没有正当理由，限定交易相对人只能与其进行交易或者只能与其指定的经营者进行交易"。如电能表的经营，不能强制客户非要购买电力企业经营的电能表，强行安装预付费电能表，否则，不与客户签订供用电合同；特别是在电费催收时，停电行为不合法不规范；没有正当理由，限定交易相对人只能与其进行交易或者只能与其指定的经营者进行交易之规定。

该行为主要发生在配电网的专变用户中，如规定用户必须与由其指定的电力设计、施工、安装、设备制造企业进行交易，通常表现为用户诟病的"三指定"。对此，《供电监管办法》十八条确规定，供电企业不得从事下列行为："（四）对用户受电工程指定设计单位、施工单位和设备材料供应单位"。供电企业对用户业扩工程选用的有资质的设计单位、施工单位和设备材料供应单位不应加以干预。此外，也有的电网企业对用户通过银行托收电费的，必须向其指定的银行办理的行为也涉嫌"三指定"。

（4）"没有正当理由搭售商品，或者在交易时附加其他不合理的交易条件"。违背交易相对人意愿，搭售商品或者在交易时附加其他不合理的交易条件。比如，客户的受电工程的带料施工；附加其他不合理、违背用户意志的条件，如顺风（搭便车）施工。《供电监管办法》第十八条规定，供电企业不得从事下列行为："（三）违反市场竞争规则，以不正当手段损害竞争对手的商业信誉或者排挤竞争对手"。对电网企业而言，销售电能时搭售商品这样明显的违法行为，可能很少发生。但是，交易时附加其他不合理交易条件的情况就难免杜绝。不合理的交易条件，有时比较隐蔽，很难判断。例如，在进行变压器或者电力电缆等设备招标时，规定只有使用了电网企业拥有自主知识产权的专利技术的厂家，才有资格参与投标的行为。

（5）"没有正当理由，对条件相同的交易相对人在交易价格等交易条件上实行差别待遇"。比如，在农村供电服务中，要努力消除供电服务的城乡差别，做到同网同价，服务同效。

在卖方市场的情况下，即销售电能时，由于政府定价的因素，很难对交易相对人实行差别待遇。但是，在目前除居民家庭的用电类别比较单一外，其他没有分类计量的电力用户基本上都是各类电价类别混合在一起而存在电价定比不统一、不规范的现象。此外，在买方市场情况下，如在电网建设购买设备物资等过程中，就很有可能出现交易条件上的差别待遇。

2. 如何防范法律风险

供电企业不能靠垄断来获取利润，也无须惧怕竞争，即使完全走向市场，在产品、技术和价格等都无法构成差异化因素的不利条件下，应当通过深化改革，打造业务和服务品牌，依靠品牌竞争这种高级形式获取利润。《反垄断法》对于垄断行业来说是考验，也是机遇，完全在于企业对市场、对法律的认识。供电企业应当抓住机遇，对内进行全面的整合，对外积极采取措施，努力提高企业的人员素质、技术水平，按照市场运行规则进行优质服务，靠信誉提升市场竞争力。

《反垄断法》并不是"一刀切"地反对所有的垄断。相反，对于合法的电网企业的垄断运营，《反垄断法》同样是给予法律保护的。《电力法》第二十五条规定了供电企业实行垄断经营的行政许可制度，"一个供电营业区域内只设立一个供电营业机构"。《反垄断法》第七条规定："国有经济占控制地位的关系国民经济命脉和国家安全的行业以及依法实行专营专卖的行业，国家对其经营者的合法经营活动予以保护，并对经营者的经营行为及其商品和服务的价格依法实施监管和调控，维护消费者利益，促进技术进步。"因此，对于电网经营企业而言，自然的垄断经营并不可怕，很大程度上它是规模经济和范围经济的必然结果。"只反垄断行为，不反垄断结构；只反限制竞争，不反垄断地位"也是国际上的通行做法，我国的《反垄断法》立法，同样吸收了这样的先进理念。供电企业应加强内部管理，增强员工法律和服务意识，在用户申请用电的供电营业大厅向用户公开业扩报装的办法、合格的电力设计单位、施工单位、商品单位，由用户根据质量与价格自行选择设计、施工单位及产品供应商，全方位做好电力社会普遍服务。具体防范措施如下。

（1）要积极配合反垄断执法机构的调查。配合反垄断执法机构调查，是涉嫌垄断经营者的法定义务，没有正当理由，不得拒绝、阻碍。《反垄断法》第四十二条规定，被调查的经营者、利害关系人或者其他有关单位或者个人，应当配合反垄断执法机构依法履行职责，不得拒绝、阻碍反垄断执法机构的调查。情节严重的，还涉嫌触犯《刑法》规定的妨碍公务罪。

（2）要妥善保存有关材料和证据。电网企业在建设或者经营过程中，要妥善保存那些作出有关行为的背景资料、政府公文。这些资料和证据都有可能成为电网企业避免处罚的"正当理由"。同时，保存这些资料、证据，还有利于配合反垄断执法机构的调查。

（3）要主动、及时提供客观、真实的有关文件、资料、信息。《反垄断法》规定，对反垄断执机构依法实施的审查和调查，拒绝提供有关材料、信息，或者提供虚假材料、信息，或者隐匿、销毁、转移证据，或者有其他拒绝、阻碍调查行为的，由反垄断执法机构责令改正，可以处以罚款；构成犯罪的，依法追究刑事责任。

《电力企业信息披露规定》第七条规定，"从事供电业务的企业应当向电力用户披露下列信息：（一）国家规定的供电质量标准；（二）国家批准的配电电价、销售电价和收费标准；（三）用电业务的办理程序；（四）停电、限电和事故抢修处理情况；（五）用电投诉处理情况；（六）电力监管机构要求披露的其他信息。"

（4）尽量杜绝垄断行为。企业不违法，自然就不会受到反垄断执法机构的处罚。但是，作为企业，其基本目的还是要最大限度地追求利润。既要避免处罚，又要追求利润，这就要求企业认真梳理法律关系，准确把握法律规定，严格区分垄断和非垄断行为，规避违犯《反垄断法》。

（5）重视行政调查程序，对有关检查事项作出说明。依照行政法律程序，行政机关在作出最终处罚前，一般都要征求行政相对人的意见，听取陈述和辩解。《反垄断法》第四十三条也规定，被调查的经营者、利害关系人有权陈述意见。反垄断执法机构应当对被调查的经营者、利害关系人提出的事实、理由和证据进行核实。作为电网企业，应当认真对待反垄断执法机构的调查程序，对于征求调查意见的，要认真研究，慎重对待，作出合理合法的陈述和辩解。即使无法避免行政处罚，也要参照该法第四十九条的规定，从违法行为的性质、程度和持续的时间等因素作出辩解，以尽力减少反垄断执法机构将作出的具体罚款数额。

（6）作出限期消除涉嫌垄断行为的承诺。《反垄断法》第四十五条规定："对反垄断执法机构调查的涉嫌垄断行为，被调查的经营者承诺在反垄断执法机构认可的期限内采取具体措施消除该行为后果的，反垄断执法机构可以决定中止调查。中止调查的决定应当载明被调查的经营者承诺的具体内容。反垄断执法机构决定中止调查的，应当对经营者履行承诺的情况进行监督。经营者履行承诺的，反垄断执法机构可以决定终止调查。"如果电网企业涉嫌垄断行为，违反了《反垄断法》，在反垄断执法机构调查时，应根据实际情况尽力作出承诺，消除不良后果，避免事态扩大。

（7）及时行使权利救济。如果电网企业的确违反了《反垄断法》，反垄断机构也对其实施了行政处罚，若有必要，电网企业要及时行使该法规定的救济权利。《反垄断法》第五十三条规定："对反垄断执法机构依据本法第二十八条、第二十九条作出的决定不服的，可以先依法申请行政复议；对行政复议决定不服的，可以依法提起行政诉讼。对反垄断执法机构作出的前款规定以外的决定不服的，可以依法申请行政复议或者提起行政诉讼。"是先复议再诉讼，还是直接提起行政诉讼，电网企业要根据法律规定和实际情况，选择恰当的诉讼策略，进行权利救济，最大限度地降低法律风险。

》 案例9-4 原告某公司诉称：原告是一家从事智能系列仪表研发生产与销售的企业。1999年7月，经过被告组织的招标选型，原告的电能表进入了某市市场。但在2002年11月18日，被告下属的××区供电分公司下发了某市××区供〔2002〕24号文件，在文件的第七款中，明确限令现与原告有合作关系的五个供电所只能购买由其指定的厂家的表具，客观导致了与原告有合作关系的五个供电所只能与原告终止合同，给原告造成了经济损失。被告下属的××区供电分公司下发文件的行为属于典型的公用企业限制竞争行为，严重侵犯了原告的合法权益，故请求法院判令被告：一、停止不正当竞争行为，撤销该文件；二、赔偿原告损失 2000 元；三、承担本案诉讼费。

被告某市供电公司辩称：一、在农村电网改造二期工程中，供电企业代为采购农户电能表，不属于必须进行招投标的项目，而是可以采取比价采购方式的项目。①本项目的采购采取比价采购方式是符合行政相关规章的，因此是合法的。②答辩人代为采购电能表行为是接受委托人委托的民事代理行为，并且是合法有效的。③答辩人根据委托人的委托，采取了比价采购的方式。二、答辩人通过比价采购方式为农民代购电能表的行为根本不构成不正当竞争。①被答辩人产品在比价采购中未被选中，完全是因为其产品不能满足委托人的要求，而不存在所谓因强行指令被限制排斥的情况。②答辩人是接受农委、经委的委托，根据委托人的意愿，结合表计专家的专业意见为农户代购质优价廉的电能表，不存在利用公用企业独占或垄断地位强行指令购买的情形。③某市××区供〔2002〕24 号文件，仅是答辩人根据委托人的意愿，将进行比价采购的结果进行落实，由下属机构实际执行的内部分工文件，纯属答辩人内部行为，不存在利用公用企业垄断经营地位强制购买的情形，不构成不正当竞争。请求法院驳回原告的诉讼请求。

法院经审理认为：根据原告的诉讼主张，本案涉及被告下发的某市××区供〔2002〕24 号文件的行为是否属于公用企业限定他人购买其指定的经营者的商品，从而排挤其他经营者的公平竞争的不正当竞争行为。我国《反不正当竞争法》第六条规定，公用企业或者其他依法具有独占地位的经营者，不得限定他人购买其指定的经营者的商品，以排挤其他经营者的公平竞争。这里所说的公用企业应该是指涉及公用事业的经营者，包括供水、供电、供热、供气、邮政、电信、交通运输等行业的经营者。根据本案查明的事实，各乡电管站原属于乡人民政府领导下的集体管电组织，行政归属于乡政府领导，业务技术归供电局领导。但 2001 年 11 月底前，某市 260 个电管站均改制为隶属于供电公司的供电所。本案所涉及的××区供电分公司隶属于某市供电公司，不具有法人资格，其权利义务均由××市供电公司承担，该市供电公司属于《反不正当竞争法》第六条规定的公用企业。

根据本院查明的事实，农网二期改造所需电能表系由农民自行出资购买，故农民个人应是采购电能表的主体，其有权选择购买电能表。本案中，××区供电分公司下发某市××区供〔2002〕24 号文件，要求其所属各供电所购买指定厂家的产品，实际上是行使了农民购买电能表的权利。对此，××区供电分公司辩称其系接受区经委、区农委的委托，为农民代购电能表，在采购电能表的过程中，其又委托该市供电局计量管理所组织专家进行评估，以比价采购的方式，确定了产品的提供者。

本院认为：首先，××区经委、农委系为政府的职能部门，无权代表农民委托××区供电分公司为农民代购电能表。其次，供电公司采取比价采购的方式确定中标企业是符合规定的。但是，此次比价采购的五家电能表企业与该市供电局计量〔2002〕11号文确定的推荐目录有所不同。××区经委、农委在委托区供电分公司为农民采购电能表时，又未限定进行比价采购的企业范围，在此情况下，该市供电公司并未提交证据证明其确定该五家企业进行比价采购的依据。另外，在专家对该五家企业进行比价评估后，向××区供电分公司推荐的四家建议采购企业与其进行比价采购的五家企业亦有不同。而××区供电分公司下发的〔2002〕24号文最终确定的中标电能表企业又与专家推荐的企业有所不同，对上述种种不同之处，该市供电公司没有提交证据予以证明。因此，该市供电公司在采取比价采购的方式确定中标企业时，其行为亦有不妥之处。

综上，××区供电分公司下发〔2002〕24号文件的行为，限制了其他经营者的公平竞争的权利，已构成了不正当竞争。原告关于××区供电分公司下发文件的行为系不正当竞争行为的主张，于法有据，法院予以支持。

但是，原告没有向法院提交证据证明其已就二期农网改造用表与××区供电分公司的任何下属供电所签订过购销合同，故其不能证明因××区供电分公司下发文件的行为给其造成了实际经济损失，因此，法院对其赔偿请求，不予支持。

依据《反不正当竞争法》第六条规定，法院判决如下：一、被告某市供电公司于本判决生效之日起，立即停止其不正当竞争行为；二、驳回原告的其他诉讼请求。案件受理费1000元，由被告某市供电公司负担（于本判决生效之日起7日内交纳）。

评　析

既然供电公司是受农民之托购置电能表，就应该由农民或其集体组织来确定供货厂家，特别不该由供电公司以内部文件的形式来限定厂进货家。因此，供电公司下发文件的行为属于公用企业限定他人购买其指定的经营者的商品，从而排挤其他经营者的公平竞争的不正当竞争行为，导致了自家的内部管理文件反倒成了垄断经营行为的证据。

由案例 9 - 4 可见，供电企业制定文件，贯彻实施某项工作，首先要做合法性审查，尤其是该工作牵涉到企业外部关系，如涉及与客户和其他行业的关系时，合法性审查尤为重要，否则可能因违法而产生争议和纠纷。因为供电企业具有的特殊身份，属于关系到国计民生的具有自然垄断属性的企业，与普通百姓密切相关，更应当受到反垄断执法机构的高度关注，防止滥用垄断地位，损害消费者的利益。

二、反不正当竞争法、招标法和消费者权益保护法风险防范

1. 反不正当竞争方法

《反不正当竞争法》第二条规定，经营者在市场交易中，应当遵循自愿、平等、公平、诚实信用的原则，遵守公认的商业道德。本法所称的不正当竞争，是指经营者违反本法规定，损害其他经营者的合法权益，扰乱社会经济秩序的行为。本法所称的经营者，是指从事商品经营或者营利性服务（以下所称商品包括服务）的法人、其他经济组织和个人。

《反不正当竞争法》第六条规定，公用企业或者其他依法具有独占地位的经营者，不得限定他人购买其指定的经营者的商品，以排挤其他经营者的公平竞争。这里所说的公用企业应该是指涉及公用事业的经营者，包括供水、供电、供热、供气、邮政、电信、交通运输等行业的经营者。

《反不正当竞争法》调整两类不正当竞争行为。一类是限制竞争行为，包括：①公用企业或者其他依法享有独占地位经营者的限制竞争行为；②政府的限制竞争行为；③搭售或者附加其他不合理条件；④串通投标。另一类是不正当竞争方法，包括：①欺诈性交易方法；②商业贿赂；③侵犯商业秘密；④虚假广告；⑤掠夺性定价；⑥不正当有奖销售；⑦诋毁竞争对手的商业信誉。

《关于禁止公用企业限制竞争的若干规定》进一步明确了公用企业在市场交易中的限制竞争行为：①限定用户或消费者只能购买和使用其附带提供的相关商品，而不得购买和使用其他经营者提供的符合技术标准的同类商品；②限定用户或消费者只能购买和使用其指定的经营者生产或经销的商品，而不得购买和使用其他经营者提供的符合技术标准的同类商品；③强制用户、消费者购买其提供的不必要商品及配件；④强制用户、消费者购买其指定的经营者提供的不必要商品及配件；⑤以检验商品质量、性能为借口，阻碍用户、消费者购买、使用其他经营者提供的符合技术标准要求的其他商品；⑥对不接受其不合理条件的用户、消费者拒绝、中断或者削减供应商品，或滥收费用；⑦其他限制竞争的行为。

《供电监管办法》中也有相应规定，第十八条规定，电力监管机构对供电企业公平、无歧视开放供电市场的情况实施监管。供电企业不得从事下列行为：……（四）对用户受电工程指定设计单位、施工单位和设备材料供应单位……《国家电网公司业扩报装工作规范（试行）》（国家电网营销〔2010〕1247号）第三条规定，业扩报装工作坚持"一口对外、便捷高效、三不指定、办事公开"的原则。供电企业通过集约化、精细化管理和技术进步，以营销技术支持系统对业扩报装实行全过程闭环管理，实现业扩报装工作程序标准化、业务流程规范化，简化用电手续，缩短业扩报装周期，提高服务质量和服务效率。第四条规定，从事业扩报装工作人员必须遵守《供电服务规范》和《国家电网公司员工服务"十个不准"》等规定。

2. 招标法

《招标法》第三条规定，在中华人民共和国境内进行下列工程建设项目包括项目的勘察、设计、施工、监理以及与工程建设有关的重要设备、材料等的采购，必须进行招标：①大型基础设施、公用事业等关系社会公共利益、公众安全的项目；②全部或者部分使用国有资金投资或者国家融资的项目；③使用国际组织或者外国政府贷款、援助资金的项目。前款所列项目的具体范围和规模标准，由国务院发展计划部门会同国务院有关部门制订，报国务院批准。法律或者国务院对必须进行招标的其他项目的范围有规定的，依照其规定。

有的供电企业为了保住各自的市场份额，相互之间形成不成文的约定，各自分割市场，互不介入对方市场。为应对招投标，采用虚假投标。邀请其他区域的同行企业，以非本区域的企业名义参与招投标，不论中标者是谁，一律由本区域内供电企业施工（为实际中标者）。明显违反《招标法》关于涉及供用电双方的经济利益和安全利益的问题，除法律规定的项目例外，其他项目都必须实行社会招投标的规定。《招标法》第六条规定，依法必须进行招标的项目，其招标投标活动不受地区或者部门的限制。任何单位和个人不得违法限制或者排斥本地区、本系统以外的法人或者其他组织参加投标，不得以任何方式非法干涉招标投标活动。

第十八条第二款规定，招标人不得以不合理的条件限制或者排斥潜在投标人，不得对潜在投标人实行歧视待遇。譬如，如果意图推广本企业拥有知识产权的设备招标时，要将是否使用电网企业自主知识产权确立一定的权重，综合评分，不要将其设置成唯一的准入门槛而限制其他潜在投标人。又如，在确定电费托收机构时，应多指定几家银行，给用户一定的自主选择权。再如，在电能定价尤其是制定地方小水电、小火电的上网电价时，应完全由政府价格主管部门依法操作，去掉电网企业的痕迹，以免瓜田李下之嫌。对网改、电建等依法必须进行招标的项目，都应当遵循公开、公平、公正和诚实信用的原则，尽可能通过招投标来确定交易相对人，将"三指定"改为"三招标"。

3. 消费者权益保护法

从消费的角度讲，用电客户也是消费者，适用《消费者权益保护法》当属无疑。《消费者权益保护法》中的诸多条文对供电营销行为具有约束力，倘若不慎亦会引发服务风险。

《消费者权益保护法》第十条，消费者享有公平交易的权利。消费者在购买商品或者接受服务时，有权获得质量保障、价格合理、计量正确等公平交易条件，有权拒绝经营者的强制交易行为。该条对于供电企业给客户提供的电能产品的质量、电价、电能表计量准确性以及客户受电工程的"三指定"均具有约束力。

第十九条规定，经营者应当向消费者提供有关商品或者服务的真实信息，不得作引人误解的虚假宣传。经营者对消费者就其提供的商品或者服务的质量和使用方法等问题提出的询问，应当作为真实、明确的答复。如果商家给消费者承诺服务内容和质量而做不到，该视这种行为为虚假宣传呢？还是消费欺诈？如果承诺了，做不到也不承担责任，商业信用如何建立？这里的关键是这种承诺是否是合同附带的约定条款。供用电服务也是这样，是否该将服务承诺视为供用电合同的附带条款？如果做不到宣传承诺的服务质量，是否是向消费者提供虚假信息？

第二十二条第二款规定，经营者以广告、产品说明、实物样品或者其他方式表明商品或者服务的质量状况的，应当保证其提供的商品或者服务的实际质量与表明的质量状况相符。由于供电的垄断性、专业性、技术性和高度危险性，供用电合同的标的既有商品也有服务，而且电能商品连续不断提供与随带的服务是须臾不可分离的。一旦出现供电故障，如果得不到及时的抢修服务，商品提供——电能随时中断。因此，以后供用电合同大有必要将供电服务内容和质量约定清楚明白。特别是对于没有资格和能力维修和维护自家电力设施的客户尤为重要。

第二十三条规定，经营者提供商品或者服务，按照国家规定或者与消费者的约定，承担包修、包换、包退或者其他责任的，应当按照国家规定或者约定履行，不得故意拖延或者无理拒绝。这对于因供电事故断电维修抢修同样适用，因为事故断电是中止了电能商品的提供，直接影响客户的生产和生活并会带来损失。

第四十条规定，经营者提供商品或者服务有下列情形之一的，除本法另有规定外，应当依照《中华人民共和国产品质量法》和其他有关法律、法规的规定，承担民事责任：……（七）服务的内容和费用违反约定的。这里的服务的内容是指在供用电合同中约定内容，服务费用主要是指有偿服务收费，如果违反了供用电合同的约定就涉嫌违法《消费者权益保护法》本条。

三、自然资源法和环保法风险防范

随着普法、依法治国的基本国策的不断推进实施，国民素质不断提高和法律意识日渐增强，电力企业与相邻关系人的纠纷类型不断增加。乱砍乱伐、电磁辐射、电力噪声、环境保护、安全、火灾等纠纷纷至沓来。

（一）森林法

虽然说输电线路是电力企业所有的财产，法规和规章规定电力企业有砍伐竹木的义务，但是电力企业毕竟是企业，与违法种植树木者是平等的民事主体，要动真格的砍伐竹木，轻则遭到拒绝、阻挠，重者被围攻殴打或者吃官司。尽管从电力设施保护的角度上理解，电力企业砍伐违法种植的树木，是纠正违法行为，消除安全隐患。但是《森林法》的立法目的却是禁止破坏森林资源，保护森林资源和森林资源所有人和使用人的权益。如《森林法》第三十一条规定，采伐森林和林木必须遵守下列规定：（一）成熟的用材林应当根据不同情况，分别采取择伐、皆伐和渐伐方式，皆伐应当严格控制，并在采伐的当年或者次年内完成更新造林；第三十二条规定……国有林业企业事业单位、机关、团体、部队、学校和其他国有企业事业单位采伐林木，由所在地县级以上林业主管部门依照有关规定审核发放采伐许可证。第三十九条规定，……滥伐森林或者其他林木，由林业主管部门责令补种滥伐株数五倍的树木，并处滥伐林木价值二倍以上五倍以下的罚款。

危及电力设施安全运行的高秆竹木不是在一夜之间长成的。只要电力企业按照安全运行规程认真做好定期和不定期的线路保护区的巡视和维护，这些细小的幼芽是可以发现的。这时候通过依法劝止违法种植者停止侵害，还是容易实现的，因为细小的幼芽树苗的价值不高。但是如果电力企业不负责任，等到长成参天大树，多次因安全距离不够导致线路跳闸时再去解决问题就为时晚矣！为什么？很简单，因为违法种树者在利益驱动下，希望他的林木继续茁壮成长，收获更大的利益。你想让他砍树，就要付出很高的代价。怎么办？建议电力企业在处理线前树后的纠纷应按下列步骤处理：

如果电力企业以民事主体身份，以相邻不动产受到安全威胁为由与违法人协商砍树无果后，应当向政府报告情况，请求电力管理部门依法行使电力管理权，强制砍伐或者政府相关部门作出行政处罚后，电力企业协助实施。当政府部门不作为，不履行行政管理职责时，电力企业可以对其提起行政诉讼，请求其履行行政管理职责，责令或强制违法者停止侵害，消除危险，赔偿损失。如果情况非常危急时，电力企业就以不动产相邻关系人身份请求法院先于执行，令违法种树人停止侵害，排除妨害，消除危险。继而提起民事诉讼解决问题。

（二）环境保护法

1. 电磁污染

《民法通则》第一百二十四条规定，违反国家保护环境防止污染的规定，污染环境造成他人损害的，应当依法承担民事责任。《物权法》第九十条规定："不动产权利人不得违反国家规定弃置固体废物，排放大气污染物、水污染物、噪声、光、电磁波辐射等有害物质。"《侵权责任法》第六十五条规定，因污染环境造成损害的，污染者应当承担侵权责任。根据如上规定，环境污染致人身损害侵权责任的构成要件有三：其一是须存在环境污染的行为；其二是须造成损害；其三是须污染行为与损害之间存在因果关系。

（1）我国电磁辐射限值规定。事实上，我国对输变电电磁场的环境标准限定比国际标准更为严格。WHO推荐的国际权威组织颁布的旨在保护公众健康的工频电场强度暴露限值为5千伏/米，工频磁场强度暴露限值为0.1毫特斯拉；而我国对公众的保护限值为电场4千伏/米，磁场为0.1毫特斯拉，在实际施工中，往往还低于这些标准。这说明，人们生活在几十微特斯拉的电磁场里几乎是没有任何感觉的，即使是在变电站内24小时值班的工作人员，其健康也不会受到影响。由此看来，居民对输变电设施电磁环境担忧无异于杞人忧天。

2007年11月28日国家环境保护总局办公厅函环办函〔2007〕881号《关于高压输变电建设项目环评适用标准等有关问题的复函》进一步明确了我国有关电磁辐射的限值规定。关于输电线下非居民区性质的养殖场、工厂或短期驻留活动的建筑物（工作场所）应执行的环评标准。目前仅规定了4千伏/米和0.1毫特斯拉作为居民区工频电场和工频磁场的评价限值，即对处于输电边导线垂直投影线外侧水平间距5米以内、边导线最大风偏时空间距离小于8.5米以及离地1.5米高度处的电场强度超过4千伏/米或磁感应强度超过0.1毫特斯拉的居民住宅必须全部拆迁。线路经过农田时，适当增加导线对地距离，以保证农田等环境中工频电场强度小于 10 千伏/米。上述限值是针对人制定的，对饲养的家禽、家畜尚无相关规定。

（2）"三同时"。《环境保护法》第二十六条规定，建设项目中防治污染的设施，必须与主体工程同时设计、同时施工、同时投产使用。防治污染的设施必须经原审批环境影响报告书的环境保护行政主管部门验收合格后，该建设项目方可投入生产或者使用。《中华人民共和国环境影响评价法》规定，建设项目的环境评价文件，未经法律规定的审批部门审查或者审查后未予批准的，该项目的审批部门不得批准其建设，建设单位不得开工建设。《中华人民共和国城市规划法》第三十二条规定，在城市规划区内新建、扩建和改建建筑物、构筑物、道路和其他工程设施，必须持有关批准文件向城市规划行政主管部门提出申请，由城市规划行政主管部门根据城市规划提出的规划设计要求，核发建设工程规划许可证件。

除以上污染以外，还存在对森林、植被和农作物的保护，归根结底还是电磁污染纠纷。在处理该类纠纷时，主攻方向仍然是环保总局规定的电磁污染指标"线路经过农田时，适当增加导线对地距离，以保证农田等环境中工频电场强度小于 10 千伏/米（按：对磁场强度没有规定）。上述限值是针对人制定的，对饲养的家禽、家畜尚无相关规定。"农田是农民劳作稼穑场所或竹木生长之地，不须经常施以人力耕耘收获培育修剪。其标准明显低于居住环境的 4 千伏/米。如果高压输变电设备的电磁污染不超标，电磁污染与竹木和农作物损害之间就不存在因果关系。当然，还可以通过同环境中的植物生长情况作比对的方法，摆脱因果关系。

电力建设之前首先做好环评报告，以免承担违法施工的法律责任。环评报告提交的时间、内容、依据的标准和规范、评审通过的程序等都很严格，不仅要通过环保、规划等部门的行政审批，还要通过专家组和电力建设工程的相邻利害关系人的质疑和答辩，可谓关口重重，险象丛生。

2. 电力设施噪声

广义上讲，判断一个声音是否属于噪声，仅从物理学角度判断是不够的，主观上的因素往往起着决定性的作用。从生理学观点来看，凡是干扰人们休息、学习和工作的声音，即人不需要的声音，统称为噪声。当噪声对人及周围环境造成不良影响时，就形成噪声污染。当噪声的受害者不堪忍受侵害时，纠纷就产生了。社会发展，文明进步。提高生活质量、防治环境污染，已成为国家社会经济发展中不可忽视的重大问题。建设工程噪声污染，已成为相邻关系的多发性纠纷。电力企业产生的噪声主要是高压或超高压设备、线路正常运行时产生的噪声和送电线路电晕噪声或电力设备产生的低频噪声（包括"嗡嗡"交流声）。

《中华人民共和国噪声污染防治法》第七条规定，任何单位和个人都有保护声环境的义务，并有权对造成环境噪声污染的单位和个人进行检举和控告。第十三条规定，新建、改建、扩建的建设项目，必须遵守国家有关建设项目环境保护管理的规定。建设项目可能产生环境噪声污染的，建设单位必须提出环境影响报告书，制定环境噪声污染的防治措施，并按照国家规定的程序报环境保护行政主管部门批准。环境影响报告书中，应当有该建设项目所在地单位和居民的意见。第十四条规定，建设项目的环境噪声污染防治设施必须与主体工程同时设计、同时施工、同时投产使用。建设项目在投入生产或者使用之前，其环境噪声污染防治设施必须经原审批环境影响报告书的环境保护行政主管部门验收；达不到国家规定要求的，该建设项目不得投入生产或者使用。第十五条规定，产生环境噪声污染的企业、事业单位，必须保持防治环境噪声污染的设施的正常使用；拆除或者闲置环境噪声污染防治设施的，必须事先报经所在地的县级以上地方人民政府环境保护行政主管部门批准。

《中华人民共和国环境保护法》第二十四条规定，产生环境污染和其他公害的单位，必须把环境保护工作纳入计划，建立环境保护责任制度；采取有效措施，防治在生产建设或者其他活动中产生的废气、废水、废渣、粉尘、恶臭气体、放射性物质以及噪声、振动、电磁波辐射等对环境的污染和危害。第二十六条规定，建设项目中防治污染的设施，必须与主体工程同时设计、同时施工、同时投产使用。防治污染的设施必须经原审批环境影响报告书的环境保护行政主管部门验收合格后，该建设项目方可投入生产或者使用。防治污染的设施不得擅自拆除或者闲置，确有必要拆除或者闲置的，必须征得所在地的环境保护行政主管部门的同意。第三十一条规定，因发生事故或者其他突然性事件，造成或者可能造成污染事故的单位，必须立即采取措施处理，及时通报可能受到污染危害的单位和居民，并向当地环境保护行政主管部门和有关部门报告，接受调查处理。可能发生重大污染事故的企业、事业单位，应当采取措施，加强防范。第四十一条规定，造成环境污染危害的，有责任排除危害，并对直接受到损害的单位或者个人赔偿损失。赔偿责任和赔偿金额的纠纷，可以根据当事人的请求，由环境保护行政主管部门或者其他依照本法律规定行使环境监督管理权的部门处理；当事人对处理决定不服的，可以向人民法院起诉。

当事人也可以直接向人民法院起诉。

▷▷ 案例9-5　　2004年1月，何某夫妇花了50多万元购买了某城区某楼盘58座102房，购房时，售楼小姐称下层是地下车库。但在收房时，竟发现是小区高压配电房。去年，何某夫妇遂以配电房噪声污染影响他们的正常居住为由将开发商告上法庭。

二审法院认为，高压配电房严重影响了诉争房屋的正常居住和使用，且开发商在宣传时将地下层平面图与地上层平面图进行分开宣传，以至何某夫妇无法清楚了解其购买房屋的正下方系高压配电房，有违诚信原则。因此判决解除购房合同及退还购房款本息。

■ 评　论 ------------▶

按照以往有关噪声污染案件的审理结果，法官一般根据鉴定机构作出的噪声是否超过限值来作为判断噪声污染是否存在的标准，而本案二审法官没有以法律法规未对低频噪声标准作出规定而回避房屋是否适合居住的问题，而是以普通人的日常生活实践经验来判断，明确判决房屋受地下高压配电房的影响，不适宜居住，体现了以人为本的理念。

高压输变电设备噪声将使附近居民以及在邻近设备的工作人们感到烦躁和不安，严重时可使人们难以忍受。所以即使符合标准，也可能出现投诉或者起诉的情况。首先站在明确噪声对人体有害的基点上考虑问题。其次是尽量减小噪声或者让输变电设备远离居住区。再次，无法远离居住区的，电建工程必须符合本行业的技术规程，并符合《噪声污染防治法》、《环境保护法》等法律法规。

四、劳动合同法律风险防范

1. 同工不同酬

《劳动合同法》第十一条规定，用人单位未在用工的同时订立书面劳动合同，与劳动者约定的劳动报酬不明确的，新招用的劳动者的劳动报酬按照集体合同规定的标准执行；没有集体合同或者集体合同未规定的，实行同工同酬。

目前很多供电企业员工依然存在"在编"员工与"非在编"员工之分，即全民工、大集体、临时工体制并存的现象。这种区分有时在岗位安排上混用，但在报酬上有所区别。按照《劳动合同法》第十一条的规定，将打破内部界限，对劳动者实行"同工同酬"。即只要在同一企业中从事相同工作，付出等量劳动且取得相同劳动业绩的劳动者，有权利获得同等的劳动报酬。

实际上"全民工、大集体、临时工并存"的用工是行业壁垒造成的历史问题。如，公司基层单位自行从社会上招用的 95598 寻呼人员、行业酒店人员、抄表人员、巡线人员等，还有的从主业或三产退休后被返聘，或者无工作的职工家属在公司长期从事看门、食堂等后勤辅助性工作。其中不少人没有签订合同，没有参加社保，用工关系有一定的复杂性，除增加管理上的难度外，还产生一个重要的企业法律难题，即"人员混岗"（如司机的岗位，既有全民工也有外聘人员）"同工不同酬"等问题。如何解决同工不同酬的问题？

（1）解决人员混岗问题。特别是对"通用工种"，编内外职工尽量避免在相同的岗位上。如单位的"司机"、"后勤服务等岗位"、"95598"、抄表收费等岗位人员等是重点区分对象；制订具体的岗位薪酬制度，明确编内外人员工作内容、性质的不同，报酬不同。如，基层班组、科室、工区的领导由全民工来担任，成员一律用同样身份的员工。

（2）某些专业业务或非主营业务项目分类委托给某个或某几个多产公司。根据国务院 5 号文件，该多产公司应该是主辅分离（第一次大限在 2005 年，第二次延至 2008 年底）后的独立市场经济主体，与主业没有任何藕断丝连，该多产公司以建设工程（劳务）承包，到工程劳务交易市场或者通过招投标等合法形式，以《合同法》、《招投标法》为依据，取得主业的工程或劳务。但根据电监会 5 号令，这些多产公司必须具有相应等级的资质；根据《公司法》规定，多产公司的领导到员工，必须与主业彻底脱钩，否则就有同业竞争之嫌。这样做的话，员工与主业就不存在劳动关系，工资就该由多产公司直接发放，主业就摆脱了"集体合同"或"同工同酬"等法律规定的拷问。

2. 内部劳资规章制度风险

《劳动合同法》第三十九条规定，劳动者有下列情形之一的，用人单位可以解除劳动合同：（三）劳动者严重违反用人单位的规章制度的。上述规定中存在"用人单位规章制度"的内容和制定程序的合法性问题。

（1）不能简单转发文件。由于省公司对地市公司的直接管理力度加强，在长期执行力的建设要求下，地市公司在制订自己的劳动规章制度方面或出台直接涉及劳动者切身利益的重大事项方面，容易照搬照抄省公司的有关规定（直接转发省公司文件，或单方做些许修订），忽略本单位职工代表大会或工会等民主程序，从而违背了《劳动合同法》和最高人民法院的有关司法解释的规定，使规章制度的建立在法律程序上有"先天不足"的问题，其结果就是该规章制度将不被作为判案依据。因为制定规章制度不符合劳动合同法规定，供电部门就不能据此与职工解除劳动合同或对职工做相应处分。

（2）劳动纪律规章制度建设要与劳动合同法对接。不能简单地执行上级公司的文件来解决本单位的实际问题，特别是牵涉到解除合同（开除），执行"红线"制度时，更应慎之又慎。如公司有关部门出台如生产事故、供电服务质量事故责任追究等有关管理文件时，特别是涉及惩罚、追究责任，如开除（解除劳动合同）、降低工资等措施时，要注意与劳动合同对接好，否则，对劳动者将难以实质处置。地市供电分公司在执行省公司，省公司在执行国家电网公司涉及员工切身利益的制度文件时，应根据本单位内部民主程序进行转化。如何转化？①经职工代表大会或者全体职工讨论，提出方案和意见；②与工会或者职工代表平等协商确定。一般来说，企业建立了工会的，与企业工会协商确定；没有建立工会的，与职工代表协商确定。制定异议程序：规章制度既要符合法律、法规的规定，也要合理，符合社会道德。因为在规章制度实施过程中，工会或者职工认为用人单位的规章制度不适当的，有权向用人单位提出，通过协商作出修改完善。

（3）履行规章制度告知程序。规章制度是劳动合同的一部分，要让劳动者遵守执行，应当让劳动者知道。因此，直接涉及劳动者切身利益的规章制度应当公示，或者告知劳动者，否则一旦发生劳动纠纷，没有履行告知程序的劳动规章也难以成为仲裁的法律依据。告知的方式有很多种，实践中，有的用人单位是在企业的告示栏张贴告示；有的用人单位是把规章制度作为劳动合同的附件发给劳动者；有的用人单位是向每个劳动者发放员工手册。注意增强证据意识，确保每个劳动者知悉规章制度的内容，可以采取签收制，书面签收作为证据保存。

3. 劳务派遣用工风险

（1）不得设立劳务派遣单位向本单位或者所属单位派遣劳动者。《劳动合同法》第六十七条规定，用人单位不得设立劳务派遣单位向本单位或者所属单位派遣劳动者，即用人单位或者其所属单位出资或者合伙设立的劳务派遣单位，不得向本单位或者所属单位派遣劳动者。电力企业的抄表收费等业务应该规避劳务派遣风险。

（2）使用劳务派遣用工应当履行的义务。《劳动合同法》第六十二条规定，用工单位应当履行下列义务：①执行国家劳动标准，提供相应的劳动条件和劳动保护；②告知被派遣劳动者的工作要求和劳动报酬；③支付加班费、绩效奖金，提供与工作岗位相关的福利待遇；④对在岗被派遣劳动者进行工作岗位所必需的培训；⑤连续用工的，实行正常的工资调整机制。

（3）约定派遣工社保缴纳事宜。《劳动合同法》第五十九条规定，劳务派遣单位派遣劳动者应当与接受以劳务派遣形式用工的单位（以下称用工单位）订立劳务派遣协议。劳务派遣协议应当约定派遣岗位和人员数量、派遣期限、劳动报酬和社会保险费的数额与支付方式，以及违反协议的责任。

（4）承担连带法律责任。被派遣劳动者合法权益受到侵害时，用工单位与劳务派遣单位承担连带赔偿责任。在劳务派遣用工形式的发展中，用工单位处于主导地位，为了防止劳务派遣单位或用工单位违反法律规定给被派遣劳动者造成损害，同时也为了促使用工单位与规范的劳务派遣单位合作、督促劳务派遣单位依法履行义务，《劳动合同法》规定，在被派遣劳动者合法权益受到侵害时，用工单位与劳务派遣单位承担连带赔偿责任。

（5）避免与劳动者形成事实劳动关系。劳务派遣员工与派遣公司的劳动合同必须交一份至实际用工单位存档备查。用工单位在使用派遣员工前，必须先确认派遣员工与派遣公司是否签订有劳动合同，避免用工单位自身与劳动者形成事实劳动关系。

4. 其他用工风险

（1）非全日制用工。①非全日制用工指劳动者在同一用人单位一般平均每日工作时间不超过 4 小时，每周工作时间累计不超过 24 小时的用工形式；②非全日制用工双方当事人不得约定试用期；③"小时工"的养老、医疗、失业保险费需要自己缴纳，用人单位是不负担的，因为保险费用已随每小时的工资支付了；④非全日制用工小时计酬标准不得低于用人单位所在地人民政府规定的最低小时工资标准且劳动报酬结算周期最长不得超过十五日；⑤非全日制用工双方当事人任何一方都可以随时通知对方终止用工。终止用工，用人单位不向劳动者支付经济补偿。⑥"小时工"工作期间的意外事故责任："小时工"的工伤保险费要由用人单位支付。劳动和社会保障部《关于非全日制用工若干问题的意见》第 12 条中规定："用人单位应当按照国家有关规定为建立劳动关系的非全日制劳动者缴纳工伤保险费。从事非全日制工作的劳动者发生工伤，依法享受工伤保险待遇。""小时工"在工作期间一旦因工作原因发生意外事故，受到人身伤害，如果确定为工伤，劳动者就可依法享受用人单位此前为其办理的工伤保险待遇。如果有明确的侵权人，同时可以向侵权人索赔。假如用人单位未为"小时工"办理工伤保险，"小时工"受的伤被确定为"工伤"的情况下，用人单位仍然要承担相应的法律责任，为"小时工"负担相应费用。

（2）工程（劳务）发包。随着建设工程专业化分工愈加细密，临时用工要承担安全及其他风险，确需临时用工，供电公司可以根据《承装（修、试）电力设施许可证管理办法》（电监会6号令）、《安全生产法》规定的安全资质到规范的工程（劳务）发包承包市场上发包工程（劳务）。劳务作业承发包双方完成交易后，将双方签订的劳务分包合同报相关行政主管部门备案。

第三节　民商法律风险防范

供电企业辅业经营方式与公司主业的业务营运关系涉及《公司法》，与客户之间的产权联系，关联到民事法律如《物权法》等，在纠纷处理过程中与《诉讼法》密不可分，供电企业员工在营销服务过程中在行使自己职权，还有可能涉嫌违反行政和刑事法律。本节将以不完全举例的形式给出相关的法律风险，作为前车之鉴，给供电企业营销服务人员引以为戒。

一、公司法风险防范

1. 非法经营同类行业

《公司法》第十六条规定，公司向其他企业投资或者为他人提供担保，依照公司章程的规定，由董事会或者股东会、股东大会决议；公司章程对投资或者担保的总额及单项投资或者担保的数额有限额规定的，不得超过规定的限额。公司为公司股东或者实际控制人提供担保的，必须经股东会或者股东大会决议。《公司法》第二百一十七条规定，"实际控制人"是指虽不是公司的股东，但通过投资关系、协议或者其他安排，能够实际支配公司行为的人。

辅业、多经企业名义上是独立法人，但实际上往往还操纵在国有电力企业的手里。主业为这些独立法人加注资金的同时，辅业、多经企业的重大投资决定、投资的来源、贷款的担保等依然由国有电力企业包揽，表面上违反了《公司法》规定的公司运作机制，侵犯了多经企业的独立经营权。实际上是由国有的主业为辅业、多经企业的经营风险埋单。

例如《公司法》第一百四十九条规定，董事、高级管理人员不得有下列行为：……（三）违反公司章程的规定，未经股东会、股东大会或者董事会同意，将公司资金借贷给他人或者以公司财产为他人提供担保；（四）违反公司章程的规定或者未经股东会、股东大会同意，与本公司订立合同或者进行交易；（五）未经股东会或者股东大会同意，利用职务便利为自己或者他人谋取属于公司的商业机会,自营或者为他人经营与所任职公司同类的业务;……我国电力系统的辅业、多经企业主辅分离后依然藕断丝连。如,全国各地由农电工组成的光明公司,与主业仍有紧密的关联关系,整个管理系统、机制、编制都是由主业配备并管辖。

2. 企业关联交易

《公司法》第二百一十七条规定,"关联关系",是指公司控股股东、实际控制人、董事、监事、高级管理人员与其直接或者间接控制的企业之间的关系,以及可能导致公司利益转移的其他关系。第二十一条规定,公司的控股股东、实际控制人、董事、监事、高级管理人员不得利用其关联关系损害公司利益。违反前款规定,给公司造成损失的,应当承担赔偿责任。电力企业的主业与形式上分离的辅业多经企业,形式上是业务服务外包单位,实际上存在关联交易。电力工程项目庞大、金额巨大,涉及设计、施工、监理、物资采购、工程发包等诸多个环节,在这些环节上,主业与辅业多经企业存在关联交易。对于电力辅业多经依托电力市场的内部项目,几乎都是关联交易。一般形式的关联交易不构成犯罪,但是却违反《公司法》。

二、物权法风险防范

《物权法》自 2007 年 10 月 1 日起施行。该法的实施,对电力企业服务营销产生各方面的影响,应当引起电力企业的充分注意。

1. 国家、集体、私人财产平等保护

《物权法》第四条规定,国家、集体、私人的物权和其他权利人的物权受法律保护,任何单位和个人不得侵犯。公平竞争、平等保护、优胜劣汰是市场经济的基本法则。在社会主义市场经济条件下,各种所有制经济形成的市场主体都在统一的市场上运作并发生相互关系,各种市场主体都处于平等地位,享有相同权利,遵守相同规则,承担相同责任。在财产归属依法确定的前提下,作为物权主体,不论是国家、集体,还是私人,对他们的物权也都应当给予平等保护。"失去了平等保护,就失去了共同发展。",今后任何公民都可以根据物权法理直气壮地保护自己的合法财产权利,都可以在国家、集体和个人财产关系处于矛盾和纠纷时,根据我国物权法主张自己的财产权利。供电营销服务中涉及如下物权纠纷类型:①部分电力设施因建设年代久远等原因难以确定其产权归属而导致的责任承担纠纷;②供电企业通过他人电力设施给第三人供电的,该设施产权人要求支付有偿使用费而引起的电力设施使用权纠纷;③其他涉及物权的供电营销服务纠纷。

>> 案例9-6 某公司自己投资兴建了10千伏分支架空线路，专为自己的工厂供电，该条分支线路是自有产权。因为该条线路离一家工厂几乎是零距离，供电公司没有任何人与该公司打过招呼，直接从该线路为这家工厂接入。某公司认为谁投资，谁受益。供电公司无权为另一家工厂接入。某公司阻止供电公司为该工厂接入，供电公司说，10千伏线路无论谁投资都属于供电公司维护管理，因此强行为该工厂送电。某公司又强行去拉闸，反复两次。因为周围还有几家企业也要往上接，可是该公司还有二期工程没上，二期工程一旦上马该条线路的承载量可能连该公司自己也不够用。于是该公司起诉供电公司侵犯财产权。

评 析

（1）《物权法》第三十九条规定，所有权人对自己的不动产或者动产，依法享有占有、使用、收益和处分的权利。某公司投资兴建专门为本公司供电的分支线路自然是该公司的产权，该电力设施所有权当然归该公司。

（2）《物权法》第四条规定，国家、集体、私人的物权和其他权利人的物权受法律保护，任何单位和个人不得侵犯。供电公司和其他单位没有得到该公司同意强行擅自使用线路，对某公司构成了侵权。当然，如果线路兴建当初该公司和供电公司有协议，则另当别论。供电公司最多以所谓的满足社会公共利益来对抗，不过是站不住脚的。供电公司要利用该客户的自有线路给其他客户供电，应当取得该客户同意，并给客户相应的投资补偿。

（3）该公司投资的10千伏线路属该公司专用的供电设施，用户专用的供电设施由用户维护管理或委托供电企业维护管理，供电企业要取得授权才能维护管理用户专用的供电设施。《电力供应与使用条例》第十七条第三款规定，用户专用的供电设施建成投产后，由用户维护管理或者委托供电企业维护管理。供电公司即使受托管理也无权强行接入其他客户，其他人使用也要取得产权人同意。

（4）发生事故的责任承担。《供电营业规则》第五十一条规定，在供电设施上发生事故引起的法律责任，按供电设施产权归属确定。产权归属于谁，谁就承担其拥有的供电设施上发生事故引起的法律责任。据此，假若其他客户强行接入后，在该自有产权的线路发生了事故，责任如何分担？自然要由产权人承担。其他客户岂不只收益，不担责吗？

（5）《物权法》第三十二条规定，物权受到侵害的，权利人可以通过和解、调解、仲裁、诉讼等途径解决。某公司起诉供电公司，被告败诉无疑。

生产营销实际工作应注意的其他两方面：一是单纯的安全生产观念，习惯于从安全生产、运行的角度思考电力线路的保护工作，习惯于以传统的管理者角色处理电力线路保护过程中发生的问题，不能自觉运用各种法律资源解决电力线路保护的相关问题。二是物权意识淡薄，法律关系不清、权利内容不明，不重视电力线路的物权保护，也不注意其他利害关系人的物权保护。在营销服务中侵害他人土地、林木权利的行政处罚、民事诉讼案件时有发生。

2. 营销服务中的相邻关系

《物权法》第八十四条规定，不动产的相邻权利人应当按照有利生产、方便生活、团结互助、公平合理的原则，正确处理相邻关系。《物权法》第八十八条规定，不动产权利人因建造、修缮建筑物以及铺设电线、电缆、水管、暖气管线等必须利用相邻土地、建筑物的，该土地、建筑物的权利人应当提供必要的便利。

电力企业与相邻他方均应自我约束，为另一方利用其不动产提供便利，如电力企业铺设电线、电缆或检修电力设施需要利用或通过相邻土地、建筑物的，相邻权利人应提供便利。电力企业与相邻他方利用其不动产时不得妨碍他人，如输变电工程建设必须遵守环境保护法规，不得违反国家规定超标排放电磁波辐射等物质，铺设管线、安装设备时不得危及另一方人身与财产安全。同时，他人在挖沙取土、植树盖房时均不得危害电力设施安全，电力企业因通行、铺设管线等利用相邻不动产的，应当尽量避免对相邻不动产的损害；如果造成损害的，应当给予赔偿。

电力营销涉及面广，电力企业在相邻关系的处理上，就应当有特殊的风险提示义务。在涉及电力人身财产损害赔偿案中，电力企业因为没有尽到相应的提示义务，从而承担法律责任的情况并不鲜见。建议电力企业在电力建设和电力营销的过程中，就与相邻关系人建立安全保护协议，从保护用电人人身财产安全到保护电力设施安全各个角度，对风险做出明确提示，并明确双方权利义务和违约责任，这样，一来履行了对风险提示义务，二来相邻关系人也明确了自己保护电力设施的义务。

3. 电力建设中的征地补偿

《物权法》第四十二条明确规定："为了公共利益的需要，依照法律规定的权限和程序可以征收集体所有的土地和单位、个人的房屋及其他不动产。征收集体所有的土地，应当依法足额支付土地补偿费、安置补助费、地上附着物和青苗的补偿费等费用，安排被征地农民的社会保障费用，保障被征地农民的生活，维护被征地农民的合法权益。""征收单位、个人的房屋及其他不动产，应当依法给予拆迁补偿，维护被征收人的合法权益；征收个人住宅的，还应当保障被征收人的居住条件。"

上述规定明确了征地费用的范围，增加了"被征地农民的社会保障费用"、"被征收人的社会居住条件"两项，但对某些具体费用的支付标准和内容没有确定，如被征地农民的社会保障费用包括哪些内容，以及如何保障被征收人的居住条件（应由政府来解决）。在征收补偿过程中，用地补偿不办征地手续、补偿的项目不具体、补偿的费用缺乏标准或者标准不统一、补偿的主体范围与关系不清晰、补偿协议条款不规范等。这些问题都可能成为电网建设的法律风险因素。

《物权法》还明确规定："集体经济组织、村民委员会或者其负责人作出的决定侵害集体成员合法权益的，受侵害的集体成员可以请求人民法院予以撤销。"即使以集体的名义作出的决定，如果侵害了集体成员的合法权益，也应有法律救济手段。就是说，即使集体负责人作出了决定，仍存在撤销的风险。

4. 风险防范措施

（1）检查登记与公证。在架空电力线路规划得到批准后，消息传出之前，及时进行路径状况检查登记，必要时公证，确认路径上即时财产状况，并进行赔偿造册。对检查登记、公证前的财产进行赔偿，而对检查公证后的财产不予赔偿，这样就大大降低了赔偿成本。

（2）地上权、地下权、地役权、用益物权。《物权法》第一百三十六条规定，"建设用地使用权可以在土地的地表、地上或者地下分别设立。新设立的建设用地使用权，不得损害已设立的用益物权。"根据《物权法》的理论，土地所有权的范围包括土地地上权和地下权。电力线路占地除了杆塔地基部分已补偿外，其空间权（电力设施保护区和电力线路走廊）正是占用了土地所有者和经营者的地上权。按照现行的建设程序可知，发改委对电力线路工程项目的审批，是对工程建设本身合法性的行政许可；土地、规划部门对电力线路走向、占地的行政审批，是对电力线路地上权合法性的行政许可。但这种行政许可只能说明电力线路所有者具有了建设某条电力线路的资格或权利，并不表示该电力线路项目已经合法地取得了土地所有权中的地上权。由于电力设施涉及的空间权、地役权限制了土地使用者权益，土地使用者要求电力企业排除妨害或赔偿损失，由此产生了空间权、地役权补偿纠纷。

1）地上权：对地表上面的利用，如高压电力架空线路。现阶段塔基不征地，但又支付相应的补偿，形成实际上支付了征地补偿费，却没有征地的法律后果。线路仅仅有规划部门审批的建设权，而实际上，对线路走廊的使用权却没有从合同中得到。一旦发生土地所有人或者使用人提出诉求，电力企业将面临法律困境。

2）地下权：对地表下面空间的利用，如铺设地下电缆等。由于电力电缆所占有的空间通道，限制了土地使用权人的权利，如电力电缆线路通道不得挖坑、打井等。

3）地役权：目前，电力建设项目用地经过征地程序，电力企业获得的国有土地使用权，相当一部分被农民集体所有的土地包围变成"飞地"，极不便利管理，因此在不妨碍土地使用权人的情况下，可以通过设立地役权解决电力设施用地问题，况且设立地役权的成本远远低于征地成本。

4）用益物权：地上权和地下权也就是空间权。土地所有权是以土地为其标的物，土地所有人在法律规定的范围内可以对其所有的土地进行占有、使用、收益、处分，并可以排除他人的干涉。对土地的充分利用才会取得最大收益。《民法通则》以及《土地管理法》等法律确认了土地所有人的独占性支配权。虽然法律没有明确其效力范围，但从《物权法》的规定来看，不仅包括地面，也包括地上及地下，即空间。由于电力设施所占有的空间通道，限制了土地使用权人的权利，如电力线路下不得盖房、植树、打井等限制，应依法给予一次性补偿。以上这些风险应在征地补偿合同中通过协商一致，一并解决。

5．电力设施保护

从现阶段的电力线路建设来看，电力企业只是取得对塔基部分的土地使用权，而对整个线路走廊的地上空间并没有取得使用权，这样一来就可能出现两个问题。其一是电力企业是否需要取得线路走廊的地上空间使用权，如果需要取得，以什么方式取得；其二是当电力企业没有取得空间使用权或国家法律、法规没有在此问题上作出相应的规定时，是否可能出现《物权法》与《电力设施保护条例》相抵触的地方，如"电力线路保护区"这个概念，是否有人会提出电力企业在没有取得线路走廊地上空间使用权的情况下就不应当享有电力线路保护区的"保护"。

电网企业在行使电力线路保护的权利时，其在权利主体、权利性质、权利内容及法律依据等方面面临着两难选择。《电力法》第四条规定"电力设施受国家保护"，我国对电力线路的保护以公权（行政管理权）为主，保护的客体是电网的安全和社会公共利益，作为电力线路本身的物权及依附于所占地的地上权和电力线路产生的电力线路保护区的物权内容，法律资源是缺失或是不健全的。因此，电网企业若选择行政保护的手段，则意味着丧失主动权，且行政主体对电力线路保护是缺位的；若选择物权保护的方法，则电网企业物权取得的法律缺陷性、物权内容的模糊性将使其处于弱势地位，由此，电网企业无论是对电网安全履行义务还是对国有财产权行使权利都将面临前所未有的挑战。

综上，电力企业应当站在有利安全生产、保护人身和财产安全，减少经营风险的角度，根据《物权法》的相关规定，对各类电力设施产权进行法理分析，依法保护。

>> **案例9-7**　某市某地段 220 千伏线路下一处木材市场，隶属于某木材中心，于 1995 年建成。线下原木堆积如山，木屑漫野遍地，烟头到处乱扔，火灾隐患极大。这条线路是该地区主要送电通道之一，一旦发生停电事故，将会造成大面积停电，后果不堪设想。后经调查发现，在 2004 年基建施工时，电力建设单位就与木材中心就市场的房屋、摊位迁移等事项达成了补偿协议，电力建设单位（甲方）已经履行协议。补充协议内容：甲方（电力建设单位）一次性付给乙方（木材中心）补偿费人民币 38 万元作为木材市场的迁移费。甲方付款后一个月内乙方完成房屋、摊位的迁移工作，达到甲方线路安全运行的标准。该协议虽然依据法律规定提出了"迁移工作要达到甲方线路安全运行的标准"，但遗憾的是基建工作完成后施工单位即撤出，协议的执行情况无人检查与监督，乙方违约也无人追究，导致协议至今也没有执行。当线路交付使用后，因当时该线路的产权人即运行管理人不是合同当事人而不能对协议主张权利，致使隐患遗留至今。

评论————————▶

本案的线路产权人，应当在电建过程中主动实施工程监理，至少在竣工验收，交付使用时严格按照《电力设施保护条例》的禁止性规定，严格把关，追究施工单位的责任。

>> 案例9-8 　某年6月11日，某市一村庄，处在高压线下的一个养鸡场发生火灾，直接造成电力公司7座变电站全停，致使市区局部大面积停电，影响包括钢厂、医院、日报社、合资独资企业的正常工作。这家养鸡场三座养鸡大棚、9000只雏鸡、5吨饲料顷刻间化为乌有，同时造成电力公司直接经济损失29万多元。又如某市一村庄农民史某，1996年6月在500千伏供电线路下建了一个制板厂。该厂院内外用来压制板材的散碎薄板堆积如山，火灾隐患严重威胁着500千伏供电线路的安全运行。一旦碎板发生火灾，这条500千伏超高压线路就会发生停电的重大恶性事故，它将造成地区大面积停电甚至造成电网瓦解。多年来，电力公司会同有关部门先后到该厂10余次联系此事，至今未果。而类似这样的隐患"重灾区"目前还有5处。

评 析

　本案反映了电力企业没有对线下火灾引起足够的重视。案例中电力公司员工的线路巡视不到位，一个养鸡场不会在一个早晨就建好，养鸡场的经营情况，巡视人员也不了解，当然不会看到其火灾隐患。该案电力公司损失29万元，一个个体户又被烧得精光，即使电力公司诉诸法律，也注定是血本无归。再看电力公司对农民史某制板厂的处理，只是会同有关部门先后到该厂联系10余次，并没有采取实质性措施。如报告政府部门责令其自行拆除或者由政府强制拆除，或者向人民法院起诉，请求排除妨害，消除危险，则是有效的措施。

三、民事诉讼法风险防范

　诉讼法是为了保证实体审理客观、公正而制定的诉讼程序，无论是有理的一方还是无理的一方，胜诉方还是败诉方，都应当遵守诉讼法的规定，完成诉讼事项，以免承担违反诉讼法的法律责任。在营销服务过程中，忽视取证，不注意收集保存证据，迟延履行生效判决等行为都可能承担法律风险。

>> 案例9-9 　原告：某生态养殖有限公司，金莲综合加工厂。栗某，个体工商户，金莲综合加工厂业主，某生态养殖有限公司法定代表人。被告：某供电公司。

　栗某在二审判决生效后，申请检察院抗诉，省高级人民法院维持了二审判决。栗某认为，法院既然维持了二审判决，那么二审判决生效的日期应该在某法院执行划款之前，供电公司没有按照判决结果及时给恢复送电，供电公司应当承担损失赔偿责任。于是，粟某于 2009 年 1 月 28 日、2009 年 10 月 12 日和 2010 年 5 月 8 日分三次给公司寄送"赔偿申请书"，要求供电公司赔偿其因停电遭受的损失 120 万元。同时，粟某于 2009 年 10 月 26 日书写起诉状，以某生态养殖有限公司和金莲综合加工厂为共同原告，以某供电公司为被告，向某区人民法院提起诉讼，诉讼请求：①判令被告赔偿因故意停电给原告造成的损失款项约计 206 400 元；②本案一切诉讼费由被告承担。某生态养殖有限公司和粟某本人为共同原告，以某供电公司为被告，向某区人民法院提起诉讼，诉讼请求：①判令被告赔偿因故意停电给原告造成的损失款项约计 120 000 元；②本案一切诉讼费由被告承担。

　　两起诉讼的事实理由基本相似：粟某诉称，2008 年 1 月 29 日某区人民法院强制执行划转了法院判决的"所谓欠费"，2008 年 1 月 30 日粟某以金莲综合加工厂的名义分别与李某、张某、赵某等人分别签订了联营合同，约定李某等人向粟某支付费用，他们使用粟某的场所开展加工作业等经营行为，粟某应保证这些人的场所、水、电供应等，因供电公司不给某生态养殖有限公司恢复送电，导致金莲综合加工厂不能如约履行合同，粟某分别向各合同联营人支付了违约金，因此粟某起诉某供电公司要求赔偿损失。

　　法院审理查明，2004 年 11 月 17 日该生态养殖有限公司因累计两年未年检，被某市工商局吊销营业执照，但粟某未按规定注销该企业。为了继续开展经营，粟某隐瞒在原址注册的有限责任公司未注销的情况，2005 年 6 月在原地址上，粟某又向某区工商局申请注册了个体工商户金莲综合加工厂，期间粟某一直使用纸浆厂用电户名用电交费，未办理过用电更名过户手续。

　　法院经审理认为：某生态养殖有限公司和粟某，乃至以粟某为业主的金莲综合加工厂是不同的民事主体，应各自行使权利、履行义务。虽然经法院确认某生态养殖有限公司与某供电公司有事实上的供用电关系，但某生态养殖有限公司所诉称的损失没有事实和法律依据。粟某和以粟某为业主的金莲综合加工厂没有举证证明与供电公司之间存在供用电关系，所诉损失与供电公司没有关联，诉讼请求不予支持，分别于 2010 年 3 月 4 日和 2010 年 4 月 14 日对两起案件做出判决，驳回粟某的起诉。

　　粟某不服判决，提起上诉，二审法院分别于 2010 年 7 月 30 日和 2010 年 8 月 3 日作出判决，维持原判。

评析

　　（1）法院判决生效后，当判决双方都负有履行义务的时候，一方当事人未履行的前提下，另一方当事人是否有权力拒绝履行？本案中，关于欠费纠纷的二审法院判决书生效后，栗某未按照判决缴纳欠费，供电公司也没有按照判决恢复供电。法院生效判决对双方当事人生效是同时生效，不存在先后生效之分，也不存在先后履行之分，供电公司以栗某未缴纳判决认定的欠费为由拒绝恢复供电的理由是不合法的。本案值得庆幸的是栗某的某生态养殖有限公司营业执照被吊销，不能开展生产经营活动，而栗某的金莲综合加工厂没有与供电公司建立供用电关系，所以供电公司的第二轮诉讼才侥幸获得胜诉。如果某生态养殖有限公司是一家正常生产的企业，起诉请求再审法院判决自二审判决生效之日起至恢复送电之日止的停电损失，恐怕本案就只有败诉的结果了。

（2）吊销执照是工商管理措施，并未因此就能解除供用电合同，最重要的是客户本人没有申请并办理解除供用电合同，以此判决供电公司不负履行判决的责任在法律上站得不稳。

四、合同法风险防范

供电服务营销过程给房屋租赁人停电导致纠纷案件处理结果往往偏重于保护新的产权人取得的房屋产权而忽视了房屋租赁人的用益物权。这里有必要梳理一下《合同法》关于服务租赁的法律关系，从供电服务角度探讨一下这类停电服务。

1. "买卖不破租赁"原则

（1）买卖、赠与或继承取得房屋所有权。

房屋租赁系关安身立命的大事，因为房屋不是一件说租赁就可以租得到的一般租赁物。就保护承租人的合法权益而言，依法解除房屋租赁合同，应当给承租人一定的准备时间。《合同法》第二百二十九条规定，"租赁物在租赁期间发生所有权变动的，不影响租赁合同的效力。"《最高院关于贯彻执行〈民法通则〉若干问题的意见（试行）》规定，"私有房屋在租赁期限内因买卖、赠与或继承发生房屋产权转移的，原租赁合同对承租人和新房主继续有效。"这里限定了三种所有权变动的方式——买卖、赠与或继承，买卖、赠与乃双方当事人的合意，原、新房屋产权人的意志体现，继承则是民法关于遗产传承的规定。没有提及法院拍卖——因违法行为引发的产权变更，非原、新房屋产权人的合意。就是说，在买卖、赠与或继承三种形式房屋产权变更时，因为这时双方当事人对标的物房屋租期限未满是共同认可的。基于此，租赁物在租赁期间发生法定的所有权变动的，承租人的租赁权可以对抗租赁物的新的所有权人。某出租人与承租人在原来租赁合同中所做的约定，租赁物新的所有权人也应一并遵守。《合同法》的该规定是"租赁权物权化"学说的体现。

（2）拍卖取得房屋所有权。

这种方式虽然不是买方与卖方合意取得房屋所有权，究其实质也是买卖取得，无非是从拍卖场买得，且拍卖房屋为司法执行的标的物罢了。很明显，尽管这种情形非原房屋所有人的意志所为，如果对于房屋承租人不适用"买卖不破租赁原则"的话，对于房屋承租人这样的无辜受害者有失公允。其停电损失向谁追索？只能以违约为由向原房屋所有人追索。至于供电公司是否应遵循"买卖不破租赁原则"继续给予供电至房屋租期届满有待于商榷。

（3）争议房屋经司法程序确权给新的产权人。

现实生活中，还有一种方式是经过司法程序将房屋确权给新的产权人，如因房屋产权争议纠纷，法院经审理后通过判决或裁定确权给新的房屋产权人。这种方式新的房屋产权人显然不是"买卖"取得房屋所有权，不适用"买卖不破租赁原则"。

如果房屋本来就有争议，经过司法程序又将房屋所有权裁判给其他人，这说明房屋出租人原本就没有房屋所有权，无权出租他人的房屋，也就没有对房屋的出租收益权。即使签订了房屋租赁合同也是自始无效的。

如果房屋承租人明知出租房有争议而坚持租赁，那么就应该承担这个风险。对于这种情形停电造成的损失，房屋承租人既不能向出租人也不能向停电方主张赔偿；如果房屋出租人掩盖了房屋产权争议，承租人不明知的话，因未予通知停电造成的损失，承租人可以向出租人追索损失，因为出租人违反诚信原则，处分了他无权处分的房屋，导致了承租人的损失，应该承担赔偿责任。

2. 保护实际用电人的合法权益

供电方停电的依据就是，"一地址一户号"跟着房屋产权人走。但是，难道说房屋产权易主，供电方与原用电人的供用电合同就要中止吗？新、旧用电人就要过户吗？未必！譬如，原房主的受电设备需要拆迁、原房主需要与供电方结算电费等。

上述后两种方式的房屋产权变更虽然不是合意的"买卖"所致，只要该房屋有合法的承租人居住，从保护承租人合法权益的角度，都应该依法维护房屋承租人用益物权。

在供电营销服务中，供电方不应该从合同相对性出发，忽视房屋租赁人的合法权益，不给予任何通知，就依据新的产权人的申请给予原承租人停电。从客户服务的角度出发，这就谈不上优质服务了。至少应当对此予以协调之后，给予承租人一定的准备时间。其次这种停电服务方式也体现不出《合同法》第二百二十九条对房屋承租人的保护。因为不论新的产权人如何取得产权，对于承租人而言都需要一段必要的甚至相对较长的准备时间来搬迁。

即使新的房屋产权人是因产权纠纷或者拍卖通过法院裁定或判决取得，房屋承租人又自愿按时交费，本着"买卖不破租赁"原则，供电方不应该根据新的房屋产权人的申请给予停电。无论从经营效益还是服务的角度出发，供电方应该协调新的房屋产权人继续给予承租人供电，直至租期届至。

案例 9-10 原告房屋承租人徐某诉称，2006 年 9 月 15 日，他出差外地，30 日回到住处时发现已被断电，致使放在冰箱里的 5 盒进口药全部失效，损失 10000 元。经了解停电乃供电公司所为。原告认为。在没有接到任何通知的情况下停止供电，供电公司应当承担赔偿责任。2006 年 12 月承租人徐某向法院提起诉讼，要求供电公司承担停电损失 5000 元。法院以供电公司申请追加新的房产业主钟某为第三人。

被告供电公司辩称，2006 年 9 月 18 日，钟某持房产证等相关资料来供电营业厅办理过户业务，并声称因不住该房屋，要求将该房电能表开关断掉以免产生线损电费。供电公司在审查资料并确认其为业主后，便给予办理。供电公司并不知道存在租赁关系，停电并无过错，请求法院驳回原告的诉求。第三人钟某也辩称，通过法院拍卖取得该房产权，成为合法的产权人，并不知道原来的租赁关系。各方向法院提交了支持证据。

法院认为，被告供电公司根据新的房屋产权所有人钟某的请求停电，并无不妥，原告徐某作为房屋实际使用人，要求供电公司履行通知义务并承担赔偿责任没有事实和法律依据，法院不予支持。判决驳回起诉。

评析

（1）本案钟某应首先根据《供电营业规则》第二十九条规定，用户更名或过户（依法变更用户名称或居民用户房屋变更户主），应持有关证明向供电企业提出申请。供电企业应按下列规定办理：①在用电地址、用电容量、用电类别不变条件下，允许办理更名或过户；②原用户应与供电企业结清债务，才能解除原供用电关系；③不申请办理过户手续而私自过户者，新用户应承担原用户所负债务。经供电企业检查发现用户私自过户时，供电企业应通知该户补办手续，必要时可中止供电。

显然，本案没有过户，钟某还不是供用电合同当事人。

（2）供电方根据新产权人所持的资料，应该看出钟某是刚刚通过法院拍卖取得该房屋的产权，就此应该进行调查协调，而不是简单停电。本案作为新的产权人，钟某并非供用电合同的相对方，因为尚未过户。因此无权申请中止供用电合同；供电方即使不知道原房屋产权人与原告的房屋租赁关系，也应当知道与原房屋产权人存在供用电关系。况且第三人钟某也辩称，并不知道原来的租赁关系。因此，在合同尚未解除之前实施停电，即使不知道租赁人，至少应当通知原房屋产权人。

（3）本案案发之前，并没有产生电费纠纷，完全可以通过记录产权变动之日的电能表指针数字来避免以后的电费纠纷，无须非要通过停电来避免。《电力法》第二十九条规定，因供电设施检修、依法限电或者用户违法用电等原因，需要中断供电时，供电企业应当按照国家有关规定事先通知用户。可见，供电企业应当履行停电通知义务。

>> 案例9-11 梁某系某房屋产权人，2005年因不执行法院的生效判决，其房屋被某区法院拍卖。焦某参加拍卖并成交。胡某于该房拍卖前即租住该房，为该房租住人，租期未满。

2006年8月，某区法院作出裁定书，裁定"被执行人梁某的房屋归买受人焦某所有。"

2006年9月，焦某持身份证、法院拍卖房屋的民事裁定书等资料向供电企业申请对该房屋停电，供电企业受理其申请并对该房屋实施停电。后胡某向法院起诉，因供电公司没有向其送达停电通知就实施停电，要求供电企业承担因停电而对其造成的损失。

法院判决，供电企业根据供电相对方房屋所有权人焦某的申请，停止对其房屋的用电符合法律规定，房屋实际使用人要求供电企业履行通知义务于法无据，因此，驳回了胡某的诉讼请求。

评 析

尽管本案焦某还没有与供电公司建立供用电关系，但由于物业产权的变更，他有权决定自己的房屋是继续用电还是断电，供电企业应当受理并实施停电。

这种情形在供电营销实践中，只需办理过户手续即可，但在本案中，可能存在无法办理的正常过户的客观事实，但是根据实践中"一地址一用户"原则，只能认定依据生效的法律文书确认的新的产权人为新的用电人更符合供用电关系的实际情况，具有现实意义。

在程序上，由于胡某不是供用电合同主体或者权利人，供电企业对其不负有任何义务。法律法规也没有关于停电必须通知房屋承租人或实际使用人的强制性规定。因此，供电企业在程序上和实体上均不违反法律法规的规定，不应承担赔偿责任。胡某的损失赔偿应该向梁某主张。

以上是法律上的合法性，从客户服务的角度，供电方应该协调新的房屋产权人继续给予承租人供电，直至租期届至。

案例延伸之一　如果本案供电公司与原产权人梁某没有供用电合同，而是由胡某本人以其名义缴纳电费，那么供电公司与胡某就形成了实际的供用电关系，如果没有关于产权变更后供用电关系的处理约定，供电公司给胡某停电将是违法行为。

启 示

该案提醒房屋承租人，在房屋租赁合同中，应当与房主约定，非由于承租人的原因发生房屋产权意外变更，提前终止租赁合同给承租人造成损失的赔偿责任条款。供电企业办理各类用电和停电申请事宜，应当要求申请人提供房屋产权登记文件，法院、仲裁机构确权判决、裁定和裁决以及身份证明文件，以此来确定供电地址和用电人身份。特别是房屋承租人为实际用电人，用电报装与供用电合同的用电人不一致的情况下，供电企业审查前述资料的同时，还要审查用户的报装资料和供用电合同等文件，细心比对验证。查明准确身份后，再受理相关业务，以免惹火烧身。

案例延伸之二　如果本案焦某不是通过法院参加区法院拍卖成交取得房屋所有权的，而是由出租人梁某通过正常的交易方式卖给焦某的。这时即使原房主梁某和新房主焦某一同持有房产过户证件来申请停电，供电公司都不应该简单地实施停电。为什么呢？《合同法》第二百二十九条规定，"租赁物在租赁期间发生所有权变动的，不影响租赁合同的效力。"这就是所谓的"买卖不破租赁"原理，即《最高院关于贯彻执行〈民法通则〉若干问题的意见（试行）》规定的"私有房屋在租赁期限内因买卖、赠与或继承发生房屋产权转移的，原租赁合同对承租人和新房主继续有效。"在买卖、赠与或继承三种形式房屋产权变更时，因为这时双方当事人对标的物房屋租期未满是共同认可的。这时候房屋承租人的债权能够对抗房屋所有人的物权。这是法律强调对承租人的利益保护，并通过强化承租人的用益权效力的途径来实现。

因此提醒供电企业，如果没有法定的理由，不管是新、旧房主企图通过申请停电，给房屋承租人制造生活障碍达到终止房屋租赁合同的目的都是违法的，承租人胡某一旦对新、旧房主提起诉讼，必定会胜诉的。如果供电公司盲目给胡某停了电，最终还要给其恢复供电。

本书结语

真正的服务不夹杂丝毫功利。

参 考 文 献

1. 陈巍. 卓越的客户服务与管理. 北京：北京大学出版社，2002.

2. 刘云龙. 电力客户服务. 北京：中国电力出版社，2002.

3. 江克宜，钟林. 电力客户服务. 北京：中国电力出版社，2004.

4. 邓向越. 电力客户服务理论与实践. 北京：中国电力出版社，2008.